新曲綫 | 用心雕刻每一本......
New Curves

http://site.douban.com/110283/
http://weibo.com/nccpub

用心字里行间　雕刻名著经典

社会心理学精品译丛

编 委 会

主　编：彭凯平
副主编：钟　年　刘　力

决策与判断

[美] 斯科特·普劳斯　　　著

施俊琦　王　星　　　译

彭凯平　　　　　审校

人民邮电出版社

北　京

图书在版编目(CIP)数据

决策与判断：中译本修正版 / （美）斯科特·普劳斯（Scott Plous）著；施俊琦译.
—北京：人民邮电出版社，2020.3（2024.12重印）
（社会心理学精品译丛）
ISBN 978-7-115-53291-6

Ⅰ.①决… Ⅱ.①斯… ②施… Ⅲ.①决策—判断—研究 Ⅳ.①C934

中国版本图书馆CIP数据核字（2020）第031579号

Scott Plous
The Psychology of Judgment and Decision Making
ISBN 978-0-07-050477-6
Copyright © 1993 by McGraw-Hill, Inc.
All Rights reserved.
Simple Chinese translation edition copyright © 2020 by Posts & Telecom Press.

决策与判断

◆ 著　　　［美］斯科特·普劳斯
　　译　　　施俊琦　王　星
　　策　划　刘　力　陆　瑜
　　责任编辑　王伟平
　　装帧设计　陶建胜
◆ 人民邮电出版社出版发行　北京市丰台区成寿寺路11号
　　邮编　100164　　电子邮件　315@ptpress.com.cn
　　网址　http://www.ptpress.com.cn
　　电话　（编辑部）010-84931398　　（市场部）010-84937152
　　三河市少明印务有限公司印刷
　　新华书店经销
◆ 开本：710×1000　1/16
　　印张：21
　　字数：330千字　　2020年3月第1版　2024年12月第6次印刷
　　著作权合同登记号　图字：01-2004-3331

定价：88.00元

本书如有印装质量问题，请与本社联系　电话：（010）84937152

内容提要

《决策与判断》是一本社会心理学经典著作，曾经获得美国心理学协会（APA）的威廉·詹姆斯图书奖。这也是一本充满趣味和科学实证证据的社会心理学普及读本。全书汲取了许多医学、法律、商务和行为经济学等学科的研究成果与实际例子，全面介绍了决策与判断的心理过程，尤其探讨了影响决策与判断的社会因素。书中剖析了一系列关于人类决策与判断的心理学实验结果，有些结果往往与人们的常识经验相反，可以帮助读者了解各种认知偏差和非理性决策出现的原因，并从科学心理学的角度给出避免认知风险和决策偏差的实用建议。

《决策与判断》（中译本修订版）共分6编21章，第一、第二编（1~6章）主要介绍影响决策与判断过程的基本要素，包括知觉、记忆、情境和提问方式。第三、第四编（7~16章）主要介绍决策的经典模型，并与有关判断偏差的新模型进行对比。第五编（17~18章）探讨团体组织的决策与判断过程。第六编（19~21章）讨论决策与判断过程中的一些常见陷阱。全书每一章都能独立地构成相关专题，所以读者可以按章节顺序阅读，也可以自由地选择自己感兴趣的章节跳跃阅读。

此次我们对《决策与判断》的中译本译文进行了修订，重新设计了封面和版式，调整了字号和行距，让整本书变得更为舒朗和美观，进一步提升了读者的阅读体验。

人生在本质上是由我们每天做出的决策与判断及各种选择与决定组成的。所以，如果你想了解社会心理学如何改善我们日常的决策与判断，那么本书就是你的理想选择。本书既适合专业人士研究之用，也适合想改善人生决策和避免决策偏差的普通读者参阅。

主 编 简 介

彭凯平（Kaiping Peng）

清华大学心理学系主任
清华大学社科学院院长、学术委员会主席
美国加州大学伯克利分校终身教授

现任清华大学心理学系主任、清华大学社科学院院长及学术委员会主席、美国加州大学伯克利分校心理学及东亚研究终身教授。美国密歇根大学心理学博士。曾教授的课程包括普通心理学、管理心理学、文化心理学、积极心理学、跨文化沟通心理学。现任职国际积极心理联合会执行委员（2010 年至今）、中国国际积极心理学大会执行主席（2009 年至今），曾任职美国心理学会科学领导小组成员、伯克利加州大学社会人格心理专业主任、第五届世界华人心理学家学术大会共同主席，并担任过美国唐氏基金会董事和德国宝马公司青年领袖论坛董事会成员；为众多政府和国际公司作战略、人事、文化、管理咨询，例如：福特、宝马、美国航天局、富士康、宏达电、万科、中化、中航、海总、总装备部等。他还是多所国际著名商学院常聘客座教授，并连续多年获得清华大学经管学院 EMBA 最佳教学奖。

彭教授曾发表 140 多篇期刊论文，多次获得重要学术奖项（包括 2004 年美国社会问题心理学会最佳论文奖，2006 年美国管理学院最佳论文奖），出版学术专著多部，2007 年被美国人格与社会心理学会评为全世界论文引用最多的中青年社会心理学家。2008 年 5 月起受聘清华大学心理学系教授和首任系主任；2009 年入选中组部国家级海外高级引进人才（千人计划），回国后主要贡献包括：主持清华大学心理学系的复系工作；主持与国防有关的特殊人员的心理保障工作；主持并推动积极心理学在中国的普及工作并担任国际积极心理学联合会中国理事；参与中国各城市幸福城市建设工作；以清华大学名义发表科研论文 70 多篇，为论文国际引用名列前茅的少数中国社会科学学者。

译 丛 新 序

———————— ✦ ————————

1979 年，我在北京大学校园开始了我的心理学求学生涯，当时我们心理学系的老师委婉地告诉我们，你们学心理学可能早了 20 年。老实说，年轻的我们当时并没有完全领会这句话的多重含义。

2004 年，我在美国伯克利加州大学的校园，开始了和新曲线出版咨询有限公司的合作，推荐出版"社会心理学精品译丛"。坦率地说，我并没有预料到这样一套关于人性、人情、人欲、人世的学术丛书，会有这么大的社会影响，成为中国出版界发行的最畅销的心理学丛书之一。

2013 年的今天，我已经到了清华校园。受清华大学之邀、加州大学之托，五年前我开始帮助清华大学恢复它历史上曾经辉煌的心理学系，并出任复建后的首任系主任。五年的国际穿梭，以及和国内心理学界同仁的共苦同甘，已经让我看到了中国社会心理学的兴起，等来了中国心理学的春天！

所以，当新曲线公司的同事们决定出版该丛书的十周年纪念版，不仅新增《社会认知：洞悉人心的科学》《不确定世界的理性选择》《社会冲突》《社会心理学之旅》《社会心理学纲要》等新品种，而且对《态度改变与社会影响》《决策与判断》等原有品种的译文进行精益求精的再加工，将丛书以更加精致、高雅、系统的方式介绍给我们的读者，并邀请我为新书重新写序，我已经一点也不感到意外，并相信它一定会继续成为人们喜爱的优秀的心理学书籍。

那么，为什么短短几年社会心理学会在中国变得如此大受欢迎？甚至我们还可以问，为什么清华大学要在 2008 年恢复它的心理学系？我觉得，中国的现代化是背后最主要的原因。正是在 2008 年，中国的人均 GDP 达到 3 400 美金。根据经济学家在上世纪 40 年代提出的人均 3 000 美金的现代化标准，这正式表明中国已经迈入现代化国家的门槛。美国人是在 1962 年首先进入现代化国家的行列的，英国人是 1968 年，法国人是 1972 年。

现代化国家的一个重要标志就是"人"变得比"物"更为重要。现代化之前，我们追求小康，以物质的丰富作为社会发展的目标，现代化以后，我们追求和谐、文化、美丽和幸福，以人民的尊严和完美生活为奋斗目标。这种变化，也不断反映在中国政府的执政理念变化上。从"全面建设小康社会"到"构建和谐社会"，从"建设文化强国"再到"建设美丽中国"，这些理念其实反映的正是中国社会的发展进步，特别是人民基本需求的变化和提升。心理学家马斯洛早就提出人类的需要层次理论，就是说人类从一开始衣食住行的生理需求，逐渐上升到安全、归属、爱和尊严的社会需求。再往上，就得有文化和知识的需求，以及对美的追求。人类最高级的需求就是马斯洛的自我实现，而其中一个很重要的心理指标就是幸福的巅峰体验。

2007 年的中共十七大报告明确提出："科学发展观，第一要义是发展，核心是以人为本。"那人又是什么？其实，人最重要的标志是他有心理活动。"人者，心之器也。"正是因为人类的心理活动，人生活得才有意义，才有价值。没有心理活动，人就是行尸走肉。

自然科学的研究对象，没有人类的心理，可以照样存在。没有人类，星空依然灿烂，太阳照常升落，但一旦人类的活动参与进来，星空就不仅仅是自然科学研究的对象，它就成了心理学的研究对象。在中国东海，北纬 25°40′~26°、东经 123°~124°34′之间有一片岛屿，这本来是一个地理科学的概念，是属于自然科学的知识，但当我们意识到，这片岛屿就是钓鱼岛列岛时，这个知识就变成了社会心理学的研究范畴。它就有了感情、意识、行动。没有人类的思想和意识，自然世界本身是不会有特别的意义的。

科学发展，以人为本。它呼唤的其实就是社会心理学。因为社会就是人的集合；人的本质就是心理的载体。正是人类的心理活动，如需求、欲望、价值、信念、判断、决策、竞争、合作、冲突、博弈，等等，使得我们的生活更加丰富多彩，也更加复杂多变，需要更多的智慧、理性、善良、宽容和理解。

中国社会的发展变化为中国的社会心理学提出了无数引人入胜的问题。社会如何管理？创新如何推进？什么是中国人共同的民族意识？中华文化薪火相传，传的到底是什么？甚至还包括一些看起来肤浅、实际上很难回答的问题，比如，你幸福吗？

2000 年，美国科学院组织了一批著名的学者讨论人类的未来科学究竟有哪些，他们的结论是 NBICS（纳米—生物—信息—认知—社会）。

"在下个世纪，或者在大约五代人的时期之内，一些突破会出现在纳米技术（消弭了自然的和人造的分子系统之间的界限）、信息科学（导向更加自主的、智能的机器）、生物科学和生命科学（通过基因学和蛋白质学来延长人类生命）、认知和神经科学（创造出人工神经网络并破译人类认知）和社会科学（理解文化信息，驾驭集体智商）领域，这些突破被用于加快技术进步的步伐，并可能会再一次改变我们的物种，其深远的意义可以媲美数十万代人以前人类首次学会口头语言知识。"

其中提出的社会科学问题——理解文化信息，驾驭集体智商——正是我推荐社会心理学精品译丛的初衷。丰富中国人民的社会文化生活，提高我们中国人的集体智商，正是这个时代赋予我们这些心理学工作者的责任，让我们大家一起为人民的心理幸福而奋斗。

彭凯平

清华大学心理学系伟清楼501

2012年12月12日

译丛序

———————— ❖ ————————

社会心理学是在第二次世界大战后兴起的一门社会科学学科，它研究的是人的心理和社会现象之间的关系，试图探讨人的思想、情感和行为是如何受到其他人影响的，这些影响包括实际的、想象中的和推测出来的人际作用。社会心理学家通常思考的问题有：我们如何认识他人（社会认知），我们如何与他人打交道（社会互动）以及文化、社会、团体如何作用于我们（社会影响）等方面的内容。

众所周知，社会心理学研究向来有心理学的、社会学的和符号学的三种取向，其中心理学取向的社会心理学更强调实证的研究和对社会中个体心理的关注。本译丛以津巴多（Philip G. Zimbardo）主编的"麦格劳－希尔社会心理学系列丛书"为基础，从中遴选出精品（如《决策与判断》《自我》《亲密关系》《态度改变与社会影响》），并在更大的范围内，补充一些近年来有着广泛影响的社会心理学新著。

十九年前，香港著名社会心理学家彭迈克（Michael Bond）就曾经说过："心理学不幸是由西方人创建的，结果，西方的心理学研究了太多的变态心理和个性行为。如果心理学是由中国人创建的，那么它一定是一门强调社会心理学的基础学科。"确实，这门学科是我们中国人有可能做得比其他国家的学者更好的心理学领域，因为我们的文化几千年来就很强调人与人、人与环境、人与社会的关系，而这些关系正好是社会心理学关注的焦点所在。可惜时至今日，中国的社会心理学并没有得到它所应有的关注。我们推出这套丛书的目的，一方面是为了让国内有志于学习、研究和应用社会心理学的各界人士较为系统地了解当代社会心理学的来龙去脉、重大发现以及最新前沿，而更重要的是，我们希望通过这套丛书，为推动中国社会心理学的发展以及提高中国社会心理学的国际影响贡献绵薄之力。

彭凯平

美国加州大学伯克利分校心理学教授

2004年9月

主编序（中文版）

———————— ❖ ————————

2002 年 11 月，瑞典皇家科学院宣布 2002 年诺贝尔经济学奖将授予一位经济学家和一位心理学家。这位心理学家就是美国普林斯顿大学的丹尼尔·卡尼曼教授。在谈到卡尼曼教授的贡献时，诺贝尔奖评审委员会特别指出，卡尼曼教授成功地将人类决策和判断的心理学研究成果带到了经济科学的研究当中，为现代经济学理论和研究方法注入了新的见解，其贡献是卓著的，也是独特的。

人类的生活充满了判断和决策。从衣食的偏好到学校的选择，从个人职业的规划到国家政策的制定，人类的判断和决策是其中最常见的心理活动，也是具有决定作用的影响因素。这就不难理解，为什么有那么多优秀的心理学家，不管是来自社会心理学、认知心理学、发展心理学，还是来自文化心理学、教育心理学、工业心理学，都纷纷涉足这一领域；也就不难理解，为什么有那么多的社会和人文学科，不管是经济学、管理学、法学，还是政治学、历史学、哲学，无不从人类决策与判断的心理学研究中汲取知识和灵感。这也就是为什么诺贝尔经济学奖会超越常规地在 1978 年和 2002 年两次授予研究人类决策与判断的心理学家的原因。两次获奖的心理学家，一位是赫伯特·西蒙教授，另一位就是丹尼尔·卡尼曼教授。

本书系统地介绍了赫伯特·西蒙和丹尼尔·卡尼曼的发现，同时也阐述了决策与判断心理学中很多还没有被经济学家和其他社会及人文科学家所认识到的现象和研究发现。可以说，本书 80% 以上的内容超出了西蒙和卡尼曼工作的领域，因此可以想象，心理学家对经济学和其他相关学科的影响还有很多值得发掘的空间。难怪美联储主席格林斯潘曾经开玩笑地说"所谓的'新经济'实际上就是心理学"。

值得一提的是，上述两位心理学家都对中国特别友好。早在 1981 年，西蒙教授就接受北京大学心理学系的邀请，成为第一个在中国讲授人类决策和判断的心理学家。那时，年仅 19 岁的我正是心理系的本科生，一下子就被这一领域的严谨、生动和奥秘所深深吸引。西蒙的研究第一次证明决策与判断是人的思维活动，它不是建立在数学和逻辑基础之上的，而是建立在人的感情、理念和经验的基础上的。他把决策的原则定义成第一满意原则，也就是说，我们做出决策和判断的标准并不是建立在理性基础上的"最佳选择"，而是建立在人类心理上的"第一满意选择"。卡尼曼的工作就是在这一基本理论的指导下找到了那些影响我们非理性选择的因素。

我与卡尼曼教授的第一次个人接触是在 1997 年的夏天，那是我在伯克利做教授的第一个星期。一天，有一位慈祥的老人敲开了我办公室的门，欢迎我到伯克利工作，并告诉我这间办公室就是他当年工作过的地方，还说他最想访问的地方就是中国。这位老人正是卡尼曼教授，而他想访问中国的愿望也终于在 7 年以后的 2004 年得以实现。今年夏天，卡尼曼作为第 28 届国际心理学联合会的特邀嘉宾来到北京，在开幕式上做了关于人类决策与判断心理学的主题发言，发言的最后，他表达了希望看到更多中国心理学家从事决策与判断研究工作的愿望。我觉得本书的出版和发行是对这位慈祥老人的致敬，也是对他所表达愿望的呼应。

坐在加州大学伯克利分校卡尼曼教授曾经工作过的办公室里，审阅第一本系统介绍人类决策与判断的心理学教科书的中译稿，我似乎看到了卡尼曼教授欣慰的笑容。

彭凯平

美国加州大学伯克利分校心理学教授

主编序（英文版）

———————— ❖ ————————

　　如果你想知道心理学的热门课题，你只要读一读社会心理学。在过去的几年中，社会心理学已经成了心理学中了解人类思维、情感和行为的最重要的研究领域。这就是为什么我们越来越多地看见很多以社会心理学冠名的研究领域。例如社会认知、社会发展、社会学习和社会人格等。

　　社会心理学已经研究了许多复杂的社会问题。作为心理学领域最新的一批热心人，社会心理学者研究了几乎所有的个人和社会问题——从心理生理学到和平心理学，从学生的失败归因到艾滋病的预防教育。可以说，自从美国心理学会前任主席乔治·米勒呼吁心理学家"把心理学还给人民"，社会心理学家就已经是最早的响应者了。

　　"麦格劳-希尔社会心理学系列丛书"是对许多杰出的研究者、理论家和工作者多年的辛勤劳动的赞颂。丛书的每一位作者都抱有严谨的科学态度，尽可能把科学的信息传达给教师、研究人员、学生和普通民众。丛书的目的是尽可能地反映社会心理学的广泛领域，每一项选题都具有研究的广度和深度。使用这些书的教师可以将这套丛书作为基础课程的参考读物，或以这套丛书作为更深入钻研某些课题的参考资料。

　　正如认知心理学家发展了决策研究的前沿课题，例如揭示了决策的"理性人"假设模型的局限性，社会心理学家已经把这项研究推广到了新的领域和方向。在这部新的创造性的作品当中，斯科特·普劳斯向我们展示了决策与判断的社会心理学分析如何帮助我们处理日常生活中的普通问题。普劳斯不仅把这些复杂的研究问题变成了通俗易懂的阅读材料，而且他还提出了许多新奇的洞见、有价值的新概念和有意义的结论。

　　我相信读者也会发现最令人高兴的是，这本书很巧妙地融合了高水平的学术探索和把复杂的学术思想巧妙地传输给包括本科生到商业和卫生界的专业人士直到国家级的民意领袖的技巧。这本书充满了幽默感，对老思想的新解释及对批判性思维的练习，从而把许多通常不相关的材料整合成了一本令人遐思发人深省的好书。可以说，从来还没有一个年轻作者的第一本著作能在一个重要的课题上对这么多的人产生如此大的影响。

菲利普·津巴多，丛书主编

斯坦福大学

作者序

❖

今天，人们可以在超市挑选的商品琳琅满目，可以阅读的报刊数不胜数，可以收看的电视频道也非常多。总而言之，他们面临着各种选择。

人们究竟如何决策？他们如何不被信息的海洋淹没？什么原因导致他们做出某种决策？

本书试图对这些问题做出初步的回答。本书主要的对象是非专业人士，即那些想要了解关于决策与判断的心理学研究的人。它侧重的是实验结果而不是心理学理论，是出人意料的研究结论而不是凭直觉就能获取的知识，是描述性的文字而不是数学公式。简言之，这本书既要传播和普及心理学知识，又要给读者带来思考的乐趣与挑战。

本书共分6编，前两编介绍了决策与判断的若干基本要素，包括知觉、记忆、情境和提问方式。第3和第4编对比了决策的经典模式与有关各种判断偏差的一些新模式。第5编考察了团体做出的判断及关于团体的判断。第6编讨论了决策与判断的一些常见陷阱。每一章都设计成能够独立成篇的专题，所以读者可以自由地跳跃阅读不同的章节或随意地安排阅读顺序。

本书一个与众不同的地方就是第1章之前的"读者调查"，调查中的问题是从后续章节所涉及的诸多研究问题加以改编或摘录的。一旦你完成了这个调查，你就可以将你的答案与原始研究中人们的反应做比较。有的时候你的回答可能与他们的反应相符，有的时候可能不一致。但不论怎样，你在阅读本书之前，将会拥有关于自己决策与判断风格的书面记录。你对本调查的回答都将在本书进行充分的讨论，所以，在阅读任何章节之前请你先完成这一调查，这非常重要。

关于心理学的实验研究

对不熟悉心理学的读者来说，本书涉及的一些术语和实验程序可能有些冷酷无情。比如，实验的参与者通常被冷漠地称为被试。还有许多实验程序一开始对参与者隐瞒真正的实验目的，并且某些研究的最终结果将人类描绘成在某种程度上存在严重偏差或缺陷的决策者。

这些顾虑很重要，值得我们在此加以说明。

第一，我们使用没有人情味的术语如"被试"的原因是它比一般词语，例如"人"或"个人"更为清楚，同时又不像"参与者"或"志愿者"拗口。"被试"这个词是心理学的标准用词，在本书中也使用得很普遍，但它并不意味着心理学家将实验的参与者视为没有生命的物体。事实上，大多数心理学研究的真正"被试"并不是实验参与者本身，而是参与者的"行为"。

第二，心理学研究有时会使用欺骗手段，这一般有几个原因。在很多例子中，研究者会给被试呈现很模糊或者具有误导性的"封面故事"，因此他们就不会受到实验真正目的的影响。比如，在一项关于群体动力学的研究中，研究者一开始可能会告诉被试研究的目的是关于"学习和记忆"的，这样他们就不会过分地注意自己在群体中的划分。在有些情况下，使用欺骗手段是为了引发一般情况下不可能出现的特殊情形。例如，一个有关创造力的实验可能会将被试随机分为两组，一组对被试解决问题的能力给予正面反馈，另一组则给予负面反馈。如果被试事先知道他们会得到随机分配的反馈，那么反馈的差异就失去了意义。

当然，我们有充足的理由反对在研究中使用欺骗手段（Warwick，1975），但我们必须指出，美国心理学会已经推出了一整套在使用欺骗的研究中保护被试的伦理原则（APA，1989）。这些原则要求必须告知被试关于实验的足够信息，以便被试签署知情同意书。欺骗只能是研究的最后手段，被试要得到保护，免受伤害或明显的不舒适，允许被试随时退出实验。被试的个人信息要保密，任何的欺骗手段在实验结束之后都应该加以解释。大多数大学都要求其研究人员严格遵守这些原则。

最后，相对于成功的决策与判断，本书更关注偏差和缺陷，这主要有几个原因。侧重于这类研究的一个最实际的原因仅仅是这样的研究更多（Kahneman，1991）。许多学术期刊愿意发表与我们的日常直觉相悖的研究结果，因此，所发表的研究更多的是有关决策失败而不是决策成功的。从这个意义上来讲，专业期刊与报纸及杂志相似，它们都偏好令人意外和令人着迷的消息。根据一项估计（Christensen-Szalanski & Beach，1984），学术文章引用关于错误推理的研究的数量大约比引用有关成功推理研究的数量多 6 倍。由于本书是有关决策与判断研究的入门级读物，于是它很自然地反映了学术界的普遍偏好。

不过，关注人类的弱点还有一个更重要的原因。决策与判断的失败通常比成功更有启发意义，即使（尤其）当成功就是规则时。本书着重讨论偏差和误差，并不是说人类通常都是糟糕的决策者，而是要说明决策与判断的失败往往能够揭示这些过程是如何运转的，就像汽车故障往往能够揭示汽车是如何运转的。正如尼斯贝特和罗斯所解释的：这种研究方法的基础"与导致我们许多同事研究知觉错觉或思维障碍的前提一样，这就是说知觉结构和过程的本质能够通过它们所产生的缺陷来揭示"（Nisbett & Ross，1980）。

当然，对错误的强调还有得出的结果容易应用的额外优势。一旦你发现通常引起某种偏差和错误的特定情境，你就可以避而远之或者采取补救行动。为了帮助你找到对策，本书汲取了很多来自医学、法律、商务、教育、核武器控制（本人的专长）和其他领域的一些常见例子。的确，本书所描述的许多研究结果具有广泛的普适性，因此我向还不熟悉决策与判断研究的读者保证：如果能够审慎地应用本书所描述的研究结果，你就能更好地避免决策偏差、错误和陷阱，而且你将会更好地理解他人所做出的决策。

斯科特·普劳斯

目　录

读者调查

　　在阅读本书**之前**，请务必完成这一问卷。这样，你才不会在做这个测验时因为受到本书内容的影响而产生判断上的偏差，也不会有"我早就知道这一切"效应存在（本书第 3 章将讨论）。如果你不想在书上直接写，你可以把答案记在一张纸上，并把这张纸当作书签。

1. 琳达是一位31岁的单身女性，坦率直言，而且非常聪明。她主修哲学，在念大学时对歧视、社会公平等问题非常感兴趣，而且参加了反核示威游行。你认为以下哪个选项最符合对琳达的描述：

   ☐　琳达是一名银行出纳员
   ☐　琳达是一名银行出纳员，而且是一个积极的女权运动参与者

2. 如果面临以下情况，你会选择哪一种情形？

   ☐　100%的概率输掉50美元
   ☐　25%的概率输掉200美元，75%的概率什么也不会输掉

3. 约翰是一个嫉妒、顽固、挑剔、冲动、勤劳、聪明的人。从总体上来讲，你认为约翰情绪化的程度如何？（选择一个数值）

   一点儿也不情绪化　1　2　3　4　5　6　7　8　9　极端情绪化

4. 吉姆是一个聪明、能干、勤劳、热心、坚定、务实而且谨慎的人。你认为他最有可能具有以下哪些特质？

   在每组中选择一个特质：

   慷慨——吝啬

   苦恼——快乐

   易怒——和善

   幽默——乏味

5. 这个问题只针对大学生：与同龄、同性的其他大学生相比，下述事件发生在你身上的可能性有多大？请就每一事件选择你认为最接近你的想法的概率。

（5a）出现酗酒问题

□　的概率比其他学生多60％以上

□　的概率比其他学生多40％

□　的概率比其他学生多20％

□　的概率与其他学生相等

□　的概率比其他学生少20％

□　的概率比其他学生少40％

□　的概率比其他学生少60％以上

（5b）将拥有自己的家庭

□　的概率比其他学生多60％以上

□　的概率比其他学生多40％

□　的概率比其他学生多20％

□　的概率与其他学生相等

□　的概率比其他学生少20％

□　的概率比其他学生少40％

□　的概率比其他学生少60％以上

（5c）毕业后的起薪超过每年15 000美元

□　的概率比其他学生多60％以上

□　的概率比其他学生多40％

□　的概率比其他学生多20％

□　的概率与其他学生相等

□　的概率比其他学生少20％

□　的概率比其他学生少40％

□　的概率比其他学生少60％以上

（5d）40 岁前会得心脏病

　　　　□　　的概率比其他学生多60%以上

　　　　□　　的概率比其他学生多40%

　　　　□　　的概率比其他学生多20%

　　　　□　　的概率与其他学生相等

　　　　□　　的概率比其他学生少20%

　　　　□　　的概率比其他学生少40%

　　　　□　　的概率比其他学生少60%以上

6. 作为一家飞机制造企业的总裁，你已经投入了1000万美元的公司资金用于研发一个项目。目的是制造一种不会被传统雷达探测到的飞机，也就是隐形飞机。当该项目完成90%时，另外一家公司已经开始销售他们的一种雷达无法探测到的飞机。并且，很明显，与你们正在制造的飞机相比，他们的飞机速度快得多、也经济得多。问题是：你应该把剩余10%的研发资金用来完成你们的隐形飞机项目吗？

　　□　　不会——继续在这个项目上花钱是毫无意义的

　　□　　会——既然在这个项目上已经花了1000万美元，不如把它做完

7. 在美国，以下哪个原因更可能导致死亡——被飞机上掉下的零件砸死还是被鲨鱼袭击？

　　□　　被飞机上掉下的零件砸死

　　□　　被鲨鱼袭击

8. 以下每对词语中的哪个词更可能是美国常见的死亡原因？

　　糖尿病——谋杀

　　龙卷风——闪电

　　车祸——胃癌

9. 将一张纸对折，再对折，再对折，直到对折100次以后，这张纸有多厚：

   （9a）我认为最有把握的猜测是，这张纸有＿＿＿厚。

   （9b）我有90％的把握，这张纸的厚度在＿＿＿到＿＿＿之间。

10. 如果算上2月29日，一年中将有366个可能的生日。因此在一个小组中，至少需要367个人才能确保至少两个人的生日是同一天。如果要确保有50％的可能性两个人的生日是同一天，至少需要＿＿＿人。

11. 假设一项对250名神经科病人的研究发现，他们有无头晕症状和脑瘤的发病频次分别如下：

		脑　瘤	
		有	无
头　晕	有	160	40
	无	40	10

   （11a）在这个样本中，要确定头晕是否与脑瘤有关，上表哪些单元格里的数据是必需的？（可多选）

   ☐　左上角

   ☐　左下角

   ☐　右上角

   ☐　右下角

   （11b）根据上表中的数据，你认为头晕与脑瘤有关联吗？

   ☐　是　　☐　否　　☐　不确定

12. 在一座城市中，8年级学生的IQ平均数是100。你从中抽取了50名学生的随机样本来进行有关学业成就的研究。你抽取的第一个学生的IQ测验得分为150。你认为你抽取的这个50人的样本的IQ平均数为多少？

    答案：_____

13. 从总体上来讲，你认为自己是一个有性别歧视的人吗？（单选）

    □　是　　　□　否　　　□　不确定

14. 如果把世界上所有人的血都装入到一个立方体容器里，这个容器的宽度将是_____。

15. "记忆就像大脑中的存储器，我们将一些东西存进这个容器，等到需要的时候再从这个容器中取出。有时候，一些东西会从这个容器中丢失，这时候我们就会说忘记了。"你认为这是否十分准确地描述了记忆的加工方式？

    □　是　　　□　否　　　□　不确定

16. 一个人以60美元的价格买了一匹马，又以70美元的价格售出。然后他以80美元的价格买进，尔后又以90美元的价格出售。在买卖的过程中，他一共赚了多少钱？

    他在交易最后赚了_____美元。

（17a）Absinthe（苦艾）是一种：

    □　烈酒　　□一种宝石

（17b）你对你的答案有多大把握？（选择一个数值）

    0.5　0.55　0.6　0.65　0.7　0.75　0.8　0.85　0.9　0.95　1.00

18. 不用仔细计算，快速（在5秒钟之内）给出这个式子的估计答案：

    $8 \times 7 \times 6 \times 5 \times 4 \times 3 \times 2 \times 1 = \underline{\hspace{3cm}}$

19. 假设你正在考虑是否给你的某项财产上保险以预防可能发生的损失，如火灾、失窃等。在计算过风险和保费以后，你对购买保险和不购买保险并无明显的偏好。

    这时候，保险公司推出的一种名为概率保险（probabilistic insurance）的新保险计划引起了你的注意。在这一保险计划中，你开始只需支付一半的保费。而一旦发生损失，有50%的概率你可以付清另一半保费并获得全部赔偿；有50%的概率你只能拿回已付的保费并且自己要承担所有损失。

    比如说，如果事故发生在某月的奇数日，那你可以付清另一半保费并获得全部赔偿；而如果事故发生在这个月的偶数日，你将会得到已付的保费，但必须自己承担所有损失。

    请记住，获得全部赔偿的保费并不能够带来额外收益，只是刚好与成本相当。

    在这种情况下，你会购买这种概率保险吗？

    □　会　　　□　不会

20. 假设你在不同情况下参加过的各种考试中都取得了很好的成绩，而别人参加了类似考试却并未获得好成绩。你会得出什么结论？（选择与你的想法最接近的一个答案）

    □　解释A：这些考试可能都比较简单
    □　解释B：其他人的能力可能比较差
    □　解释C：我要么擅长考试，要么对考试材料掌握得非常好

    在接下来的几页中，你可能需要回答与下列句子相关的问题。请仔细阅读这些句子，并继续完成这份读者调查：

- 蚂蚁吃了桌子上的甜果冻
- 蚂蚁在厨房
- 蚂蚁吃了甜果冻
- 厨房里的蚂蚁吃了桌子上的果冻
- 果冻放在桌子上
- 厨房里的蚂蚁吃了果冻

21. 如果你面临以下选择，你会选择哪一个？

    ☐ 肯定会获得 240 美元

    ☐ 25％的概率获得 1000 美元，75％的概率什么也得不到

22. 如果你面临以下选择，你会选择哪一个？

    ☐ 肯定会输掉 750 美元

    ☐ 75％的概率输掉 1000 美元，25％的概率什么也不会输掉

23. 你认为现在国家面临的最重要的问题是什么？

    ☐ 最重要的问题是_____

（24a）如果给你一个机会，你会选择下列何种博弈方式？

    ☐ 肯定会获得100万美元

    ☐ 10％的概率获得250万美元，89％的概率获得100万美元，1％的概率什么也得不到

（24b）如果给你一个机会，你会选择下列何种博弈方式？

    ☐ 11％的概率得到100万美元，89％的概率什么也得不到

    ☐ 10％的概率获得250万美元，90％的概率什么也得不到

25. 假设有两个装满了数百万张扑克牌的罐子。第一个罐子里70%的扑克牌是红色的，30%的扑克牌是蓝色的。而第二个罐子里70%的扑克牌是蓝色的，30%的扑克牌是红色的。假设随机选择其中一个罐子，从中拿出12张扑克牌：其中有8张是红色扑克牌，4张是蓝色扑克牌。你认为从多数红色牌的第一个罐子里拿出这12张牌的概率有多大？

    答案：百分之_____

26. 这是一个公平的掷硬币游戏。在这个游戏中，如果出现数字的那一面，游戏便结束。游戏结束后，你将获得2^K美元。K代表直到出现数字时掷硬币的总次数。也就是说，如果第一次掷硬币时就出现字，你将会得到2美元，如果掷两次硬币才出现数字，你将获得4美元，如果掷三次硬币才出现数字，你将获得8美元。总的来说，也就是

    直到出现数字时掷硬币的总次数：1 2 3 4 5 … K
    你将获得的美元：2 4 8 16 32 … 2^K

    你愿意付_____钱来玩这个游戏？

27. 假设一枚无偏差的硬币被抛了3次，每一次都是头像朝上。如果你必须对下一次抛硬币打赌，金额是100美元，你会选择哪一面朝上？

    ☐ 头像   ☐ 数字   ☐ 没有偏好

28. 将下面的线段1、2、3和线段A做比较。哪根线段和线段A一样长？（选择一个答案）

A　　　　1　　　　2　　　　3

☐　　线段1和线段A一样长。

☐　　线段2和线段A一样长。

☐　　线段3和线段A一样长。

29. 在下面的句子中，字母f出现了多少次？

> These functional fuses have been developed after years of scientific investigation of electric phenomena, combined with the fruit of long experience on the part of the two investigators who have come forward with them for our meetings today.

字母 f 出现了_____次。

30. 不要回头看前面的内容，请指出下列句子是否曾出现在你刚才所读到过的句子中。并用1~5分来衡量你对自己的答案的肯定程度，1分代表非常不肯定，5分代表非常肯定。

　　30（a）蚂蚁吃了桌子上的果冻

　　　　□　出现过　　□　没有出现过

　　　　肯定程度：_____

　　30（b）厨房里的蚂蚁吃了桌子上的甜果冻

　　　　□　出现过　　□　没有出现过

　　　　肯定程度：_____

　　30（c）蚂蚁吃了甜果冻

　　　　□　出现过　　□　没有出现过

　　　　肯定程度：_____

31. 假设高中的考试成绩与大学平均绩点（GPA）中等相关。基于下面的百分位数，如果一名高中生某次考试成绩为725，你预测他的GPA将会是多少？

学生百分等级	高中考试成绩	GPA
前 10%	＞750	＞3.7
前 20%	＞700	＞3.5
前 30%	＞650	＞3.2
前 40%	＞600	＞2.9
前 50%	＞500	＞2.5

　　你预测这个学生的 GPA 是_____

32. 假如你投了某个候选人一票，这是否会改变你对他胜出本次竞选的概率的判断？

　　□　会　　□　不会　　□　不确定

33. 请思考以下两种结构A和B：

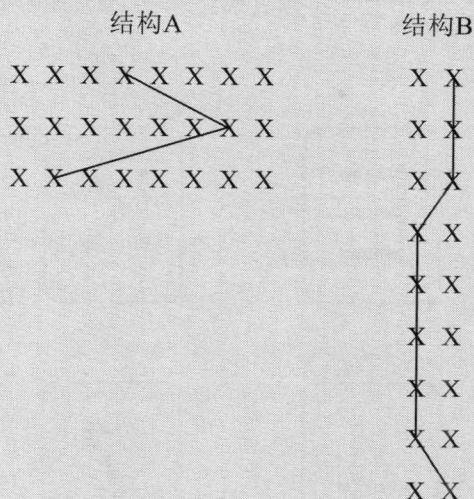

结构A   结构B

X X X X X X X   X X

X X X X X X X   X X

X X X X X X X   X X

                     X X

                     X X

                     X X

                     X X

                     X X

                     X X

  这里"路径"是指将结构中第一行上的一个 X（仅有一个）与最后一排的 1 个 X 连接起来，并通过这中间每一排的 1 个 X。换言之，结构 A 中的路径连接了 3 个 X（3 行 X，每行 1 个），结构 B 中的路径连接了 9 个 X（9 行 X，每行 1 个）。在上图中，每种结构我们都已经给出一条路径的例子。

  （33a）两种结构中哪种存在更多的路径？

    □ 结构 A □ 结构 B

  （33b）结构 A 中大概有几条路径？_____

  （33c）结构 B 中大概有几条路径？_____

34. 以下关于X和O的排列，你认为哪种排列更类似于随机排列（例如掷硬币）？

  □ XOXXXOOOOXOXXOOOXXXOX

  □ XOXOXOOOXXOXOXOOXXXOX

35. 假设以下四张卡片一面是字母，而另一面是数字。某个人告诉你："如果卡片的一面是元音字母，另一面就是偶数数字。"你想翻开哪张（或哪些）卡片以判断此人是否在撒谎？

我需要翻开的牌： （可多选）

☐ E

☐ 4

☐ K

☐ 7

第一编

知觉、记忆和情境

脱离情境的决策是不存在的。所有的决策与判断都取决于我们看待和解释这个世界的方式。因此,本书的第一编将讨论:我们的决策与判断如何受到选择性知觉、维持认知一致性的压力、记忆偏差以及情境变化的影响。

1

选 择 性 知 觉

———————— ❖ ————————

我们不是先看见再定义，而是先定义再看见。

———— 沃尔特·李普曼（引自 Snyder & Uranowitz，1978）

看看你眼前的东西。现在，再看看你的双手，看看本书前勒口的图片。你所看到的事物有多少是由你的期望所决定的？

如果你和大多数人一样，你的认知也会受到期望的严重影响。即使观察近在眼前的事物，也很难不受已有观念的影响。你也许觉得，自己看待事物完全没有偏差，然而越来越清楚的是，人们几乎不可能避免认知偏差。相反，人们会有选择地感知他们期望和愿意看到的事物。

黑桃之所以被称为黑桃

关于选择性知觉的一个最早和最著名的实验是由布鲁纳和波斯特曼（Bruner & Postman，1949）发表的。布鲁纳和波斯特曼用速示器（这台仪器可以在非常短的时间里呈现图片）向人们呈现了一系列的扑克牌，每次呈现 5 张，图片曝光时间从 10 毫秒到 1 秒不等。他们展示的扑克牌与本书前勒口上的牌类似，现在请仔细看一下这些牌是什么。

你是否注意到了这些牌奇怪的地方？如果只是不经心地扫一眼前勒口的图片，大多数人不会发现，其中一张牌的牌面是黑色的"红桃3"。布鲁纳和波斯特曼也发现，相比普通的牌，人们需要4倍以上的时间才能认出这张有诈的牌。而且他们发现，对于这种不一致的大多数反应可以归为4类：支配、折中、分裂和再认。

支配反应主要在于布鲁纳和波斯特曼所谓的"知觉性否认"。比如，当人们看到这张黑色的"红桃3"时，会非常肯定地认为，这张牌是正常的红桃3或者是正常的黑桃3。在第一种情况下，形状是占支配地位的，颜色被预先的期望所同化。而在第二种情况下，则是颜色占支配地位，形状被同化。在布鲁纳和波斯特曼的实验中，28个被试中有27个人（即96%的人）在某一时刻都曾表现出这类支配反应。

另一种反应则是折中。例如，实验的一些被试将一张红色的"黑桃6"看成了紫色的"黑桃6"或紫色的"红桃6"。另一些被试则将一张黑色的"红桃4"看成灰色的"黑桃4"，或者将一张红色的"梅花6"看成"被红光照亮的梅花6"（请记住，实验中的被试都是在速示器上看这些牌的）。在布鲁纳和波斯特曼的实验中，有50%的被试对红色的牌做出折中反应，11%的被试对黑色的牌表现出折中反应。

人们对这种不一致现象的第三种反应是分裂。如果反应是分裂的，人们将很难获得任何形式的知觉。分裂反应很少出现，然而一旦发生，其结果将是戏剧化的。例如，一名被试惊呼："我不知道这到底是怎么回事，甚至不确定这些是否是扑克牌。"同样，另一个被试说："不管它们是什么，我辨认不出这些花色来，那个时候它甚至不像一张扑克牌。我现在都不知道它是什么颜色，也不知道它究竟是黑桃还是红桃。我现在甚至不确定黑桃到底是什么样的了！我的天呀！"

最后一种反应自然是再认。但即使被试意识到有些不对劲，有时仍然说不清楚扑克牌本身的不一致。在准确地认识到错在哪里之前，已经有6名被试开始感觉到这些牌面标志（点数）放置的方式有些奇怪。例如，一名被试在看到那张红色的"黑桃 6"时，他认为这些点数被倒转了；而另一个被试在看到黑色的"红桃 4"时声称黑桃的方向"放置错了"。

这些结果都表明，期望会强烈地影响知觉。布鲁纳和波斯特曼（Bruner & Postman，1949）认为："知觉组织在很大程度上是由期望决定的，而期望基于以往与环境的社会互动。"当人们对某一特定情境有足够的经验时，他们常常会看到自己所期望看到的事物。

"读者调查"的第 29 题就提供了另一个例子，说明过去经验如何干扰知觉的准确性。在这个问题中，读者需要数一数字母"f"出现在下面句子里的次数：

> These functional fuses have been developed after years of scientific investigation of electric phenomena, combined with the fruit of long experience on the part of the two investigators who have come forward with them for our meetings today.

大部分母语为英语的人会低估字母"f"出现的次数（Block & Yuker，1989）。正确的答案是 11 次（包括出现在单词 *of* 中的 4 次）。因为习惯于说英语的人会将单词 *of* 中的"f"发音为"v"，所以相对于那些没有英语经验的人来说，前者更难觉察这种情况下"f"的出现。因此，过去的经验事实上妨碍了他们的表现。

强烈的期望

假设你是一名男大学生，你参加了罗格斯大学酒精研究实验室的一项研究。实验者会告诉你，你所要做的就是喝一杯伏特加汤力（一款鸡尾酒），20 分钟后，等酒精吸收进血液，再与实验者的一名女助手交谈，你要努力给她留下尽可能好的印象。于是，实验者根据你的体重，按比例调配伏特加汤力，递给你杯子，然后留下你一个人在房间里喝。

等你喝完后，一名女助手便会走进房间，在椅子上坐下来，直视你的眼睛。

你开始与她交谈。你有多紧张？心跳有多快？

威尔逊和艾布拉姆斯（Wilson & Abrams，1977）在做这一实验时发现，不管被试是否真的摄入酒精，与那些认为自己只是喝了汤力水的被试相比，那些认为自己喝了伏特加汤力的被试心率增加的少得多。也就是说，被试是否摄入了酒精对心率其实并没有显著影响，真正影响他们心率的是他们是否相信自己摄入了酒精。由此证明，期望比血液的化学成分变化更重要。

麦克米伦等人（McMillen，Smith，& Wells-Parker，1989）进一步拓展了这些结果。他们采用了与威尔逊类似的实验技术，随机安排大学生饮用酒精饮料和无酒精饮料。而在实验之前，有些大学生被认定为高"刺激寻求者"，即偏爱冒险的一类人；另一些学生则是低"刺激寻求者"。喝完饮料半个小时后，大学生们开始玩一个视频游戏。在游戏中，他们会沿着一条公路开车，并有机会使用加速踏板超过其他车辆。大学生们被告知，要像在现实中开车一样驾驶模拟汽车。

麦克米伦和他的同事们发现，那些认为自己喝了酒精饮料的高"刺激寻求者"，不管他们是否真的喝了酒精饮料，其改变车道和超车的次数显著多于那些认为自己没喝酒精饮料（无论对错）的高"刺激寻求者"。与此形成对照的是，那些认为自己喝了酒精饮料的低"刺激寻求者"则比那些认为自己没有喝酒精饮料的低"刺激寻求者"更加谨慎小心。一些实验表明，在经常吸食大麻的人群中同样存在这种很强的期望效应（Jones，1971）。

在上述实验中，人们的知觉强烈地受到已有信念和期望的影响。心理学家将这类影响称为"认知"因素。不过，知觉不仅受到人们的期望的影响，也受到了其欲望的影响。那些与期望、欲望以及情感依恋等有关的影响被称为"动机"因素。本章剩余部分将讨论选择性知觉的例子，看看其中动机因素与认知因素是如何交织在一起的。

什么时候挑起了争端

1951 年 11 月 23 日，达特茅斯学院与普林斯顿大学的橄榄球队在普林斯顿大学的帕尔默体育场进行了一场比赛。开球才一会儿，就明显感觉到这将是一场粗野的比赛。普林斯顿的一名明星球员，刚刚上过《时代》杂志封面，被打伤了鼻子，离开了球场。过了一会儿，达特茅斯的一个球员腿部受伤，也离开了球场。最后，普林斯顿赢得了比赛，但双方累计的犯规次数都相当多。

比赛结束后，双方都怒气冲冲、互相指责，并发表措辞严厉的评论。例如，比赛结束四天后，《普林斯顿日报》（普林斯顿学生创办的报纸）的一名作者宣称："观众们从来都没有看过如此糟糕透顶的表演——所谓的体育比赛。两个队都有错，但过错主要还是在达特茅斯队。普林斯顿队明显更强，没有理由对达特茅斯队动粗。"就在同一天，《达特茅斯》（达特茅斯本科生创办的报纸）指责普林斯顿的教练一直在向球员们灌输"以其人之道，还治其人之身"的思想。接下来的一个星期里，普林斯顿和达特茅斯的学生继续激烈地争论球赛究竟发生了什么，以及到底谁该负责。

当时的达特茅斯社会心理学家哈斯托夫和普林斯顿的研究员坎特里尔介入了这场风波。他们利用这场争论，做了一项有关选择性知觉的经典研究（Hastorf & Cantril，1954）。

研究开始时，他们向 163 名达特茅斯学生和 161 名普林斯顿学生询问了如下这些问题，其中就有："根据你观看的现场比赛或者比赛录像，又或你读到的消息，你觉得哪支球队最先挑起了争端？"不出意料的是，哈斯托夫和坎特里尔发现，普通的达特茅斯学生和普林斯顿学生的反应存在很大的差异。达特茅斯学生中有 53% 的人坚称两方共同挑起了争端，只有 36% 的人认为达特茅斯队挑起了这场争端。相形之下，普林斯顿的学生中有 86% 的人觉得达特茅斯队挑起了争端，只有 11% 的人认为双方都是始作俑者。

这种观点的差异导致哈斯托夫和坎特里尔想知道，这究竟是因为达特茅斯和普林斯顿的学生真的观看了不同的比赛（录像），还是因为他们观看的是同样的比赛却只是对证据的解释不同。为了研究这一问题，他们在每所大学又各找了一组学生，让他们观看这场比赛录像，并要求他们记录所注意到的任何犯规行为。两所大学的学生观看的都是一样的比赛录像，并用同样的评价系统来

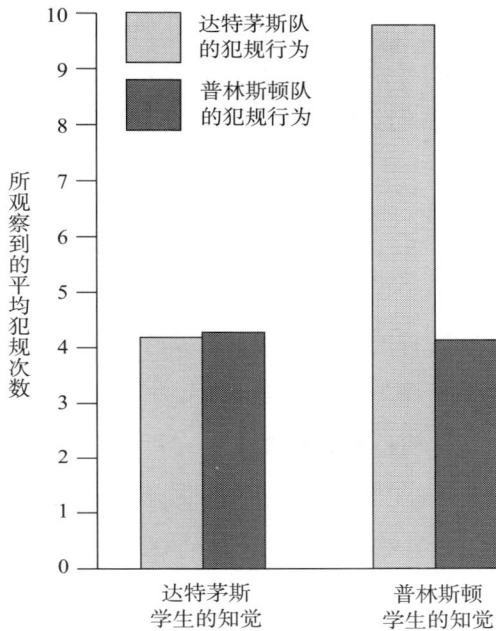

图 1.1 选择性知觉的一个例子（引自Hastorf & Cantril，1954）

记录所观察到的任何犯规行为。

如图 1.1 所示，实验结果显示出很大的选择性知觉效应。达特茅斯的学生观察到，两个队的犯规次数几乎一样多（己方队为 4.3，普林斯顿队为 4.4）。而普林斯顿的学生则观察到，达特茅斯队的犯规行为是普林斯顿队的两倍还多（达特茅斯队为 9.8，己方队为 4.2）。双方的知觉差异如此之大，以至于当普林斯顿送了一份比赛录像拷贝给几个达特茅斯老校友供他们集体观看时，其中一名达特茅斯校友先前曾观看过这场比赛录像，当时他没看到达特茅斯队有任何犯规行为。他感到非常疑惑，发了一份电报给普林斯顿，要求其拿出剩余的比赛录像！

以这些知觉差异为基础，哈斯托夫和坎特里尔（Hastorf & Cantril，1954）总结道："似乎很清楚，这场'比赛'实际上有许多不同的版本……要说不同的人对于同一'事件'有不同的'态度'，这是不准确的，也会误导人。因为同一'事件'对于不同的人来说大不相同，不管该'事件'是一场橄榄球比赛、一名总统候选人的竞选演讲，还是谣言。"1981 年，洛伊和安德鲁仔细地重复了哈斯托夫和坎特里尔的实验，也得出了近乎相同的结论（Loy & Andrews，1981）。

敌意媒体效应

达特茅斯－普林斯顿的研究过去多年以后，瓦伦、罗斯和莱珀（Vallone，Ross & Lepper，1985）推测，这种选择性知觉可能会导致某一问题的各方政治党派都认为，大众媒体的报道对己方存有偏见。瓦伦、罗斯和莱珀称这一现象为"敌意媒体效应"。在 1980 年卡特与里根的总统竞选的背景下，他们第一次对此假说进行了研究。选举的前三天，他们要求 160 位登记的选民指出媒体对候选人的报道是否存有偏见，如果有偏见，指出这种偏见针对哪一方。研究发现，将近三分之一的受访者觉得媒体报道存有偏见，而且他们认为在这些有偏见的报道中，大致有 90% 的偏见针对的是其支持的候选人。

这些最初的发现引发了他们的兴趣。瓦伦、罗斯和莱珀（Vallone，Ross，& Lepper，1985）进行了第二次研究。他们邀请了 68 名支持以色列的大学生，27 名支持阿拉伯的大学生和 49 名中立的大学生，一起观看同一组关于贝鲁特大屠杀惨剧的电视新闻报道片段（1982 年，一系列的阿以冲突导致在黎巴嫩的萨布拉和夏蒂拉难民营发生针对阿拉伯平民的大屠杀）。这些新闻片段选自 10 天内面向全美播出的 6 档不同的晚间和深夜新闻节目。

瓦伦、罗斯和莱珀发现，每一立场的人都认为新闻报道存有偏见，偏袒对方的立场。这支持了他们所提出的"敌意媒体效应"。支持阿拉伯的学生认为，这些新闻片段基本上偏向以色列；而支持以色列的学生则认为，这些新闻片段偏向阿拉伯；中立学生的看法则介于二者之间。另外，支持阿拉伯的学生觉得，这些新闻节目在本应该谴责某个国家时却在替以色列开脱；支持以色列的学生则觉得，这些新闻节目在本应该为某个国家辩护时却谴责了以色列。

与达特茅斯－普林斯顿球赛事件一样，瓦伦、罗斯和莱珀也发现，双方的这些分歧不仅仅是看法上的差异，还存在知觉上的差异。例如，就新闻报道中对以色列的评价来说，支持以色列的学生与支持阿拉伯的学生对以色列有利和不利评价的次数的知觉并不一样。平均来说，支持阿拉伯的学生报告，针对以色列的评价中，有42%是有利于以色列的，只有26%是不利的。另一方面，支持以色列的学生却报告，针对以色列的评价中，有57%是不利于以色列的，只有16%是有利的。另外，支持以色列的学生认为，大部分中立者在观看这些新闻片段后会对以色列持有更负面的态度；而支持阿拉伯的学生则认为大多数人不会这样。

瓦伦、罗斯和莱珀的结论是，各党派的人都会倾向于认为，媒体对有争议事件的报道都对自己所支持的一方存有不公平的偏见和敌意。他们还推测，类似的知觉偏差也可能出现在诸如调解、仲裁或者其他双方都十分忠于自己原先立场的情境。这种推测是有道理的。在第2章我们将会看到，当人们对某一特定事业或者行动过程做出承诺时，他们的知觉或认识往往会发生改变，以便与自己的这种承诺保持一致。

结 论

知觉，就其本身性质而言，就具有选择性。即便只是识别一张扑克牌，抑或对自己醉酒的感知，在很大程度上取决于认知因素和动机因素。因此，在做任何重大决策或判断之前，通常值得停下来想一想并问自己一些关键的问题：我是否受了某种动机驱使而以特定的方式看待事物？我夹杂了自身的哪些期望？倘若没有这些期望和动机，我看待事物的方式是否会有所不同？我是否向那些与我有着不同期望和动机的人询问过？通过提出这类问题，决策者可以发现许多能够引起知觉偏差的认知因素和动机因素。

2

认 知 失 调

———————— ❖ ————————

在先对选择性知觉进行研究后不久，费斯汀格（Festinger，1957）就提出了"认知失调"理论（the theory of cognitive dissonance，也译作认知不协调理论）。自 20 世纪 50 年代以来，失调理论催生了数百个实验，其中许多是心理学领域最有趣和最精巧的实验。要理解认知失调理论，以及这种失调如何影响决策和判断，请思考奥苏贝尔讲述的一个小故事（Ausubel，1948；Deci，1975）。

认知失调理论的一则寓言

有一位犹太裁缝勇敢地在一个反犹太小镇的主街开了一家裁缝店。为了把他赶走，每天都有一帮小青年跑到他的店门口向他大吼："犹太人！犹太人！"

失眠了几个晚上之后，裁缝终于想出了一个办法。那帮人再来威胁他时，他宣布，任何人叫他"犹太人"都将得到一毛钱。然后他给了这群人每人一毛钱。

得到奖励之后，第二天这帮人跑来更加兴奋地大叫："犹太人！犹太人！"裁缝微笑着给了每人五分硬币（他解释说今天只能付这么多）。这帮小青年还是满意地离开了，毕竟五分钱也是钱。

接下来的几天，犹太裁缝就只给那帮小青年每人一分钱，并再次解释他付不起更多的钱了。可是，一分钱不再那么有激励作用，其中一些人开始向裁缝抗议。

裁缝再次申明，他不可能付更多的钱，告诉他们要么拿一分钱，要么就离开。于是，这帮人决定离开，临走时还冲着裁缝大叫："你只出一分钱，还想让我们叫你犹太人，真是疯了！"

为什么有这样的变化

为什么这帮年轻人愿意"免费"骚扰裁缝，而不愿意为一分钱这样做？认知失调理论认为，人们往往具有减少或者避免心理矛盾的动机。当裁缝宣布他很乐意被叫犹太人时，当他将那帮年轻人的动机从反犹太主义巧妙地转变为金钱奖励时，他便成功地诱发了这帮年轻人的前后矛盾的状态（或者"唤起失调"），让他们觉得好像是免费地奉承了裁缝一样。于是，当这帮年轻人没有获得足够多的报酬时，他们不再能够证明自己的行动与其目标不一致的合理性（其目标是要骚扰裁缝，而不是让他开心）。

无聊也可以变得有趣

相同的原理在费斯汀格和卡尔史密斯（Festinger & Carlsmith，1959）的实验中也得到了验证，这是社会心理学领域最为著名的实验之一。60 名斯坦福大学的男本科生被随机分配到 3 种实验条件下。在"1 美元"条件下，参与者需要完成一项沉闷的实验任务，持续 1 小时，之后他们要告诉那些在外面等待完成实验的学生这是一个很有趣和快乐的实验，可以得到 1 美元的报酬。在"20 美元"条件下，参与者做同样的事情可以得到 20 美元的报酬。控制组的参与者只要完成这项沉闷的实验任务。

实验的任务是什么呢？首先，学生们要花半小时用单手把 12 个线轴放到一个盘子中去，然后倒空盘子，再把盘子装满，如此往复。半小时到了之后，学生们要在接下来的半个小时利用单手转动小钉板上的每一颗钉子，共 48 颗钉子，但一次只能转四分之一圈！实验工作人员对每个参与者进行单独观察，他们只是手拿一块秒表坐在旁边，忙着在一张纸上做记录。

学生一完成任务，实验者就会靠在椅背上对他说：

> "我想向你解释一下这一切，这样你将了解为什么要你这样做……实际上，实验有两个小组。在你所处的这一组，我们会把被试带进屋子里，基本上不给他介绍这个实验……而在另一组中，则会有一个一直受雇于我们的学生助手。我的工作就是把他带到隔壁房间，被试会在那里等候参加实验（就是你之前等候过的那个房间）。我会向被试介绍助手，仿佛他刚刚参加了我们的实验。然后这个为我们工作的助手在与下一个被试交谈的时候，会告诉他们，这是一个很好玩的实验，非常有趣，玩得高兴，很有意思……"

解释完这些以后，实验者会要求这些控制组的被试评价实验任务有多令人愉快。而对于"1 美元"和"20 美元"条件下的被试，实验者会继续向他们解释道：

> "这个平时为我们工作的助手今天不能为我们工作了——他刚刚来电话说有其他一些事情要做——所以我们想找一个可以受雇于我们，为我们做这件事情的人。你瞧，现在正有一个被试在那里等着参加另外一组的实验（看看表）……如果你愿意为我们做这件事，我们希望现在就雇用你做这份工作，而且以后如果再次发生类似的事情，你能够随时受雇于我们。对于你为我们做的这件事情（即现在为我们做这份工作并能够随时受雇于我们），我们会付给你 1 美元（或者 20 美元，视实验条件而定）。你愿意为我们工作吗？"

所有"1 美元"和"20 美元"条件的被试都同意接受雇用，在他们告诉等候在外的被试这是一个多么令人愉快的实验之后，实验者会要求他们对实验任务及其他事项进行评价。费斯汀格和卡尔史密斯（Festinger & Carlsmith,1959）发现，"1 美元"条件的被试对任务的评价显著比其他两种条件的被试的评价更为愉快。

费斯汀格和卡尔史密斯认为，那些只拿 1 美元却仍然要对别人撒谎的被试体验到了"认知失调"。费斯汀格（Festinger，1957）声称，当人们同时持有两种心理上不一致的想法（即，在一定程度上感觉矛盾或是不相容的想法）时，他们就会体验到认知失调。在这个例子中，这种失调的认知是：

1. 这项任务极端无聊。
2. 只是为了 1 美元，我（一个诚实的人）就要告诉其他人这是一个有趣且令人愉快的任务。

同时有了这两种想法，就意味着，"1美元"条件的被试为了一个并不怎么好的理由撒了谎（而在另一方面，"20美元"条件的被试同意受雇则显然是为了一个他们认为非常好的理由：20美元）。

费斯汀格在 1957 年提出，人们会尽一切可能减少认知失调。他把失调视为一种"消极的驱力状态（一种令人厌恶的状况）"，将认知失调理论作为一种激励理论（尽管前者含有"认知"一词）来进行阐述。根据这一理论，实验中的被试应该具有减少上述两种想法之间不一致的动机。

当然，对于第二种想法，被试能做的不多。事实是，被试的确告诉了其他人这项任务令人愉快，而且这样做只得到了 1 美元（另外，他们肯定也不会改变认为自己是诚实和正派之人的想法）；而另一方面，任务的沉闷乏味却能给被试一定的操作空间。他们可以说，沉闷乏味与否，则是仁者见仁，智者见智。

因此，费斯汀格和卡尔史密斯（Festinger & Carlsmith，1959）得出如下结论："1 美元"条件的被试在告诉其他人这是一项有趣和令人愉快的实验时，产生了认知失调。为了减少这种失调，之后他们对实验的评价就较为愉快。而相反，"20 美元"条件的被试对实验任务的评价就更符合实情：极其沉闷乏味。该条件的被试不需要刻意减少失调，因为他们已经为自己的行为找到了一条很好的解释——他们得到了 20 美元的报酬。

自我知觉理论

故事并没有到此结束，对于费斯汀格和卡尔史密斯的发现，出现了另外一种解释。20 世纪 60 年代中期，心理学家达里尔·贝姆提出，认知失调实验的研究结果也可以用其所谓的"自我知觉"理论来解释。根据自我知觉理论（self-perception theory），失调的研究结果与消极的驱力状态（费斯汀格称之为失调）无关；相反，它们与人们如何从所观察到的自身行动中推断出的自己的信念有关。

贝姆的自我知觉理论主要建立在两个假设之上：

1. 人们对自己的态度、情绪以及其他一些内在状态的觉察，部分是通过观察自己在各种情况下的行为来实现的。
2. 如果内部线索微弱、模糊或难以解释，那么人们在做出这些推断时就与外部观察者几乎一样了。

自我知觉理论可以这样解释费斯汀格和卡尔史密斯的研究结果：一方面，只得了 1 美元的被试看到自己褒扬该任务可推断自己必定喜欢这一任务（就像外部旁观者会推断的那样）。另一方面，"20 美元"条件的被试推断，他们的行为无非是对较高的金钱激励做出了反应，同样像外部观察者那样推断。自我知觉理论和认知失调理论的差别在于，自我知觉理论依据人们如何推断其行为的原因来解释经典的失调研究结果，而认知失调理论则依据人们减少内部冲突或失调状态的先天动机来解释这些研究结果。贝姆认为，费斯汀格和卡尔史密斯研究中的被试即使没有体验到任何内心的不安，也仍然会表现出同样的结果模式。

之后有很多研究对这两种理论进行了比较（参看 Bem，1972），但对于哪种理论能够更准确或者说更有用地解释这种"失调现象"，仍然没有定论。很多年来，两种理论的支持者们都试图设计出一个决定性的实验来支持自己赞同的理论，但是每一轮实验研究都只是引发了对方的新一轮实验。最后，也许可以说，在不同的情境下，两种理论都是成立的（但是根据心理学的传统，对于这两种理论都同样能很好地解释的研究结果，我们则以失调理论的术语来指代）。

正如接下来的几个部分所阐明的，认知失调对我们的很多决策与判断都有影响力。大多数引发失调的情境可归为两大类：决策前与决策后；对前者来说，失调（或者失调产生的可能性）影响人们所做的决策，而对于后者，失调（或者失调产生的可能性）在已经做出选择之后出现，而避免或者减少这种失调会影响以后的行为。

决策前失调的一个例子

一对父子开车外出，发生了车祸。父亲当场死亡，儿子的情况也十分危急。儿子很快被送到医院，准备实施手术抢救。当医生走进手术室见到这个病人后，突然大叫起来："我做不了这个手术，他是我儿子！"

这种情况可能吗？大部分人认为不可能。他们的推理是，如果这位病人的父亲已经在车祸中丧生，病人就不可能是医生的儿子。至少，在他们想到外科医生可能是病人的*母亲*之前，他们会这样推理。

如果你一开始不知道这种可能性，而且如果你认为自己相对而言并不是一个有性别歧视的人，那么现在就有一个很好的机会让你马上体会失调（请参见"读者调查"第13题来进行性别歧视的自我评估）。而且，根据认知失调理论，你会有动机去减少这种失调，从而表现得比以前更加反对性别歧视。

研究者正是用这个女外科医生的故事来验证这一假设的（Sherman & Gorkin，1980）。在这个名为"对待社会议题的态度和解决逻辑问题的能力之间的关系"的实验中，舍曼和戈尔金将大学生被试随机分配到3种条件。在性别角色条件下，学生有5分钟时间来理解女外科医生故事的合理之处；在非性别角色条件下，学生同样有5分钟来解决一个难度相当的有关点和线的问题；而在控制条件下，学生不需要解决任何问题。在"性别角色"和"非性别角色"条件中，实验工作人员会在5分钟后将正确的解决方法告知被试（约有80%的被试在5分钟内未能解决指派的问题）。

接下来，告知被试这个实验已经结束，实验者会给他们一本小册子，上面是另一项有关法律决策的实验研究（事先已告知被试，他们将参加"一组无关联的研究项目"）。他们告诉被试，另一项研究的主要研究者目前在印第安纳州的南本德，在他们完成小册子上的问题后，小册子将被装入信封，密封之后通过邻近的邮箱寄往南本德。随后，让被试单独留下来完成这个有关法律决策的小册子。

实际上，这个有关法律决策的实验也只不过是一种收集性别歧视信息的方法，只是设法不让被试察觉它与第一部分实验之间的关联。被试会读到平权运动的一个案例，在这个案例中，一名妇女宣称，她因为性别原因而无法得到一所大学的教职。然后，被试需要指出，他们认为陪审团的裁决应该是什么，这所大学聘用男性而非女性的做法有多少合理性，以及对平权运动的总体评价。

舍曼和戈尔金（Sherman & Gorkin，1980）发现，与控制组和"非性别角色"组的被试相比，"性别角色"组那些不能解决女外科医生问题的被试更可能认定这所大学有性别歧视的过错，更不可能看到该大学聘用男性担任这一职务的合理性，总的来说也更为支持平权运动政策。也就是说，在发现自己表现出传统的性别角色刻板印象后，学生试图通过表现得更加"开明"来减少这种失调（或者根据自我知觉理论，试图表现自己是一个没有性别歧视的人）。这种减少失调的方法称为"加固"，并且已经成功地运用于促进节约能源的运动之中。坎托拉、赛姆和坎贝尔（Kantola，Syme，& Campell，1984）发现，以前用电量大的人在被告知其用电量过大以及提醒其先前许下的节电承诺后，显著地减少了用电量。

有关决策前失调的其他例子

正如杜布和他的同事所做的实验（Doob et al., 1969）所示，决策前失调也会影响消费行为。研究者将销售总额相当的折扣店配对，一共 12 对，然后随机地指定每对中的一家商店以每瓶 0.25 美元的价格出售一种自有品牌的漱口水，而另一家商店则以每瓶 0.39 美元的价格出售。9 天后，以 0.25 美元价格出售的商店将价格提至 0.39 美元（与另一家商店售价相同）。同样的程序后来又运用到牙刷、铝箔、灯泡和饼干上（从总体上来讲，这些物品的实验结果与漱口水的实验结果相似）。

杜布等人发现（Doob et al., 1969），与认知失调理论一致的是，一开始就以较高价格出售漱口水的商店往往卖得更多。在 12 组商店中有 10 家商店呈现出这样的结果，也就是说，一开始就以 0.39 美元价格出售漱口水的商店比一开始以 0.25 美元价格出售的商店售出了更多的漱口水。

杜布和他的助手用消费者的"适应水平"和避免失调的需要来解释这一实验结果。他们写道："当漱口水以 0.25 美元出售时，按这个价格购买商品或注意到这个价格的消费者便倾向于认为，该商品的实际价值就是 0.25 美元。他们会对自己说，这是 0.25 美元一瓶的漱口水。而当接下来的几个星期价格上涨到 0.39 美元时，这些顾客就会倾向于认为商品标价过高，而且他们不愿意以比原价高太多的价格来购买这一商品"（Doob et al., 1969）。此外，根据失调理论，人们为某件事情付出越多，他们就越看重这件事的价值，而且越有压力继续为这件事付出。这一原理不仅适用于购买商品，也适用于为了某一目标而做出的任何承诺和努力（另一个例子请参见 Aronson & Mills, 1959）。最终结果与第 21 章讨论的诸多行为陷阱类似。

决策后失调的例子

决策后失调是做出决策之后而非之前产生的失调感。20 世纪 60 年代中期，罗伯特·诺克斯和詹姆斯·英克斯特对决策后失调进行了研究。他们在加拿大温哥华展览公园的赛马场采访了 141 名赌马的人，其中 72 人在过去的 30 秒中已经下了 2 美元的赌注，69 人正准备在接下来的 30 秒内下 2 美元的赌注。诺克斯和英克斯特推断，刚刚已经做出某种行为承诺（下注 2 美元）的人，为了减少他们的决策后失调，会比以前更加强烈地相信他们挑到了胜出的马。

为了检验这一假设，诺克斯和英克斯特（knox & Inkster, 1968）要求人们用 1~7 分来估计他们所选马匹的获胜概率，1 分代表最小的获胜概率，7 分代表最大的获胜概率。他们发现，那些马上就要下注的人对自己所选马匹获胜概率的平均估计值为 3.48（这相当于获胜概率与失败概率一样），而那些已经下注的人给出的平均估计值则为 4.81（这相当于获胜的概率更高一些）。他们的假设得到了证实——当做出了 2 美元的承诺后，人们会更加相信他们的投注会有回报。

这一发现引出了一个有趣的问题：给某个候选人投票后你是否对这个候选人赢得选举更有信心了？（请参见"读者调查"第 32 题。）1976 年，奥德·弗伦克尔和安东尼·杜布发表了有关这一问题的研究。

弗伦克尔和杜布采用了与诺克斯和英克斯特同样的基本实验程序（Frenkel & Doob，1968）。他们采访了刚刚投过票和马上要投票的选民。在一个实验中，他们调查的是加拿大省级选举的选民；而在另一个实验中，他们调查的则是加拿大联邦选举的选民。与诺克斯和英克斯特的实验结果一样，弗伦克尔和杜布（Frenkel & Doob，1976）也发现："在这两种选举中，选民在投票后比投票前更加相信自己的候选人就是最好的，而且最有可能赢得选举。"

结 论

正如本章开篇那个犹太裁缝的故事所表明的那样，认知失调理论如能善加运用，将会是一种强有力的武器。有关认知失调的研究不仅丰富有趣，而且可以直接应用到许多情境中去。例如，根据杜布等人（Doob et al., 1969）的实验结果，零售商店常常明确地标明新品促销，从而避免出现杜布等人所发现的那种适应效应。同样，许多政治运动都试图乞求选民的较小承诺以制造决策后失调效应（这种策略有时候被称为"登门槛技术"）。在本书后面的章节，我们将讨论有关认知失调的其他一些研究发现和应用。

费斯汀格的学生埃略特·阿伦森（Elliot Aronson）是研究认知失调的一位领军人物，也是许多早期失调实验的研究者之一（读者如果有兴趣想详细了解认知失调理论，可以先了解阿伦森的著作 [Aronson，1969，1972]）。因此，很适合用阿伦森（Aronson，1972）阐述认知失调理论启示的一段话来结束本章：

如果一名当代的马基雅维利向一位同时代的统治者谏言，他可能会根据有关决策后果的理论和数据提出如下建议：

1. 如果你希望某人对某事形成积极的态度，那么就引导他，使他向自己承诺拥有它。
2. 如果你希望软化某人对某不端行为的道德立场，就引诱他做出这种行为。相反，如果你希望加强某人对某不端行为的道德立场，那么就引诱他，但使其不足以对这一行为做出承诺。*

众所周知，态度改变会引起行为改变。但有关认知失调理论的研究表明，态度改变也可能发生在行为改变之后。根据认知失调理论，保持一致性的压力常常导致人们改变他们的信念，使之与行为一致。在第 3 章我们将会看到，在许多情况下，人们会扭曲或者忘却他们原有的信念。

---

* 这段话中的男性代词"他"（him）泛指两性。在1977年之前，当时美国心理学协会（APA）采纳了这一无性别色彩的语言用法，所以那时这种用词是心理学较普遍的做法。

3

记忆和后见之明偏差

———————— ❖ ————————

"今天不是任何其他一天,你懂的。"

"我不明白你说的,"爱丽丝说,"这实在太不可思议了。"

"这就是倒着过日子的结果,"女王和蔼地说,"一开始总是让人有点儿头晕。"

"倒着过日子!"爱丽丝非常吃惊地重复道,"我从来没有听说过这样的事情。"

"但这有一个很大的好处,那就是一个人的记忆可以指向两个方向了……只能回溯的记忆可不怎么样。"女王说道。

——刘易斯·卡罗尔,《爱丽丝镜中奇遇记》

请花片刻时间思考下面这句话是否正确:"记忆就像大脑中的存储器,我们将一些材料存进这个容器,等到需要时再从这个容器中取出。有时候,一些东西会从这个容器中丢失,于是我们就会说忘记了。"

你认为这句话是对还是错?(请参见"读者调查"第 15 题你的回答)。在拉马尔(Lamal, 1979)的一项研究中,大约有 85% 的大学生同意这种说法。

但实际上，这句话描述的记忆特征存在严重的错误（此外，是否真的有材料从记忆中丢失也是个问题）。

记忆并不像拷贝那样把我们的过去经验储存在记忆库中。相反，记忆是在我们提取它时才建构的（Loftus，1980；Myers，1990）。在发生重构的这一瞬间，我们所用到的"材料"是那些填补缺失细节的逻辑推断、与原始记忆混合在一起的关联记忆以及其他相关信息。为了证明记忆的重构性，可以试试迈尔斯（Myers，1990）推荐的练习：闭上你的眼睛，回忆一幕你经历过的愉快事情的场景。在你还没有完成重现这一经历之前，请不要往下阅读。

在这个场景中你看见自己了吗？很多人都看见了。但如果你看见了你自己，那么你必定重构了这个场景（当然，除非在原始经历中你就是在看着你自己）。

破碎的记忆

洛夫特斯和帕尔默（Loftus & Palmer，1974）所做的两个实验是对记忆重构的最好证明。在第一个实验中，45 名学生一起观看一场车祸的 7 段不同的短片。这些短片选自一些较长的驾驶员教学影片，持续 5 秒到 30 秒不等。

每放完一段短片，学生需要回答一系列问题，其中包括汽车的行驶速度有多快。五分之一的学生需要回答这个问题："两车碰到彼此时，车子的行驶速度有多快？"剩下的学生中各有五分之一的人需要回答类似的问题，但"碰到"变成了"撞到""碰撞""冲撞"或者"撞碎"。

正如表 3.1 所示，回答"撞碎"问题的学生对汽车速度的估计比回答"碰到"问题的学生的估计平均快了 9 英里（约 14.5 公里）。因此，洛夫特斯和帕尔默得出结论，问题的形式（即使只有一个词不相同）也能明显影响人们如何重构对某一事件的记忆。

如果有什么不同的话，只能说第二个实验的结果甚至更加具有戏剧性。在这次实验中，洛夫特斯和帕尔默让 150 名学生观看了一段持续一分钟的短片，片中包括一起 4 秒钟的多车相撞事故。有 50 人被问到："当汽车彼此撞碎时，车子的速度大约有多快？"另有 50 人被问到："当汽车彼此撞到时，车子的速度大约有多快？"剩下的 50 人则不需要判断汽车的速度。一个星期后，学生们回到实验室，这次他们不再看短片，但需要回答一系列问题。洛夫特斯和帕尔默感兴趣的关键问题是，这些学生是否记得看到车祸中有撞碎的玻璃。

表 3.1 当它们……时，车子行驶的速度有多快？

动 词	平均估计速度（公里/小时）
撞碎	65.7
冲撞	63.2
碰撞	61.3
撞到	54.7
碰到	51.2

注：这些是洛夫特斯和帕尔默所做研究的第一个实验的平均速度估计值（Loftus & Palmer，1974）。

表 3.2 你看见撞碎的玻璃了吗？

回 答	实验条件		
	撞 碎	撞 到	控制组
是	16	7	6
否	34	43	44

注：这是洛夫特斯和帕尔默（Loftus & Palmer，1974）所做研究的第二个实验"是"与"否"回答的分布表。三种实验条件各有50名被试。

洛夫特斯和帕尔默发现，询问学生当汽车彼此"撞碎"时，车子的速度大约有多快，不仅导致这组学生对速度的估计更快，而且在一星期后这组学生有更大比例的人记得车祸有撞碎的玻璃。表 3.2 的结果显示了不同实验条件下统计学意义上可信的差异。这一结果的有趣之处在于，短片中的车祸根本没有任何撞碎的玻璃——估计"撞碎"车辆速度的被试重构了车祸记忆，所以才认为有碎玻璃。

图 3.1 重构的记忆

甜蜜的回忆

正如洛夫特斯和帕尔默的实验所示，记忆的存储并不是固定不变的。1971年，约翰·布兰斯福德和杰弗里·弗兰克斯的研究进一步表明，记忆并不是彼此分离、单独储存的。布兰斯福德和弗兰克斯（Bransford & Franks，1971）先向参加实验的大学生呈现有关某件事情的一组句子。举例来说，其中一组句子如下（见"读者调查"第 20 题和第 21 题之间的文字）：

- 蚂蚁吃了桌子上的甜果冻
- 蚂蚁在厨房
- 蚂蚁吃了甜果冻
- 厨房里的蚂蚁吃了桌子上的果冻
- 果冻放在桌子上
- 厨房里的蚂蚁吃了果冻

接着过了大约五分钟，学生将看到另一组句子，然后要指出其中哪些句子在第一组句子中出现过，并且他们需要用1~5分来评价他们对自己所选答案的肯定程度。"读者调查"中的第30题包含了第二组的句子，以及用来填写他们对这些句子是否重复出现过的肯定程度的空格。

事实上，只有题（30c）的句子在第一组句子中出现过："蚂蚁吃了甜果冻。"而且，如果你与布兰斯福德和弗兰克斯研究中的大多数被试一样，那么你对这一句子之前出现过将持中等程度的肯定态度（肯定程度为2到4）。

而更有趣的回答是题（30b）："厨房里的蚂蚁吃了桌子上的甜果冻。"虽然这个句子并没有在第一组句子中出现过，但布兰斯福德和弗兰克斯研究中的学生都倾向于很肯定地认为他们之前见到过这个句子。你也是吗？

题（30b）的句子有一个很明显的特征，就是它包含了几种关系的组合，而这些关系的结合并没有出现在第一组任何的单句中。原始的几个句子都没有明确地说厨房里的果冻是甜的，或厨房里的蚂蚁吃了甜果冻。只有将第一组的几个单句结合在一起，才能够得到题（30b）的句子。

因此，人们并非仅仅记住句子，他们建构并记住了一种基本的情境。一旦一部分信息与其他信息结合在一起，有时候就很难记住哪些信息是新的，哪些信息是早已经知道的。

我向来都知道

人们也很难说清自己如何受已知结果信息的影响。例如，如果他们已经知道了某个心理学实验的结果，他们会倾向于认为，该研究结果本来就很好预测，或至少比他们知道结果之前做判断更好预测。（这也是为什么本书要先进行读者调查的原因之一！）另外，即使要求人们表现得像他们不知道实验结果一样，与那些确实不知道结果的人相比，他们的回答也更像知道实验结果的人。也就是说，如果让人们回过头来估计自己曾经认为的这些实验结果发生的可能性，他们估计的概率比那些知道实验结果之前就进行预测的人更高。

这种倾向被称为"后见之明偏差"（hindsight bias），或者"我向来都知道"效应。后见之明偏差是这样一种倾向，将已经发生的事情视为相对不可避免和显而易见，却意识不到自己的判断受到了已知结果的影响。有文献表明，后见之明偏差存在于选举（Leary，1982；Synodinos，1981）、医疗诊断（Arkes，Wortmann，Saville，& Harkness，1981）、妊娠检查（Pennington，Rutter，McKenna，& Morley，1980）、购买决策（Walster，1967）、比赛（Leary，1981）以及其他一些领域中。在运用了各种实验技术、指导语和被试人群多次实验后，后见之明偏差依然出现（有关后见之明偏差及相关效应的综述，参见Campbell & Tesser，1983；Christensen-Szalanski & William，1991；Hawkins & Hastie，1990；Verplanken & Pieters，1988）。

巴鲁克·菲施霍夫和鲁思·贝思于1975年发表了关于后见之明偏差的最早研究。菲施霍夫和贝思（Fischhoff & Beyth，1975）在研究中采用的主要事件是1972年尼克松总统对中国和苏联的访问。在实验的第一阶段，要求几组以色列学生在访问发生之前，估计尼克松访问中国或苏联的15种不同结果的概率。例如，被问到中国之行的学生需要估计以下结果的概率：美国在北京建立大使馆，尼克松至少与毛泽东会晤一次，尼克松宣布这是一次成功的访问，等等。同样，被问到苏联之行的学生则需要估计以下结果的概率：如美国与苏联确立一个太空联合项目，被捕的苏联犹太人与尼克松会谈。

研究的第二阶段是在访问发生后的两周至六个月内，让学生回忆他们之前预测的情况。例如，回答过有关中国之行问题的学生被告知：

> 你应该还记得吧，大约在两周前，就在尼克松总统访华的前夜，你曾经完成过一份有关尼克松总统访华的问卷，对这次访问诸多可能的结果估计了发生的概率。现在，我们对人们的预测质量与其对预测的记忆能力之间的关系很感兴趣。因此，我们希望你能够再填写一次问卷，这份问卷与两周前你完成的问卷完全一样，请给出与**上次一样的概率**。如果你记不住上次给出的概率，可以假设现在就是尼克松总统访华的前夜，你要估计各种结果发生的概率。

同时也要求学生指出，就他们所知，各种结果是否的确发生了。菲施霍夫和贝思想知道，学生们记忆中的预测是否比他们当时实际所做的预测更加准确。

一般而言，这就是菲施霍夫和贝思（Fischhoff & Beyth，1975）的实验结果。对于那些他们认为已经发生的结果，3/4 的学生记忆中的预测概率一般比他们当时实际所做的预测概率要高；而对于那些他们认为没有发生的结果，大部分学生记忆的预测概率比他们当时实际所做的预测概率更低。如果初次预测比回忆任务早几个月，后见之明偏差尤其强烈。当初次预测和回忆任务相隔 3~6 个月时，84% 的学生会出现后见之明偏差——得知了尼克松访问的结果之后，他们认为这些结果比当时的实际情形更容易预测。

减少后见之明偏差

1977 年，保罗·斯洛维奇和巴鲁克·菲施霍夫发表了一项研究，说明了在得知研究结果时如何减少后见之明偏差（也就是一种"早就知道"的感觉）。斯洛维奇和菲施霍夫发现，当人们暂停一下，开始思考有哪些可能的原因导致不同的结果时，后见之明偏差就会减少。

在这一研究中，被试要阅读 4 篇选自生物学、心理学和气象学的研究简介。"先见"条件下的被试被告知，这 4 项研究马上就要开始，而"后见"条件下的被试则被告知，这些研究已经完成了。在读完每个研究的介绍后，所有被试都要估计重复实验得到第一次实验结果的概率（每一次实验都可能出现两种结果）。也就是说，"后见"条件下的被试被告知，某种特定的结果已经出现了，而"先见"条件下的被试则需要假设这种结果已经出现。

斯洛维奇和菲施霍夫（Slovic & Fischhoff，1977）发现，相对于"先见"条件的被试，"后见"条件的被试对于所有后续实验将重复得出第一次的实验结果给出了更高的概率估计。但是，如果要求"后见"条件的被试考虑每种实验结果出现的原因，两组之间的差别就会大幅减小。在这个研究中，后见之明偏差仍然存在，但程度却减少了很多。

因此，这个故事的寓意如下：如果你希望减少后见之明偏差，就应该明确地思考过去的事件如何才可能会出现不同的结果。如果你只思考为什么事件会出现这样的结果，很可能就会高估这一结果出现的必然性以及类似结果在未来出现的可能性。实际上，菲施霍夫（Fischhoff，1977）发现，如果只是告诫人们存在后见之明偏差，并鼓励他们避免出现这种偏差，并不足以消除这种偏差。要避免受到后见之明偏差的影响，很重要的一点就是要思考怎样才可能出现另一种结果。

结　论

亨特在《记忆》（Hunter，1964）一书中讲述了这样一个故事：两位英国心理学家悄悄地记录下了剑桥心理学会某次会议后的讨论。两周以后，这两位心理学家联系了所有与会人员，请他们写下对于这次讨论所能记得的一切。在将这些记录与原始记录核对时，两位心理学家发现，受访者一般会遗漏90%以上的讨论细节。另外，在这些能够回忆起的细节中，近乎一半的内容基本上都不准确。受访者还回忆出一些从未发表过的意见，并将一些随意的言辞回忆成冗长的演说，或是将隐含的意思说成明确的意见。

这个故事突出了做好精确记录的价值。就算是那些最老练的决策者也容易受记忆偏差影响。除了对已往事件（如会议、重要谈话、协议等）做好详细笔记和记录并保管好之外，再没有其他更好的方法能够避免这类偏差了。正如本章所介绍的研究所示，记忆从本质上来讲具有重构性，并极度地依赖于情境因素。第 4 章将进一步探讨情境对决策和判断的影响。

4

情境依赖性

❖

　　正如前 3 章所示，刺激的作用是"依赖于情境的"。也就是说，决策者并不能孤立地感知和记忆材料，而是根据他们过去的经验及材料所处的情境来解释新信息。在一种情境下，某个刺激（如某种人格特质）可能以一种方式被感知；而在另一种情境下，看待"同一"刺激的方式可能迥异。许多知觉错觉的产生就是利用了情境依赖性原理（见图 4.1）。在决策与判断领域，情境依赖性最好的示例有 4 种：对比效应、首因效应、近因效应和晕轮效应。

对比效应

　　这里有一个简单的实验，你自己就能做（或者让你朋友来做）。所需的全部工具只有三大碗水。第一只碗装有热水，第二只碗装有温水，第三只碗装的则是冰水。接下来，将一只手浸入热水中，而另一只手浸入冰水中，保持 30 秒。一旦你的手适应了水的温度，将浸在热水中的手放入温水中，5 秒钟以后将浸在冰水中的手也放入温水中。

　　如果你与大多数人一样，你将会有一种非常奇怪的感觉。原先浸在热水中

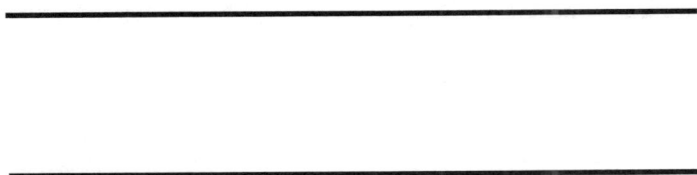

图 4.1 为了检验视知觉的情境效应，请将这一页对着明亮的光源看。大多数人报告正方形的边向内弯曲，而两条平行线看上去不再平行。（Black and Yuker，1989.）

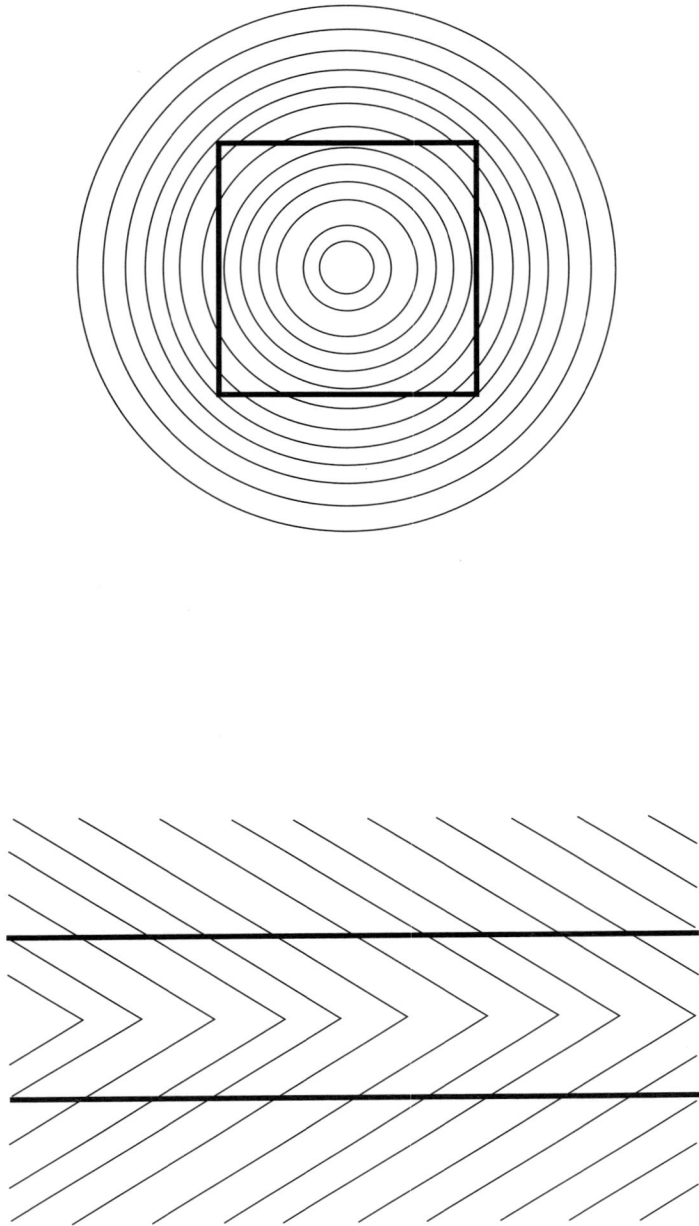

图 4.1（续）

的手放入温水后会让你觉得温水是凉的，而原先浸在冰水中的手放入温水后则会让你觉得温水是热的。实际上，如果你让一位朋友来做这个实验，事先不告诉他温水的温度，他可能也难以辨别温水的温度。因为每只手都经历了对比效应，但每只手的对比效应却是反方向的！

许多早期心理学研究都涉及知觉判断，如温度识别、颜色识别和重量估计等。因此，对比效应是最早得到实验室实验可靠证明的心理现象之一。例如，谢里夫等人（Sherif，Taub，& Hovland，1958）就发表了一篇关于重量判断对比效应的颇有影响的文章。他们发现，如果被试起初举起较重的重量，他们随后对较轻重量的估计要比其实际重量更轻。

科伦和米勒（Coren & Miller，1974）所发表的文章是有关对比效应最有趣的研究之一。科伦和米勒注意到，当一位身高约一米八的体育播音员采访篮球队员时，他显得非常矮；而当他采访赛马选手时却显得非常高。与此同时，当这位播音员站在高大的赛马或体育馆旁边时，他看起来并没有变矮。

科伦和米勒从这一观察结果中推测，只有当互相对比的刺激彼此相似时，对比效应才会发生。为了检验这一假设，他们让 12 名志愿者观察图 4.2 中包含的每个图集。左上象限的图是著名的艾宾浩斯错觉的一个例子。艾宾浩斯错觉指的是，当中心的圆被若干较小的圆围绕时，看起来要比被若干较大的圆围绕时大。

然而，科伦和米勒发现，当围绕的圆形越来越不像圆时，艾宾浩斯错觉会逐渐减弱（正如实验中被试的判断一样）。六边形的错觉比圆弱；三角形更弱；而不规则的多边形最弱。通过比较图 4.2 的四个象限，不难发现，甚至简单的大小判断也十分依赖于情境。

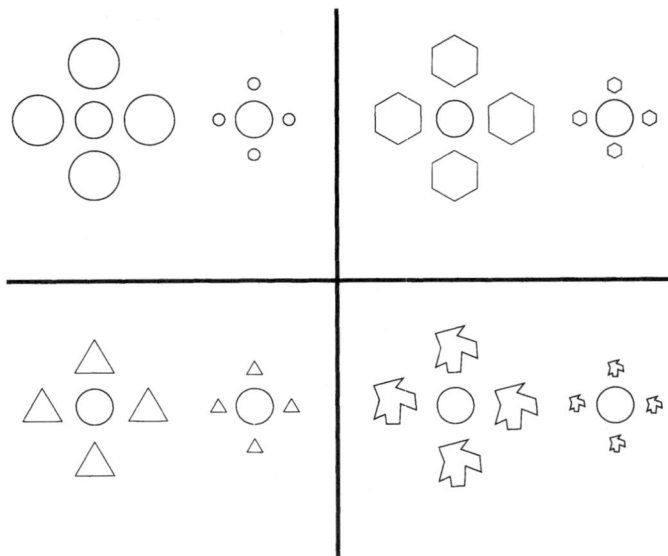

图 4.2 科伦和米勒利用艾宾浩斯错觉的四种变式来考察对比效应，左上象限是典型的艾宾浩斯错觉。（Coren & Miller，1974）

首因效应

所罗门·阿施（Asch，1946）发表了一篇关于情境依赖性的经典研究论文。虽然阿施以其"从众"研究而知名（将在第 17 章进行讨论），但是他也是"印象形成"研究的先驱。在其"印象形成"的大多数研究中，阿施都会要求被试给出他们对某个虚构之人的印象，当然此人具有某些特定的特征。他在 1946 年的文章回顾了运用这种范式的 10 个实验，这里我们只探讨其中一个。

在这个实验中，阿施要求被试给出他们对某个人（此人的特征如"读者调查"的第 3 题所述）的印象。一半的被试读到的句子是一个"嫉妒、顽固、挑剔、冲动、勤勉、聪明"的人；另一半被试读到的句子是一个具有相同特征的人，但这些特征的描述顺序相反："聪明、勤勉、冲动、挑剔、顽固、嫉妒"。

阿施发现，在每个系列较前出现的特征比较后出现的特征更强烈地影响着人们的印象形成。这种模式被称为"首因效应"。如果你在做"读者调查"中的第 3 题时，对约翰情绪化程度的评分很高，就可能发生了首因效应——有关情绪化的特征，即嫉妒、顽固，排在前面比排在后面对你印象形成的影响更大。

如果聪明排在嫉妒和顽固前面，成为第一个词，则这两个词还会产生首因效应吗？根据安德森（Anderson，1965）的研究结果，它们可能还会产生首因效应。安德森发现，首因效应并不只是一个序列最先出现的条目所导致的结果。相反，首因效应是有关条目所占位置与其对判断的影响之间的大致关系。第一印象固然最重要，但第二和第三印象仍然表现出显著的首因效应。

近因效应

首因效应不仅发生在人们对彼此形成印象的过程之中，而且也表现在诸多涉及序列信息评价的情境中。例如，当人们暴露在争议性问题的对立双方时，有时就会发生首因效应。在很多情况下，人们更容易受到先出现信息的影响。

然而并非总是如此。某些情况下，最后出现的信息会比最先出现的信息影响更大。这种模式被称为"近因效应"。当人们对最后出现信息的记忆比对最先出现信息的记忆更清晰时，常常会发生近因效应。

一个有趣的问题产生了，这两种效应哪一个更大。比如，假设你参加一场公开辩论，而且你可以选择最先发言或者最后发言。你应该怎么选择？如果你最先发言，你可能具有首因效应的优势；而如果你最后发言，你则可能利用近因效应。哪种选择才是最好的？

米勒和坎贝尔（Miller & Campbell，1959）对这一问题进行了研究。他们对一次法庭审判的文字记录进行了编辑，案件的当事人宣称，他所受到的伤害是由一个有瑕疵的汽化器造成的。案件的审理过程按下列方式重新编排：所有对原告有利的材料出现在同一个文档，而所有对被告有利的材料则出现在另一个文档。也就是说，赞成陈述包括了原告方证人的证词，原告律师对被告方证人的诘问证词，以及原告律师的开案和结案陈词。反对陈述则包括了被告方证人的证词，被告律师对原告方证人的诘问证词，以及被告律师的开案和结案陈词。

条　件	事件顺序
1	赞成陈述 → 反对陈述 → 回答
2	反对陈述 → 赞成陈述 → 回答
3	赞成陈述 → 反对陈述 → (延迟) → 回答
4	反对陈述 → 赞成陈述 → (延迟) → 回答
5	赞成陈述 → (延迟) → 反对陈述 → 回答
6	反对陈述 → (延迟) → 赞成陈述 → 回答
7	赞成陈述 → (延迟) → 反对陈述 → (延迟) → 回答
8	反对陈述 → (延迟) → 赞成陈述 → (延迟) → 回答

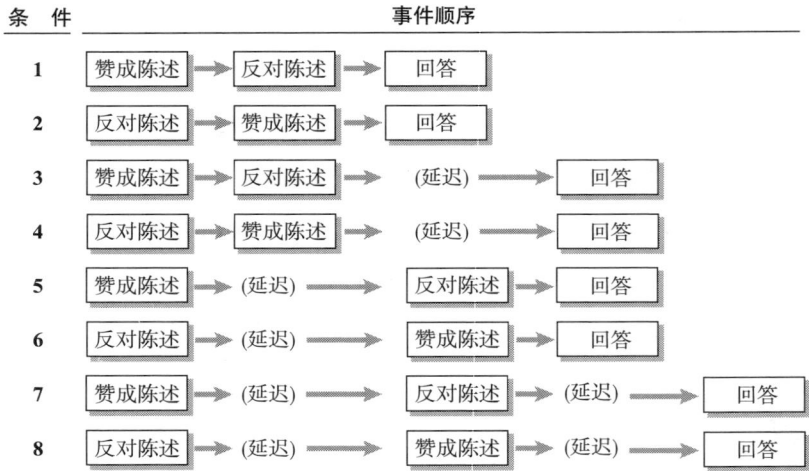

图 4.3　米勒和坎贝尔（Miller & Campbell, 1959）通过比较上述8种实验条件下陈述方式的影响，考察了首因效应和近因效应。

　　米勒和坎贝尔对庭审文字记录进行了这样的编辑后，他们对不同人朗读不同角色（律师、证人等等）陈述的过程进行了录音。每段录音持续大约 45 分钟，并按 8 种不同的顺序播放录音（概况见图 4.3）。在某些实验条件下，被试需要在听完连贯的陈述（即赞成－反对，或者反对－赞成）后马上做出判断。而在另一些实验条件下，则在实验的不同阶段会有一周的时间间隔。

　　米勒和坎贝尔发现，在一些情况下会出现首因效应，而在另一些情况下则出现了近因效应。也就是说，有时人们更容易被第一部分的陈述说服，而有时人们却更容易被第二部分的陈述说服（不管该陈述是赞成还是反对）。当被试听完连贯的陈述后，延迟一周再回答（如条件 3 和 4 所示）时，会出现首因效应。而当两部分陈述之间间隔一周，且被试要在第二部分陈述之后立即作答（如条件 5 和 6 所示）时，会出现近因效应。条件 1、2、7 和 8 则没有出现显著的首因或者近因效应。

　　米勒和坎贝尔（Miller & Campbell, 1959）也发现证据表明，近因效应是由回忆的差别引起的。在一个多选测试中，条件 5 的被试倾向于记住更多关于反对陈述的事实材料，而条件 6 的被试则倾向于记住更多关于赞成陈述的事实材料。

因此，再回过头来回答开始的问题：假设你可以在一次公开辩论中选择最先发言或最后发言。如果对方要紧接着你发言，而且在辩论与人们的反应之间有一段延迟的时间，那么你应该选择最先发言。比如，你所辩论的问题将在一周后进行投票表决，那你应该选择最先发言。如果双方各自的发言之间有一定的时间间隔，而且要求人们在第二个发言人发言结束后马上做出回应，那你应该利用近因效应，选择最后发言。

霍克（Hoch，1984）所做的一些有关人们如何做预测的实验也得到了基本相同的结果。霍克要求人们给出为什么某件事将来可能会发生的原因（"赞成的理由"），以及为什么这件事将来可能不会发生的原因（"反对的理由"）。对一些事件，人们先列出赞成的理由；而对另一些事件，人们则先列出反对的理由。霍克发现，如果人们连贯地列出两组理由，就会出现强烈的首因效应。但如果人们在列出两组理由之间要做 3 分钟的其他任务，就会出现近因效应。这些发现与我们长久以来使用的推销技巧是一致的。推销者常常会鼓励顾客列出购买原因（赞成的理由）和不购买的原因（反对的理由）。如果连贯地列出两组理由，中间没有时间间隔，顾客就可能在无意间受到首因效应的影响（Gross，1946）。

晕轮效应

对比效应、首因效应和近因效应都说明，相同的刺激会根据其所处的情境和呈现的顺序而产生不同的结果。情境依赖性的另一个例子是"晕轮效应"，这是爱德华·桑代克在 1920 年命名的。桑代克发现，当要求军队首长评价下属军官的智力、体能、领导力和性格时，各项目的评价通常是高度相关的。按照桑代克的说法，当飞行指挥官对空军学员做出评价时，各项目评价的相关系数分别为：智力与体能为 0.51，智力与领导力为 0.58，智力与性格为 0.64。[*]

---

[*]　相关系数的值通常在+1.00和-1.00之间。正相关是指一个变量会随着另一个变量的增加而增加，负相关是指一个变量会随着另一个变量的增加而减少，0相关意味着变量间不存在任何关联。因而，在桑代克的例子中，高评价的智力与其他合意的特征的高评价存在关联。

桑代克还发现，用来确定教师薪酬和晋升的不同评价之间存在正相关。例如，作为教师的一般优点与其外表、健康、守时、才智、正直、真诚方面的评价有强相关；再比如，对教师嗓音的评价与对其智力及"对团体事务的关注"的评价也有强相关。

桑代克在其最初阐述晕轮效应的文章中（Thorndike，1920）得出如下结论："即便是一个很有能力的领班、雇主、教师或者部门负责人，也很难把某一个体当成各种独立品质的集合体，并对其每一品质做出各自独立的评价。"今天我们知道，桑代克的研究结果部分是由于技术原因导致的（如何设计评价量表），但他的基本观点却经受住了时间的考验。因为即使运用复杂的测评技术，晕轮效应也常常会出现（Cooper，1981；Feldman，1986）。

自桑代克的发现开始，学术界记录了诸多不同的晕轮效应。例如，关于"美丽晕轮效应"的研究显示，相对于那些长相平平或者无吸引力的人，外貌有吸引力的人往往被认为更快乐，职业地位更高，更可能结婚，而且在性格方面也更讨人喜欢（Dion，Berscheid，& Walster，1972）。兰迪和西加尔（Landy & Sigall，1974）也发现，当论文归属于外貌有吸引力的作者而非长相平平或无吸引力的作者时，论文质量的评价更高。

与对比效应的研究一样，晕轮效应的许多开拓性实验也是由阿施（Asch，1946）完成的。例如，在一个实验中，阿施让约一半的被试形成对某个人的印象，这个人"聪明、能干、勤劳、热心、坚定、务实而且谨慎"。同样，他让另一半的被试形成对另一个人的印象，这个人"聪明、能干、勤劳、冷漠、坚定、务实而且谨慎"。因而，两组被试所听到的描述基本相同，只是这个人在第一组中被描述为热心，而在第二组中被描述为冷漠。

然后，研究者向被试呈现几组配对的特质（大部分是反义词），要求被试指出哪种特质与他们对那个人所形成的印象最为一致。配对特质包括诸如慷慨—吝啬，苦恼—快乐，易怒—和善及幽默—乏味等。与桑代克的早先发现一致，阿施也发现，在描述中引入一个核心特征，如热心或者冷漠，足以影响被试对这个人的整体印象，也就是说，被试产生了"晕轮"。比如，形成热心之人印象的被试有 75% ～ 95% 的人认为此人也是一个慷慨、快乐、和善和幽默的人（你可以检查自己对"读者调查"第 4 题的回答，并与这些被试的回答做比较）。相形之下，形成冷漠之人印象的被试则只有 5% ～ 35% 的人认为此人具有上述这些特质。

这些结果不仅仅是简单的纸笔测试任务的副产品。凯利（Kelley，1950）进行了一项研究，利用真人代替了纸笔任务中的特质列表，再次考察了晕轮效应。他发现了与若干年前阿施实验所观察到的几乎一样的晕轮效应。实验中，一些学生受到诱导，从而相信实验者是一位热心的人。结果这些学生认为实验者不仅体贴、和善、平易近人，而且招人喜爱、幽默、仁慈。此外，当他们相信这是位热心的实验者时，会产生边际扩散倾向，这些学生会与之有更多的互动。"热心"条件下的被试有 56% 的人参与了课堂讨论，而"冷漠"条件下的被试则只有 32% 的人参与了课堂讨论。这些结果表明，晕轮效应会对人们的社会交往产生作用，可能会影响随后的行为。

与对比效应、首因效应和近因效应一样，晕轮效应也证明人们对刺激的反应方式具有情境依赖性。确实，脱离情境的刺激是不存在的。情境因素对人们的反应方式有强烈的影响——不管这种刺激是几何图形、人格特质、法律论据，抑或是谣言。

结　论

情境效应如此普遍，有时似乎又是看不见的。实际上，很难想象一个知觉独立于情境之外的世界。这样的世界会是什么样子？谈论与情境无关的判断又有何意义？

在我主持的一次研讨会上，一名学生指出，情境效应对社会关系的本质提出了意义深远的质疑。比如，对比效应说明，在任何绝对意义上去了解一个人是不可能的。当你判断一个朋友是否诚实时，这一判断是相对的，在一定程度上取决于你所认识的其他人的诚实程度。根据对比效应，如果你所认识的其他人欺骗了你，你便会认为这位朋友更为诚实，即使你这位朋友的行为并没有发生变化。你对某个朋友是否诚实的判断好像与其他人的诚实无关，但正如本章的研究所示，社会判断通常部分地依赖于情境。

甚至幸福感也具有情境依赖性。布里克曼等人（Brickman，Coates，& Janoff-Bulman，1978）在对伊利诺伊州彩票中奖者的研究中便发现了这一点。与那些按地理位置匹配的未中奖的控制组相比，彩票中奖者报告，他们在很多日常活动中感受到的乐趣更少一些，这些活动包括看电视、与朋友交谈、吃早餐、买衣服，等等。布里克曼等人解释说，这种差异的出现部分是因为日常活动与中彩票后兴奋的对比效应导致的。

那些职业的说客很早就认识到了情境效应的力量。比如，房地产经纪人在劝说买家买下其想要出售的房屋之前，有时会让买家看一所破旧或者是标价过高的房子，此时他利用的就是对比效应。政党候选人经常宣扬他们过去的一两个成功事例，就是在利用晕轮效应向选民们展示自己广泛的能力。广告商则费尽心机地为他们所促销的产品制造出吸引人的情境。

当然，情境效应的作用并不是无限的。不管其他人说了多少谎，一个惯于说谎的人看起来总不会是诚实的，而一个无能的政客也只能有限度地利用晕轮效应。一个以同心圆为背景的正方形，它的边看起来是弯曲的，但这并不能把一个正方形变成圆形。即便如此，任何有关决策与判断的全面分析都应该考虑情境效应。另外，一些研究者认为，通过实验室证明的情境效应实际上低估了日常生活中的情境效应（Hershey & Schoemaker，1980）。

第二编

问题如何影响回答

　　本书的第一编探讨了刺激所在的情境如何塑造了其被知觉的方式。在这一编中，我们扩展了这一主题，探究问题的形式会怎样影响人们对它的回应。第5章和第6章主要解决以下两个问题：（1）人们的决策与判断在多大程度上依赖于问题的措辞？（2）问题的措辞以哪些具体方式影响人们的回答？

5

可塑性

————— ❖ —————

正如任何刺激都离不开情境，每个问题也皆如此。本章将考察问题的语境和措辞如何影响决策与判断。

在某些情况下，在两种不同情境下提供同样的选项会得到非常不同的回答。例如，假设你面临如下的选择：

> **选项 A**：100% 的概率输掉 50 美元。
>
> **选项 B**：25% 的概率输掉 200 美元，75% 的概率什么也不会输掉。

你会如何选择？（参见你在"读者调查"中第 2 题的回答。）如果你与斯洛维奇等人（Slovic，Fischhoff & Lichtenstein，1982b）实验中 80% 的人一样，你会更喜欢选项 B。当面临损失时，大部分人都是属于"风险偏好"的，也就是说，他们宁愿冒风险承受相对大的损失（在这个例子中为 200 美元），也不愿意承受确定的损失，即使两者的期望价值相同（25% 的概率输掉 200 美元与 100% 输掉 50 美元具有相同的期望价值，因为长期来看两个选项具有相同的期望收益）。

然而，稍微想一想就会发现其中的问题。如果人们在面临损失时总是有风险偏好，那么保险公司就会破产。保险行业的运营基础就在于，人们愿意支付一笔确定的损失（保险费）以避免更大却不确定的损失。如果用保险业的术语来描述确定的损失时，人们的行为表现会不同吗？如果这笔 50 美元的确定损失被说成保险费，能够用来避免可能的 200 美元损失，人们会如何在选项 A 和 B 之间做出选择？

斯洛维奇等人发现，在这种情况下，65% 的受访者更喜欢确定的 50 美元损失。这可能是因为保险费突出了更大损失的可能性，也可能是因为保险费使人们想起了谨慎行事的社会规范，人们宁愿支付保费而不愿冒更大损失的风险。不管是哪种原因，很显然，如果以保险业的术语来重述这一问题时，完全一样的问题确实导致了不同的选择偏好。确定的损失若以保险费的形式来表达，大多数的人会变得"风险规避"而不是"风险偏好"；他们更喜欢确定的损失，而不喜欢冒失去更多的风险。

斯洛维奇等人（Slovic，Fischhoff & Lichtenstein，1982b）发现，当人们面临付出 5 美元还是有千分之一的概率失去 5000 美元的选择时，人们也会表现出相似的偏好逆转。虽然在简单偏好的语境下，只有大约 2/5 的人偏爱付出 5 美元，但如果将 5 美元说成保险费时，就约有 2/3 的人偏爱确定的损失。赫尔希和休梅克（Hershey & Schoemaker，1980）使用多种不同的情境也得到了同样的结果（见表 5.1）。

表 5.1 你会做怎样的选择

风险选择方案			赌博条件下，偏好确定损失的百分比	保险语境下，偏好确定损失的百分比
概　率	可能的损失（美元）	确定的损失（美元）		
0.001	10 000	10	54	81
0.01	10 000	100	46	66
0.01	100 000	1000	37	76
0.1	10 000	1000	29	59

注：从右边的两列可以看出，保险条件下偏爱确定损失的人要比赌博条件下多出20%到40%。资料来源：Hershey & Schoemaker，1980。

顺序效应

人们如何回答问题也可能受到问题或选项的顺序影响。这些影响通常很小，但在某些情况下也可能变得相当大。比如，如果两个问题关涉同一个主题，而且回答者需要表现得前后一致，那么第二个问题的回答就会因循第一个问题的回答思路。

备选项的呈现顺序也能影响人们的回答。选项顺序效应通常微弱，而且如果问题涉及非常简短的二选一选项（例如"同意"和"反对"），或者备选项非常多，那么选项顺序效应很少会出现。最常见的顺序效应之一是近因效应，也就是说，当同一选项总是出现在系列备选项的最后时，该选项会更多地被选择。

舒曼和普雷瑟（Schuman & Presser，1981）发现，在一个离婚问题的两种变式中，出现了中等强度的近因效应。在一次全美的民意调查中，他们询问了约一半的受访者下面的问题："在这个国家离婚应该**更容易、更难还是维持现状**？"

在对这一问题的回答中，23% 的受访者认为，离婚应该变得更容易，36% 的人认为应该更难，另外 41% 的人认为应该维持现状（见图 5.1）。

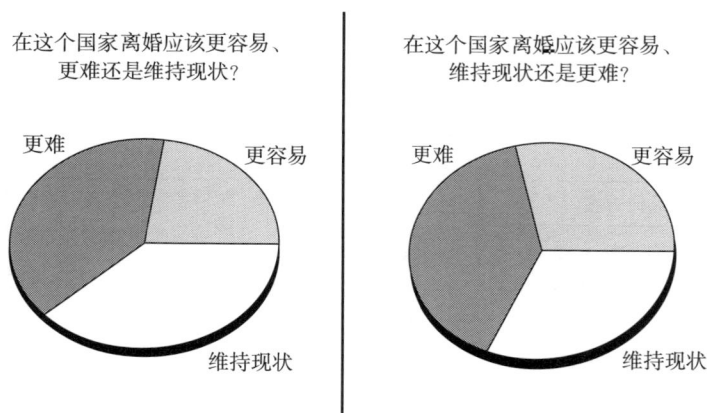

图 5.1   在离婚问题的两种变式中，受访者都喜欢最后一个备选项（资料来源：Schuman & Presser，1981）。

剩下的受访者也回答了相同的问题，但最后两个备选项的顺序被调换："在这个国家离婚应该**更容易、维持现状还是更难？**"

在这种情况下，26%的受访者认为，离婚应该变得更容易，29%的人倾向于维持现状，另外46%的人则认为应该更难。这两种问题的变式中，其各自最受欢迎的回答都是最后被提及的选项。

虚假意见

虽然语境和顺序会显著地影响人们回答问题的方式，但是回答的"可塑性"也是有限度的（研究者将回答的可延展性称为可塑性）。如果人们对问题非常熟悉，那么语境和顺序变动导致的边际变化一般小于30%（"边际"指的是受访者给出每种答案的百分比）。但是，如果受访者对问题知之甚少，那么他们更容易受到语境和顺序变动的影响。另外，如果受访者对问题一无所知，一定的百分比变化将揭示极端的可塑性；这取决于提问的方式，一部分人会对自己并没有真实看法的主题发表意见。这类意见可以恰如其分地称为"虚假意见"。*

尤金·哈特利是最早考察虚假意见普遍程度的研究者之一（Hartley，1946）。在对几百名大学生的调查中，哈特利发现，超过80%的人倾向于从"社会距离"（广泛用于评价人们彼此感觉有多亲近的指标）的角度来评价Danireans、Pireneans、Wallonians和其他32个种族。但蹊跷的是，实际上并不存在所谓的Danireans、Pireneans或者Wallonians种族——哈特利只是人为地编造了这些种族，以检验有多少学生会假装对此有自己的看法。

---

* 正如史密斯（Smith，1984）所说，意见和虚假意见（或者有时候被称为态度和虚假态度）实际上是一个连续体的两端，而不是性质迥异的术语。然而，区分这二者仍然是非常有用的（正如冷和热都是连续体的一部分，但却是可以区分的）。

对这一术语的另一点补充：全书提及的"意见"和"判断"或多或少可以互换使用，而"态度"则通常指带有评价性的判断（在诸如好一坏、喜欢一厌恶或同意一反对等维度上进行判断）。例如，对于罐子里有多少豆子，虽然人们形成的是意见或是判断，但通常不会对豆子的数量形成一种态度。因为大多数心理学家使用"态度"这一术语仅仅指的是带有评价性的判断。而在实际中往往很难区分态度、意见和判断。

第二年，《浪潮》（*Tide*）杂志上刊登了一项类似的民意调查，就一部虚构的法规，即 Metallic Metals 法案，向受访者询问如下问题：

以下哪种说法与你对 Metallic Metals 法案的看法最为一致？
a. 对美国来说，这是一项很好的措施。
b. 这是好事，但应该留待各个州独立解决。
c. 对其他国家来说这个法案或许不错，但不应该在这里实行。
d. 这个法案没有任何价值。

虽然实际上并不存在这部法案，但却有 70% 的受访者表达了自己的看法。41% 的人认为应该将它留待各个州独立解决，15% 的人认为对美国来说这是一项很好的措施，11% 的人认为不应该在这里实行，另外 3% 的人则认为这部法案没有任何价值（Gill，1947）。

这篇文章还讨论了另一项调查的结果，其中受访者被问到："你支持还是反对乱伦？"（在 20 世纪 40 年代，"乱伦"一词并不如今天这样为人们所熟知）。在发表意见的受访者中，有 2/3 的人反对乱伦，而竟然有 1/3 的人支持乱伦！

政治事件中的虚假意见

舒曼和普雷瑟在回顾了有关虚假意见的研究之后，其中包括他们自己的一些实验，得出的结论是，这一问题固然很重要，但并不像早期研究所认为的那么严重（Schuman & Presser，1981）。在他们自己所做的调查中，只有 1/3 或 1/4 的受访者对一个模糊的立法问题给出了虚假意见。其他一些研究者也得出了类似的结论（Bishop, Oldendick, Tuchfarber, & Bennet, 1980）。

虽然有 25% ～ 35% 的受访者给出了虚假意见，看上去也许并不严重，但应该记住，在许多西方国家（包括美国），只有 30% 的民众会参与总统选举。政治论战的结果往往都是由微小的百分比差距决定的。所以，虚假意见对政治事件能产生决定性的影响。而且，那些对某一问题知之甚少的人加上那些对此闻所未闻的人，他们给出的虚假意见所占比例经常能形成绝对的多数派。

在有关外交和军事政策的判断中，虚假意见尤其普遍。这是由于人们只有很低的政治参与度和很少的政治意识，却面临着发表意见的强大社会压力。可以参考一下普劳斯（Plous，1989）所给出的一些有关美国"政治文盲"的例子：

- 1988 年盖洛普针对美国成年人的调查发现，几乎一半的人不知道南非曾是一个政府实施种族隔离政策的国家，有 3/4 的人说不出官方已经承认拥有核武器的四个国家的名字。
- 1985 年针对大学生的一项调查发现，45% 的人说不出曾遭受核武器袭击的两个城市的名字。
- 根据《纽约时报》所刊登的 1979 年的一项政府调查，40% 的高中高年级学生误以为以色列是一个阿拉伯国家。
- 1983 年《华盛顿邮报》一篇名为"萨尔瓦多不在路易斯安那州"的文章指出，在一项全美调查中，有 3/4 的人不知道萨尔瓦多的地理位置（这篇文章的题目来自一名受访者的回答）。
- 其他调查显示，68% 的被调查者不知道美国并没有防御弹道导弹的方法；81% 的人错误地认为，美国的政策是，只有当苏联先动用其核武器攻击时，美国才会动用核武器。

"政治文盲"现象的存在，使得解释有关外交和军事政策的公众意见变得更加复杂了。例如，如果以色列被误认为是阿拉伯国家，对以色列的支持意味着什么？如果很多人认为美国已能防御弹道导弹的进攻，那么支持战略防御计划还有何意义？要使这类政治判断有意义，必须首先区分真实意见与虚假意见。

过滤虚假意见

历史上来看，大多数民意调查都使用了"未过滤的"问题。没有人试图采取措施排除那些实际上没有意见的人，回答选项中也没有明确地包括诸如"没有意见"或者"不知道"等选项。不过，越来越多的调查类研究者开始意识到"过滤器"的作用。设置过滤器正是为了排除那些对某一既定问题并无意见的被调查者。

　　设置过滤器的方法很多。在一些民意调查中，调查对象首先会被问到他们是否听说或读过有关某个问题的任何消息。如果回答是肯定的，才询问他们的意见；如果不是，则回答其他问题。另一些民意调查则一开始询问受访者是否仔细思考过某一问题，或者更直接地询问他们是否对该问题有自己的看法。还有一种过滤方法就是明确地设置"没有看法"或是"不知道"这样的选项。

　　过滤器一般能够有效地排除那些虚假意见。但在某些情况下，过滤器却有使调查结果产生偏差的风险。例如，"不知道"的回答往往与受教育程度或对某一问题的关注程度呈负相关。如果过滤掉那些教育程度相对较低或对调查不感兴趣的人，那么这样的调查结果就很难代表整个总体。

　　为了评价过滤的效果，舒曼和普雷瑟（Schuman & Presser，1981）进行了许多实验性的民意调查来比较有过滤和无过滤的问题。根据研究结果，他们得出的结论显示大多数过滤器：（1）让至少1/5的受访者从表达某种意见转为回答"不知道"；（2）并没有显著地影响做出某一特定回答受访者的相对比例（例如，回答"是"与"否"的人数比例）；（3）没有对不同问题回答之间的相关关系产生很强的影响。

　　比如，1974年的一次全美调查中，以下这样一组问题的答案就典型地反映了舒曼和普雷瑟的发现：

无过滤器版本："阿拉伯国家正试图与以色列达成真正的和平。你同意还是反对？"

　　同意（17%）

　　反对（60%）

　　不知道（主动提到）（23%）

有过滤器版本："阿拉伯国家正试图与以色列达成真正的和平。你对此有看法吗？（如果有）你同意还是反对？"

　　同意（10%）

　　反对（45%）

　　没有看法（45%）

虽然在有过滤器的版本中，回答"没有看法或不知道"的人数比无过滤器版本多出了 22%，但是回答"反对"与回答"同意"的比例在两个版本中相近（即回答"反对"与回答"同意"的人数比例大约都为 4：1）。

当然，人数比例接近并不意味着过滤器的作用不重要。比如，假设一名不诚实的民意测验者希望民意测验得到绝大多数公众反对以下说法的结果："阿拉伯国家正试图与以色列达成真正的和平。"这种情况下，该民意测验者就可能先不过滤问题。如果民意测验者希望调查结果显示最低的绝对同意水平，那么使用过滤问题就是一个好方法。这种操纵手法已经制造了不少极具煽动性的新闻标题。

不一致：态度的多变

选择和意见的可塑性与态度的不一致密切相关。可塑性通常指的是人们对同一问题两个版本的回答存在差异，而不一致则指的是两种相关态度之间的差异（即态度与态度的不一致），或者态度及其相应行为之间的差异（即态度与行为的不一致）。普罗思罗和格里格发表的研究（Prothro & Grigg，1960）是对态度与态度不一致的最引人注目的证明之一。

普罗思罗和格里格感兴趣的是，美国民众是否会支持一些流行的民主原则的具体运用。这些民主原则在研究当时已经为绝大多数美国人所接受。比如，这些原则包括：

1. 政府公职人员应该由大多数人投票选举产生。
2. 每个公民应该有同等的机会影响政府政策。
3. 少数派应该能自由地批评多数派的决策。

普罗思罗和格里格在列出这些一般原则后，派生出 10 句具体陈述，这些句子要么阐述这些原则，要么反驳这些原则。例如：

在城市公投中，只有那些对公投问题有充分认识的人才有资格进行投票。

然后，普罗思罗和格里格在密歇根州的安阿伯和佛罗里达州的塔拉哈西登记的选民中随机抽取了一个样本，询问他们是否同意这 10 句派生出来的陈述。

研究结果非常惊人。对于 10 句陈述中的任何一句，受访者都无法达成90% 的一致。而且，他们对于民主具体运用的判断往往与这些广为接受的民主原则相矛盾。例如，51% 的调查对象赞同的却是反民主的观点：即只有学识渊博的人才有资格进行投票；79% 的人认为只有纳税人才有资格进行投票。普罗思罗和格里格（Prothro & Grigg，1960）对这些颇具讽刺意味的结果进行了总结："假如美国是一个民主社会，我们就不能不加限定地说，民众对民主基本原则的普遍认同是民主存在的必要条件。"

虽然这一研究只是态度之间不一致的一个极端例子，但一些后续的研究证实了普罗思罗和格里格的研究结果。人们对抽象命题的态度往往与对该命题的具体运用的态度无关。当涉及具体运用时，总是存在许多复杂因素，如情境约束、存在其他冲突的原则，等等。而且，正如下一节将要说明的，关于态度与行为不一致的研究显示，抽象态度与具体行为也甚少关联。

故地重游

1930 年，斯坦福大学的一位社会学家理查德·拉彼埃尔（Richard LaPiere）与一对年轻的中国夫妇结伴周游美国。两年间，拉彼埃尔和那对夫妇游遍了美国，总共到访过 184 家餐馆，67 个旅馆、汽车宿营地和专门招待游客的家庭。虽然当时普遍存在严重的反华偏见，但在这些接待过他们的 251 处场所中，拉彼埃尔只观察到一次种族歧视。事实上，拉彼埃尔判断，有 72 次他的同伴甚至受到了"超出一般规格"的优待。基于这次经历，拉彼埃尔得出结论，人们再也不必忧虑美国人对中国人存有偏见。

但在抽象看法的层面上，偏见却十分明显。在每个地方到访 6 个月之后，拉彼埃尔向这些经营者寄去一份调查问卷，其中包括这样一个问题："你会在你的营业场所接待中国人吗？"在他坚持不懈的努力之下，回收了 128 份问卷，其中 81 份来自餐馆和咖啡厅，47 份来自旅馆、汽车宿营地和专门招待游客的家庭。在 128 位受访者中，有 118 位表示他们不会接待中国客人，有 9 位表示要视情况而定，只有 1 位汽车宿营地的女店主给出了肯定回答，她说曾经在夏天接待了一位中国绅士及其妻子——就是拉彼埃尔的朋友！拉彼埃尔抽取了美国类似地区的 128 处营业场所的样本，这对中国夫妇都未曾到访过，也得到了一样的结果：118 份否定回答，9 份视情况而定的回答，1 份肯定回答（如欲了解更多细节，参见 LaPiere，1934）。这些发现说明，人们会有一些抽象看法，但抽象看法与他们的实际行为却甚少或全无关联。

在拉彼埃尔的研究结果发表 3 年以后，科里（Corey，1937）也发表了得出类似结论的实验。科里感兴趣的是，对待作弊的态度和作弊的行为测量之间的关系。为了测量对待作弊的态度，他让 67 名大学生完成了一些关于作弊看法的态度量表。这些量表似乎是匿名的，但实际上科里用了一种隐秘的标记系统来识别单个受访者。利用这种方法，他能够将大学生真实的作弊看法与之后实际的作弊行为测量联系起来。

科里测量作弊行为的方法如下：让这些学生每周参加一次是非题考试，连续 5 周。对每次考试进行秘密评分，然后将未打分的试卷返回给学生，让他们自行计分并报告分数。学生报告的分数与他们实际分数的总差异就构成对作弊的测量。作弊的平均程度为：每 40 ～ 45 道题中约有两处。

科里的发现是，态度和行为之间的相关度几乎为零。这些学生对待作弊的态度似乎与其作弊倾向并无显著的关系。真正与作弊显著相关的是考试成绩：学生失去的考分与作弊的相关度为 0.46。用科里（Corey，1937）的话来说："学生是否作弊，很大程度上取决于他为这次考试做了多充分的准备，而不是他自己所宣称的关于诚信考试的任何看法。"

我们时代的寓言

1973 年，达利和巴特森（Darley & Batson，1973）发表了一份挑战性研究报告，这是有史以来对态度与行为不一致的最为生动的证明。达利和巴特森感兴趣的是，哪些因素决定人们会帮助处于困境的人。被试是神学院的学生，他们要从一幢大楼走到另一幢大楼去做一场演讲，介绍这些学生擅长的某项工作，或者讲述一则撒玛利亚人的寓言（圣经中关于帮助需要帮助之人的劝告）。实验助手会告诉学生，讲述时间应该控制在 3～5 分钟，而且由另外的实验助手为他们做记录。然后，在学生去往目的地的途中，他们会遇到一个似乎需要帮助的人。达利和巴特森想知道，助人行为是否与下列因素有关：（a）学生要做的演讲主题是否与助人的美德有关，（b）他们在途中的匆忙程度。

　　在非常匆忙的条件下，实验助手会看一下表后突然对被试说："噢，你已经迟到了。你本来应该几分钟以前就到那儿的，我们最好马上去。那边的助手已经等你一会儿了，所以你最好快点，一分钟之内就要赶到。"在一般匆忙的条件下，实验助手则会告诉学生："那边的助手已经准备好了，请赶快过去吧。"而在不太匆忙的条件下，实验助手则会说："还有几分钟那边才能准备好，但你也可以现在就过去，即使要等，也不会等太久的。"

　　要去往对面的大楼，每个学生都必须穿过一条小巷子。在这条小巷子里，达利和巴特森安排了一名衣着破烂、垂头丧气地坐在门口的人，他垂着头，闭着眼睛，面无表情。当神学院的学生经过时，这个人会咳嗽两声，低着头痛苦地呻吟。如果学生停下来询问他有什么不舒服，或者提出要帮忙，这个人会显得吃惊并含糊不清地说："噢，谢谢（咳嗽）……不用了，我还好。（停顿一下。）我早就有这个气喘的毛病了（咳嗽）……医生已经给我开了些药，我刚才吃了一片……我只要坐下来休息一下就好……但还是很感谢你的关心。"

　　如果学生坚持要将这个人送进大楼，这个人会接受学生所提供的任何帮助，并感谢他不嫌麻烦地提供帮助。学生离开后，这个人会马上按以下的五点量表对学生做出评价：

　　　　0 ＝完全没有注意到这个人可能需要帮助

　　　　1 ＝察觉到这个人可能需要帮助，但是并没有帮助他

2＝没有停下来，但间接地提供了帮助（比如，将这个人的情况告诉
了其他人）

3＝停下来，询问这个人是否需要帮助

4＝停下来询问后，坚持要将这个人送进大楼

达利和巴特森（Darley & Batson，1973）发现，相对于不太匆忙的学生，匆忙的学生停下来提供帮助的可能性要小得多。但是，演讲主题并没有显著地影响学生是否会停下来提供帮助。事实上，有些要去讲关于撒玛利亚人寓言的学生为了不迟到，在经过胡同时甚至跨过了那个人！这些结果生动地说明，抽象观念——在这一案例中，也就是帮助那些需要帮助之人十分重要——与实际行为有着极大的区别。

对不一致的再研究

态度和行为是否总是如此不一致呢？1969年，心理学家艾伦·威克发表了一篇综述研究，给出了肯定的回答（Wicker，1969）。威克的总结对态度研究可谓是重大打击。威克找到了46项在不同场合下测量态度及相应行为的研究。研究的参与者涉及大学生、保险经纪人、工厂员工、产科病房的病人等，人数达到数千人。同样，态度的主题也非常宽泛，包括公共住房、足球、民权运动，等等。

在回顾了所有这46项研究之后，威克（Wicker，1969）总结道："态度与行动的相关并不是那么密切。态度与外显的行为更像是无关的，或只有很微弱的联系。"根据他的研究结果，态度与行为的相关系数往往趋近于零，只有在极少的情况下才会超过0.30。两年后，威克（Wicker，1971）更加激进地认为，抛弃"态度"这一概念也未尝不可。

可以想象，这些结论当然会使态度研究者们感到不安。不久之后，"修正"学派诞生了。修正学派的拥护者们认为，在满足某些条件的情况下，态度与行为是一致的。这些条件包括：（1）必须谨慎地选择所有态度和行为的测量方法，

尽可能保证其效度和信度；（2）只要有可能，就应该使用多个项目来评估态度和行为；（3）为了避免出现干扰变量，态度和行为的测量时间应该紧邻；（4）在实施的行动、行动的对象、行动发生的情境以及行动发生的时间方面，态度应该与行为匹配。

阿杰增和菲什拜因（Ajzen & Fishbein，1977）有一篇文献综述证明了其中一些条件的重要性。他们从研究文献所言明的对象和行动的角度来衡量态度与行为的符合程度，并将 100 多项研究中的态度—行为关系分为三类：高度符合、部分符合和低度符合。几乎在态度和行为低度符合的每一种情况下，阿杰增和菲什拜因都发现，两者之间并不存在显著的相关。而另一方面，如果态度和行为得到了恰当的测量，且在对象和行动方面较为符合时，态度与行为的相关系数至少可达到 0.40。也就是说，如果态度关乎某一特定行动，且这一行动指向某个特定的对象，那么态度就能很好地预测行为。但是，如果态度指向的对象与行为指向的对象并不匹配，态度与行为的一致就不可能出现。阿杰增和菲什拜因认为，拉彼埃尔（LaPiere，1934）之所以观察到态度和行为的低一致性，是因为其研究中的态度对象（即普遍意义上的中国人）比行为对象（即一对特定的中国夫妇）宽泛得多。

结　论

可以用一句经典的俄罗斯谚语来概括本章所讨论过的诸多研究结果。正如那位著名的俄国沙皇亚历山大所说（大意如下）："跨越人生并不像跨越一片田野那么简单。"应用到决策与判断的研究上来，这句谚语可以诠释为："测量一种态度、看法或偏好，并不像问一个问题那么简单。"

态度、看法和选择往往具有惊人的可塑性。在许多情况下，问题的措辞对人们的回答有很大的影响。因此，我们对问题的结构和情境要特别小心。第 6 章将用几种方式来探讨这一点，即微妙的措辞变化就能影响决策和判断。

6

问题措辞及框架的影响

❖

1986 年英国的一次盖洛普民意调查询问民众，国家拥有核武器是否会让他们感到"安全"。40% 的人对此持肯定态度，而 50% 的人则对此持否定态度（剩下的 10% 没有明确意见）。然而，当调查问题中的"安全"被改为"更安全"时，答案的百分比却倒转了过来：50% 的人认为拥有核武器让他们感到更安全，36% 的人认为核武器让他们感到更不安全（Lelyveld，1986）。

这些结果说明了措辞微妙变化的重要性。有时仅仅改变一两个词语，不管是改变问题本身还是备选项，就会对问题的回答产生深刻的影响（Borrelli，Lockerbie，& Niemi，1987）。请考虑下面这个例子。

一项取巧的任务

假设在 1969 年，你是一名优秀的盖洛普民意测验人员，很有心机。你的一项秘密任务就是要进行一次民意测验，要使民意测验结果表明，美国公众希望加快从越南战争撤军。你怎样才能够达到目的呢？

同年 6 月，盖洛普告知受访者：尼克松总统已经发布命令，接下来 3 个月内将有 25 000 名军人从越南撤离。受访者需要回答"撤军应该加快还是应该减速"（"保持现状"并没有明确地列入答案选项中，但如果受访者主动提到，采访者仍然需要记录这个答案）。几乎一半的受访者（42%）认为应该"加快"，16% 的人认为应该"减速"，另外 29% 的人认为应该"保持现状"（Converse & Schuman，1970）。

你将这些结果向媒体公开，第二天全美报纸的头条都是：**美国民众希望加快撤军速度**。现在，你便可以轻松地坐在椅子上，偷偷享受成功的喜悦了。

但不久之后，另一家民意调查机构哈里斯（Harris）做了一个类似的调查，只是问题变成了："总的来看，你认为总统的撤军速度是过快、过慢，还是恰到好处？"在对这一问题的回答中，约一半的人（49%）认为撤军速度刚刚合适。只有 29% 的人倾向于加快撤军速度，而 6% 的人认为撤军速度过快（Converse & Schuman，1970）。

拿起报纸，现在你看到的头条又成了：**美国民众希望维持现在的撤军速度；先前的民意测验有误**。

"先前的民意测验有误？"你问自己。盖洛普进行的那次民意测验肯定无误。但如果两次民意测验都没有错误，那么究竟哪次测验是正确的呢？

其实，与其探究哪次民意测验正确——两种情况都可能正确——还不如仔细考虑一下这两个测验结果各自有何含义。盖洛普使用了没有明确包括中间选项的"迫选"问题。因此，即使人们只有极小的偏好，也只能选择加快或减速撤军。没有中间选项的问题，常常能够有效地评估人们的一般倾向。但媒体如果要十分严谨地报道，盖洛普测验结果的头条应该改为：**如果只能在加快或减速撤军中选择一项，美国民众希望加快撤军速度**。因为，盖洛普民意测验的结果并不代表真正不满意撤军速度的美国民众的比例。

相形之下，哈里斯调查明确地为受访者提供了一个中间选项。增加中间选项与增加"没有看法或不知道"过滤器的效果差不多；通常会有 10% ～ 40% 的人转而选择中间选项，但是边际比例基本上会维持不变（在这个例子中，边际比例是认为"过快"和"过慢"的人数之比)。但是设置这样一个中间选项也有缺点。中间选项是一个"安全的"回答,因此在某些情况下可能会诱导出虚假意见。

开放的优先级

正如引入一个中间选项可能会鼓励人们选择中立,引入"其他"选项也可能导致选择该选项的人数增多。舒曼和斯科特(Schuman & Scott,1987)发表的研究便说明了这样一种现象。

在一次全美调查中,舒曼和斯科特要求调查对象回答:"当前我们国家所面临的最重要的问题是什么?"正如表 6.1 的第一列所示,如果以"开放的"形式(即调查对象用自己的话回答)询问调查对象,那么只有 2% 的人主动指出,当前最重大的问题是能源短缺、公立学校教育质量、合法堕胎或污染问题(参见你对"读者调查"第 23 题的回答)。然而,当舒曼和斯科特将这些回答频率

表 6.1 有关优先级的问题

问 题	选择每个答案的百分比	
	开放式问题	封闭式问题
公立学校教育质量	1	32
污染问题	1	14
合法堕胎	0	8
能源短缺	0	6
所有其他回答	98	40

注:这些数据来自舒曼和斯科特(Schuman & Scott,1987)所做的调查,他们在调查中询问了178名受访者一个开放性问题:"你认为我们国家当前所面临的最重要的问题是什么?",询问171名受访者一个封闭式问题"你认为以下哪个问题是我们国家当前所面临的最重要的问题:能源短缺,公立学校教育质量,合法堕胎还是污染问题,如果其中没有你想要选择的答案,你可以填写其他答案。"

不高的备选项纳入"封闭式问题"时，情况就完全不同了（在封闭式问题中，受访者需要从备选项列表中选出答案）。正如表 6.1 的第二列所示，大部分的受访者选择了一个不常见的回答作为国家当前所面临的最重要问题。仅仅将这些不常见的回答列为备选项，它们被选中的可能性就提高了 30 倍。

即便式问题有时会把那些平时很少想到的不常见答案纳入选项中，这样做可能会扭曲调查结果。但有时开放式问题也会列出具有误导性的回答。比如，当要求人们说出"近代发生过的最重大的世界事件"时，只有不到 2% 的人主动提到了计算机的发明。但当计算机的发明明确列入备选项时，大约有 30% 的人都选择了该选项（Schuman & Scott，1987）。在这个例子中，封闭式问题比开放式问题更能准确地测量人们真实的看法。

即便是回答一些非常普通的问题也会受到备选项的数量和类型的影响。比如，一项研究发现，人们报告看电视的时间会随着问题所提供的备选种类而变化（Schwarz，Hippler，Deutsch，& Strack，1985）。在这一实验中，受访者用了两种度量来表示他们每天看电视的时间。每种度量都以半小时为间距，分为六种水平。第一种度量以"多达半小时"开头，以"超过两个半小时"结尾。

而第二种度量则以"多达两个半小时"开头，以"超过四个半小时"结尾。对于第一种度量，有 84% 的人回答说每天看两个半小时左右或更少时间的电视。相形之下，对于第二种度量，则只有 63% 的人给出了这一回答。

正如施瓦茨及其同事（Schwarz et al. 1985）所述："回答的度量不仅仅是受访者用来报告其行为的"测量工具"。更确切地说，受访者在评价他们自身的行为时，往往利用了回答选项中所提供的行为范围作为参照框架。"结构化的回答备选项——正如问题本身一样——从来都无法做到完全中立，它们通常传递一种隐含的可以接受的回答范围（见表 6.2，一些隐含了正确回答的问题）。正如下一节将要阐述的那样，当一些回答比其他回答更具有社会赞许性时，回答偏差就可能产生。

表 6.2 什么才是事实

问 题	平均答案
你经常头痛吗，如果是，多久一次？	2.2次/周
你偶尔头痛吗，如果是，多久一次？	0.7次/周
你试过多少种其他（头痛）药品？1？5？10？	5.2种产品
你试过多少种其他（头痛）药品？1？2？3？	3.3种产品
这部电影有多长时间？	130分钟
这部电影有多短时间？	100分钟
篮球运动员有多高？	200厘米
篮球运动员有多矮？	175厘米

注释：第一对问题摘自洛夫特斯的研究（Loftus，1975），第四对问题摘自哈里斯的研究（Harris，1973）。所有差异都具有统计学上的显著性。

社会赞许性

曾经负责为里根总统做民意测验的沃思林在一次全美调查（Wirthlin，1982）中发现，58% 的调查对象同意这一说法："我们应该反对美国冻结其核武器，因为这对于减少那些成千上万业已部署好的核弹头来说毫无益处，而且还会使苏联处于核优势地位。"但就在这次民意调查的几分钟后，又有 56% 的调查对象表示同意这样的说法："我们应该赞成美国冻结其核武器，因为这样才能开展我们现在迫切需要实施的行动，那就是阻止世界上其他国家制造核武器，减少爆发核战争的可能性。"实际上，有 27% 的调查对象同时赞成两种说法。沃思林这样描述道："这是我们所问过的问题中，最具有矛盾性的一个问题"（Clymer，1982）。

为什么会出现这种矛盾？当调查对象对冻结核武器没有坚定的看法时，他们就可能会试图给出最具有社会称许的回答。第一个问题将支持冻结核武器等同于让苏联占据核优势，而第二个问题则将冻结核武器与世界和平联系在一起。很少有美国人会赞成让苏联占据核优势或者反对世界和平。

当人们对一个问题并没有很坚定的信念时，他们通常会对那些"最广为流传的句子"做出反应，这使人们的态度朝着社会赞许的方向靠拢。早在1940年，坎特里尔（Cantril，1940）在两次有关美国是否应该参加第二次世界大战的民意测验中就得出了基本相同的结果。只有13%的调查对象同意"美国应该做出比现在更多的努力去帮助英国和法国"。但当第二组调查对象被问到"你认为美国是否应该做出比现在更多的努力，去帮助英国和法国打败希特勒"时，这一比例就攀升到了22%。在当时，帮助英国和法国"打败希特勒"比单纯地帮助它们更具有社会赞许性。

允许还是禁止

在另外两次较早的民意测验中，鲁格（Rugg，1941）向不同的调查对象分别询问了以下两个问题中的一个：

你认为美国是否应该允许公开发表反民主的演说？

你认为美国是否应该禁止公开发表反民主的演说？

虽然这两个问题看起来问的都是同一件事情，但鲁格却发现它们导致了完全不同的回答。当人们被问到美国是否应该允许公开发表反民主的演说时，62%的人持否定看法。而当人们被问到美国是否应该禁止公开发表反民主的演说时，只有46%的人做出肯定回答（这在逻辑上等同于不允许发表这类演说）。在对此发表意见的调查对象中，回答"不允许"发表反民主演说的人竟然比回答"禁止"的人多出20%！

舒曼和普雷瑟（Schuman & Preser，1941）曾在20世纪70年代将鲁格的实验重复做了3次，每次都得到了与鲁格的研究（Rugg，1941）类似的结果。因此，在跨越了30多年的4次调查中，相对于"允许"类问题来说，"禁止"类问题使得支持演说自由的人数大增（这可能是因为自由的丧失与"禁止"某些事情有关）。舒曼和普雷瑟的实验结果与鲁格的实验结果只有一个明显区别，那就是，20世纪70年代的美国人对自由演说相对更加宽容。所以在对这两种形式问题的回答中，20世纪70年代支持自由演说的人比40年代支持自由演说的人多出了大约30%。

　　允许与禁止的差异在很多其他话题的研究中也得到了验证。例如，希普尔和施瓦茨（Hipper & Schwarz，1986）就发现，在窥视秀、限制级色情片、高速公路撒盐化雪等问题上，"不允许"和"禁止"都存在差别。其他一些民意测验还发现，调查对象中只有29%的人赞成"禁止堕胎"的修宪，但却有50%的人赞成"保护未出生的生命"的修宪（Budiansky，1988）。

框架效应

　　正如以上研究结果所示，人们对损失（比如禁止）和获得（比如允许）的反应并不相同。但直到心理学家阿莫斯·特韦尔斯基和丹尼尔·卡尼曼普及了"框架"这一概念之后，这种反应差异的重要性才得到人们的广泛认识。特韦尔斯基和卡尼曼（Tversky & Kahneman，1981）认为，决策框架是"决策者对与某一特定选择有关的行动、结果及突发状况的想法"。特韦尔斯基和卡尼曼（Tversky & Kahneman，1981）认为，决策框架部分地由问题形式决定，部分地由社会规范、习惯和决策者的个人特征决定。但特韦尔斯基和卡尼曼的研究侧重于不同问题形式所产生的不同效果。

　　问题形式的不同效果可以通过下面这个赌钱的例子看出来（选自特韦尔斯基和卡尼曼的一个实验）。在决策1中，你必须从选项A和选项B中选择一个：

> **选项A：** 肯定会获得240美元
>
> **选项B：** 25%的概率获得1000美元，75%的概率什么也得不到

　　你会做何选择？（可以参考你在"读者调查"中第21题的回答。）记录下你的选择后，再来看决策2：

> **选项C：** 肯定会输掉750美元
>
> **选项D：** 75%的概率输掉1000美元，25%的概率什么也不会输掉

这次你又会做何选择？（可参考你在"读者调查"中第 22 题的回答。）

特韦尔斯基和卡尼曼发现，在决策 1 中，人们更喜欢选择 A。84％的被试选择了选项 A 而不是选项 B。正如第 5 章所述，当面临获利不确定性时，人们往往是规避风险的（"二鸟在林"对人们来说往往不如"一鸟在手"）。

但在决策 2 中面临损失时，人们则往往更喜欢赌一把。特韦尔斯基和卡尼曼实验的被试中，有 87％的人选择了选项 D。当人们面临失去的风险时，更乐于冒风险。的确，这种风险偏好和风险规避的模式是如此普遍，以至于特韦尔斯基和卡尼曼实验中的 73％的被试选择了 A 和 D，只有 3％的人选择了 B 和 C。

有趣的是，选择 B 和 C 实际上比选择 A 和 D 更加有利。只要将已选选项的结果加总（见图 6.1）就可以看出来。选择 A 和 D，不但可以肯定地获得240 美元，而且输 1 000 美元的概率只有 75％。也就是说，输掉 760 美元的概

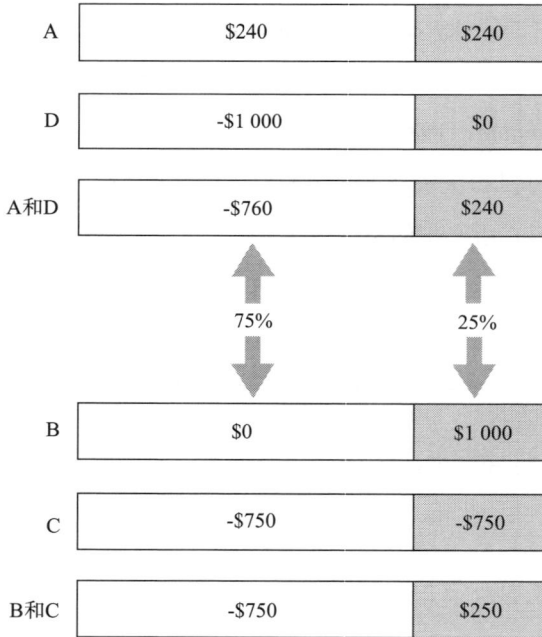

图 6.1　虽然选项 B 和 C 比 A 和 D 的结果更有利，特韦尔斯基和卡尼曼（Tversky & Kahneman，1981）发现，选择 A 和 D 的人远比选择 B 和 C 的人要多。

率是 75％，获得 240 美元的概率是 25％，而没有损失的概率是 25％。这就成了 75％ 的概率输掉 760 美元及 25％ 的概率获得 240 美元。而如果选择 B 和 C，则只有 25％ 的概率获得 1 000 美元，75％ 的概率一无所获，扣除掉一个确定的 750 美元的损失之后，得到的是 25％ 的概率获得 250 美元和 75％ 的概率输掉 750 美元。

也就是说，将选项组合后得到的选择方案是：

> A 和 D：75％ 的概率输掉 760 美元，25％ 的概率获得 240 美元
>
> B 和 C：75％ 的概率输掉 750 美元，25％ 的概率获得 250 美元

如果你选择 A 和 D，那么相对于选择 B 和 C，你将获得更少的钱或是输掉更多的钱。不管是输钱还是赢钱，选择 B 和 C 都比选择 A 和 D 更为有利。

良药苦口难下咽

在医疗决策中框架效应尤为重要。与医疗有关的框架问题最早的著名例子是特韦尔斯基和卡尼曼（Tversky & Kahneman，1981）的"亚洲疾病"问题：

> 假设美国正在为亚洲暴发的一场非比寻常的疾病流行做准备，这场疾病可能会导致 600 多人丧生。如何与这场疾病作斗争，这里有两套方案。假设对每种方案结果精确的科学估计如下：
>
> ● 如果实施方案 A，能够挽救 200 人的性命。
> ● 如果实施方案 B，有 1/3 的概率挽救 600 人的性命，有 2/3 的概率无法挽救任何人。

你支持哪一个方案？

特韦尔斯基和卡尼曼发现，在这一框架下回答问题的人中，有 72％ 的人属于风险规避型；他们选择肯定能挽回 200 人生命的方案，而不是赌一把以挽救更多人的生命。

通过改变问题的框架，特韦尔斯基和卡尼曼又引发了一种完全不同的偏好模式。他们给了另一组调查对象同样的问题，只是改变了对方案结果的描述：

● 如果实施方案 C，400 人会死亡。
● 如果实施方案 D，有 1/3 的概率无人死亡，有 2/3 的概率 600 人都会死亡。

虽然这种框架下的方案 C 和 D 和前述框架下的 A 和 B 从数字上来说是相等的，但却有 78% 的调查对象变得更愿意冒风险了；他们更愿意赌一把，而不愿意接受确定的 400 人丧生。

有关医疗决策的其他研究也得到了类似的结果（参见 Wilson，Kaplan，& Schneiderman，1987）。例如，《新英格兰医学杂志》（*New England Journal of Medicine*）上发表的一个实验显示，框架影响到了医生对肺癌治疗的决策（McNeil，Pauker，Sox，& Tversky，1982）。这一实验的参与者包括 424 名放射科专家，491 名学习过统计学和决策理论课程的研究生，以及 238 名患有各种慢性病但无需卧床的病人。他们向这 1 153 名被试展示了两种肺癌治疗方法（外科手术和放射性治疗）的总结。读完这些总结后，要求他们马上在两种治疗方法中做出选择。

约一半被试读到的总结是从病人某段时间之后存活率的角度来描述的（比如活过一年以上的概率为 68%），而另一半的回答者读到的总结则是从死亡率的角度来描述的（比如一年之后死亡的概率为 32%）。由于肺癌手术的最大缺点是在手术进行中或者手术结束后的短时间内有死亡风险，因此实验者推断，如果总结信息是从存活率而非死亡率的角度来进行框定，那么选择外科手术的频次会更高。

事实上，实验结果也的确如此。在存活框架下，选择手术而非放射性治疗的次数达到 75%，而在死亡框架下则只有 58%。这种选择结果不仅表现在病人中，也表现在医生和医学研究生中。因此，即使是那些受过高等训练的专家在做出生死攸关的决策时，也会受到问题框架的显著影响。

税收抵减的逻辑

在一篇引人深思的关于"经济推理"的文章中，哈佛经济学家谢林（Schelling，1981）向人们举了一个有趣的例子，揭示出"重构框架"的选择会导致惊人的结论。谢林注意到，当时美国的所得税法允许家庭每个孩子可以抵减1 000美元（也就是说，在将家庭总收入转换为应税收入时，每个孩子可以减去1 000美元）。这一抵减金额是固定的，不会因家庭总收入的变化而变化。

但谢林对此提出一个问题，不允许那些富裕家庭的每个孩子得到更大的税收抵减是否合理？毕竟，与贫穷家庭相比，富裕家庭在孩子身上的花费更多，而且一个富裕家庭生养孩子的费用也比贫穷家庭高得多。

大多数的人都反对这类政策。人们认为，"完全没有道理进一步扩张富人的特权——更不能以牺牲公众的利益为代价。"

但谢林提出，如果税法以另外一种方式表述，情况也许会不同。假设税法这样规定：一般来说典型的家庭都有2~3个孩子，那么对每个家庭征税时，加征一个"无子女附加税"以代替原来的税收抵减。也就是说，假设一个没有子女的家庭需要多缴税（而不是给有孩子的家庭予以税收抵减），那么一个无子女的贫穷家庭和一个无子女的富裕家庭是否应该缴纳一样多的税收？

在这种情况下，人们就会说，富裕家庭应该比贫穷家庭缴纳更多的税收。由于富裕家庭在孩子身上的花费往往要比贫穷家庭更多，因此可以推断，相对于无子女的贫穷家庭，无子女的富裕家庭能够负担更高的附加税。但问题在于，这一论断恰恰与刚才的有关富裕家庭不能享受更多的税收抵减论断相冲突。用谢林（Schelling，1981）的话来说："既然同样的所得税既能以无子女的家庭收入为基础，然后对有子女的家庭收入税予以调整；也能以有子女的家庭收入为基础，然后对无子女的家庭收入税予以调整，那么无论选择哪种方式应该不存在任何区别。"

但实际上的确是有区别的。因为只要实施税收抵减，人们就会认为——并且好像有很好的理由——抵减额应该是固定的。

心理分账

　　决策者不仅会框定他们的选择——他们也会框定选择的结果。特韦尔斯基和卡尼曼（Tversky & Kahneman，1981）将这种过程称为"心理分账"。心理分账（psychological accounting）关涉某一结果是否依据某一行动的直接后果来框定（特韦尔斯基和卡尼曼称之为"简单账户"，mininal account），还是需要综合考虑这一行动与先前行为的平衡关系来进行评价（特韦尔斯基和卡尼曼称之为"综合账户"，inclusive account）。

　　下面这组问题摘自特韦尔斯基和卡尼曼（Tversky & Kahneman，1981）所做的一个实验，阐明了心理分账的含义：

　　　　问题 1：假设你决定看一场戏剧，门票是 10 美元。当你走到戏院时，发现自己丢失了 10 美元。你还会花 10 美元看戏吗？

　　在特韦尔斯基和卡尼曼询问的 183 名对象中，88% 的人表示他们仍会买票看戏。大多数人并未将这 10 美元的损失与买票联系起来；相反，他们将这一损失划分到一个单独的账户上。

　　现在思考第二个问题：

　　　　问题 2：假设你决定看一场戏剧，并花 10 美元买了张票。当你走到戏院时，发现自己把门票弄丢了。门票上并没有写座位号，门票也不可能再找到。你会再花 10 美元买一张票吗？

　　在特韦尔斯基和卡尼曼调查的 200 名对象中，只有 46% 的人表示他们会再买一张票。虽然一张票的损失与丢失 10 美元从金钱上来看是等价的，但大多数的调查对象显然将买第二张票的成本与买第一张票的成本加在了一起，而且认为花 20 美元看场戏不值。

　　特韦尔斯基和卡尼曼还做过另外一个有关心理分账的实验：

　　　　假设你准备买一件价值 125 美元的夹克和一个 15 美元的计算器。卖计算器的人告诉你，另一家分店里同样的计算器正在减价，只卖 10 美元。但是开车到那里需要 20 分钟，你会到那家分店去买吗？

对这一问题的回答中，有 68% 的被试表示愿意开 20 分钟的车以节约 5 美元。

但是如果计算器要 125 美元而夹克只要 15 美元呢？特韦尔斯基和卡尼曼就此问题询问了 88 个人：

> 假设你准备买一件价值 15 美元的夹克和一个 125 美元的计算器。卖计算器的销售员告诉你，另一家分店里同样的计算器正在减价，只卖 120 美元。但是开车到那里需要 20 分钟，你会到那家分店去买吗？

在特韦尔斯基和卡尼曼的实验中，现在只有 29% 的被试表示他们愿意开车去。当计算器被标价为 125 美元时，超过 2/3 的调查对象表示他们不会为了节省 5 美元而开 20 分钟的车，虽然这次减价与先前问题中提到的减价没有差别。

这是为什么呢？特韦尔斯基和卡尼曼认为，被试从简单账户的角度来框定第一个问题，因为 20 分钟的车程是直接与节省的 5 美元相比较的。而在第二个问题中，调查对象将整体购买价格纳入了账户中，因此 5 美元就显得不那么重要了，甚至可以忽略不计。夸特龙和特韦尔斯基（Quattrone & Tversky，1988）进一步解释道，人们是根据"比率—差异原则"来做选择的，两个金额之间的任何固定（正）差额的影响会随着它们之间比率的增加而增加。20 美元与 15 美元的比率为 1.33，这当然比 125 美元与 120 美元的较小比率 1.04 更大且更有影响力。塞勒（Thaler，1985）在研究心理分账在消费选择中所起的作用时也发现了类似的框架效应。

这些研究结果以及本章前述的其他研究结果并不意味着精明的销售员或者民意测验专家可以从公众那里引导出他们想要的任何结果。相反，它们只是说明，问题的措辞和框架往往能导致很大的差异，十分值得人们去关注。虽然这些观察可能看起来不言自明，但实际上，正如接下来的 3 章所表明的那样——人们花了很长时间才认识它们。

结 论

人们在得知某次民意调查的结果时很少会思考这样一些问题，比如这些问题是否经过了过滤，备选项中是否包括了中间选项，问题是否从收益或者损失的角度来提问，等等。大多数人往往会相信，受访者只是按照他们自己的信念来回答问题的。但大量的研究表明，框架和问题的措辞能够显著地影响人们的回答。

在相信有关决策与判断的调查和研究结果之前，一定要考虑人们的回答是否会随着以下因素而发生变化：

- 问题呈现的顺序
- 问题出现的情境
- 问题是开放的还是封闭的
- 问题是否经过了过滤
- 问题是否包含某些吸引人的词句
- 提示的备选项的范围
- 备选项出现的顺序
- 是否提供了中间选项
- 问题是从收益还是从损失的角度来框定的

如果你怀疑这些因素的变化可能会改变人们的回答，那么在做各种措辞变式的测试之前，你对研究结果的解释是要加以限制的。正如斯洛维奇、格里芬和特韦尔斯基（Slovic，Griffin，& Tversky，1990）所述："如果结果在经过了多种程序的测试之后仍然是一致的，那么我们就有理由相信这些判断；如果不一致，就需要更进一步的分析。"由于判断往往很容易受到问题措辞和框架的影响，因此最安全的做法就是以多种方法来测试和比较研究结果。

第三编

决策模型

　　虽然决策和判断具有情境依赖性，但早期的决策模型常常假定，人们的态度和偏好是固定的，且不会随着引导方式的改变而改变。决策者被当成"理性人"来看待，他们追求效用最大化或自我利益，而且遵循各种理性行为原则。这一编的章节将对这些模型进行回顾，讨论它们各自的缺点以及其他一些决策理论。

7

期 望 效 用 理 论

———————◆———————

1713 年，一位名叫尼古拉斯·伯诺利的瑞士教授提出了一个非常有意思的问题。大概意思是：伯诺利感兴趣的是，根据下面两个规则，人们愿意为玩这个游戏付多少钱：（1）随机掷硬币，直到硬币出现文字的一面；（2）如果第一次掷硬币就出现文字，玩游戏的人可以得到 2 美元；如果第二次才出现文字，玩游戏的人可以得到 4 美元；如果第三次才出现可以得到 8 美元；如果第四次才出现可以得到 16 美元，以此类推。为了参加这个游戏，你愿意付多少钱？（参见"读者调查"第 26 题，你可以检查自己的回答。）大多数人都表示，只愿意花几美元来玩这个游戏。

自从伯诺利第一次提出这个问题以来，它一直被称作"圣彼得堡悖论"。之所以称它为一个悖论，是因为这个游戏的期望值（如果游戏无限次地进行下去，其平均期望收益）是无限的，但却很少有人肯付一大笔钱来玩这个游戏。为了说明平均收益是无限的，我们可以用每种结果的收益乘以其发生概率来计算伯诺利游戏的期望值。*第一次抛硬币就出现文字（玩游戏的人可以得到 2 美元）的概率为 1/2，第一次出现正面而第二次出现文字（玩游戏的人可以得到 4 美元）的概率为 1/4，出现两次正面再出现文字（玩游戏的人可以得到 8 美元）的概率为 1/8，以次类推，期望值（EV）为（K= 掷硬币的次数）：

$$EV（游戏）=（1/2）（2 美元）+（1/4）（4 美元）+$$
$$（1/8）（8 美元）+\cdots+（1/2）^K（2 美元）^K$$
$$=1 美元 + 1 美元 + 1 美元 + \cdots + 1 美元$$
$$=无限多的钱$$

　　那么问题就在于，为什么人们不愿意付更多的钱来玩这个游戏，以得到无限大的回报。

　　就在尼古拉斯·伯诺利提出这个问题的 25 年之后，他的堂弟数学家丹尼尔·伯诺利对此进行了解释，为当代决策理论播下了第一颗种子。丹尼尔·伯诺利推断，金钱的价值或者"效用"随着获取金额的增多（或者是已有财富的增加）而递减。丹尼尔·伯诺利（Bernoulli，1738/1954）认为："同样是 1000 达克特，对于一个穷人的效用要比它对于一个富人的效用大得多，虽然二者的金额完全相同。"伯诺利认为，金钱的价值可以这样来表示：

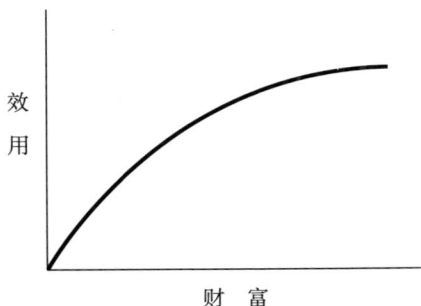

　　有了这样一个假定，即金钱的价值随着财富增加而递减，伯诺利就能够解

* 本书的这部分比其他部分更加理论化且与数学计算有关。因此，有的读者可能觉得这部分比前几章所讨论过的主题更具有挑战性。如果你对"期望值"一类的概念不太熟悉，不要放弃，大部分观点即使没有多少数学知识也能理解，以后的几章很少再涉及数学知识。

释，圣彼得堡游戏的期望值毕竟不是无限的。

期望效用理论

虽然对于丹尼尔·伯诺利是否确实解答了圣彼得堡悖论，学者对此有争议（例如，Lopes，1981；Weirich，1984），但他的边际效用递减理论却为后来的选择行为理论奠定了基础。其中最为著名的便是"期望效用理论"（expected utility theory）。这是由冯·诺伊曼和摩根斯坦提出的（von Neumahnn & Morgenstern，1947）。冯·诺伊曼和摩根斯坦认为，期望效用理论是一种"规范化的"行为理论。也就是说，经典的效用理论本不打算描述人们的实际行为，而是要解释，在满足一定的理性决策条件下人们将如何表现自己的行为。

这一理论的一个主要目的是为理性决策提供了一套明确的基本假设或者公理。当冯·诺伊曼和摩根斯坦阐明了这些公理之后，决策研究者们就能够比较期望效用理论的数学预测与决策者的真实行为。当研究者发现某一公理被违反时，通常可以对这一理论进行修正并做出新的预测。如此一来，决策研究者们可以多次反复地比照理论与观察结果。

理性决策的公理有哪些？期望效用理论的大多数构想都至少部分地基于以下六条原则中的一部分：

- **备选项的有序性**。首先，理性的决策者可以比较任意两个备选项。他们要么偏好其中一个，要么一视同仁。
- **占优性**。理性的行动者绝不会采取还存在其他占优策略的策略（对于我们来说，采取策略等同于做决策）。如果一个策略与另一个策略相比，至少在某一方面的结果比另一个策略更好，而在所有其他方面与另一个策略一样好或更好，则这项策略就是**弱式占优**（这里的"更好"意味着该策略能带来更大的效用）。如果一项策略与另一个策略相比，其结果在所有方面都比其他策略更优，则这项策略就是**强式占优**。举例来说，如果汽车A在油耗、成本和外观方面都比汽车B更好，那么汽车A相对于B来说就是强式占优。但如果汽车A只是在油耗方面比汽车B好，而在成本和外观方面与汽车B相当，那么汽车A就属于弱式占优。根据期望效用理论，完全理性的决策者绝不会选择存在其他占优策略的策略，即使只是弱式占优。

- **相消性**。如果两个有风险的备选项所可能产生的结果中包含了某些完全相同且具有相同概率的结果，那么在对这两者之间进行选择时，就应该忽略这些结果的效用。也就是说，在进行选择时只需要比较那些不同的结果，而不必比较两种选择都有的相同结果。共同的因素应该相互抵消。

- **可传递性**。如果一名理性决策者在方案A和B中更偏好A，在方案B和C中更偏好B，那么这个人在方案A和C中肯定会更偏好A。

- **连续性**。对于任何一组结果，如果出现最好结果的概率足够大，决策者应该总是偏好在最好和最坏的结果中进行赌博，而不是选择一个确定的中间结果。例如，如果完全财务损失的概率是1 000 000 000 000 000 000……分之一，那么一个理性决策者肯定会偏好在100美元和完全财务损失中进行赌博，而不是选择一个确定的10美元的收益。

- **恒定性**。恒定性原则是指，决策者不会受到备选项呈现方式的影响。比如，理性决策者不会在一个复合赌博（例如，两阶段的彩票，每一阶段的中奖概率为50%，如果两阶段都中奖将得到100美元）和一个简单的赌博（如一次性彩票，有25%的概率赢得100美元）之间有什么偏好。

冯•诺伊曼和摩根斯坦（von Neumahn & Morgenstern，1947）从数学上证明，如果决策者违背了这些原则，期望效用就无法达到最大化。举例来说，如果违背了可传递性原则，那么你对于结果A、B和C的偏好就具有不可传递性。你偏好 A 比 B 更多一些，偏好 B 比 C 更多一些，偏好 C 比 A 更多一些。这就意味着，我应该能给你结果 C，并提出（如付一分钱）用 B 来换回 C。因为你偏好结果 B 比 C 更多一些，你当然乐意接受我的提议，并付给我一分钱。

现在你有了结果 B。以同样的方式，我也可以提议你放弃结果 B 并再付一分钱而得到结果 A（相对于 B 来说，你更偏好 A 一些）。这样你就得到了结果

A。但是，由于你的偏好具有不可传递性，我仍然可以提议，你放弃结果 A 并再付一分钱而得到结果 C（相对于 A 来说，你更偏好 C 一些）。其结果就是，你还是回到了最初的状态，却损失了 3 分钱（或者 3 美元、3000 美元或者其他什么）。也就是说，我可以继续利用偏好的这种不可传递性，把它作为摇钱树，直到骗光你所有的钱。在以后几章中，我们将讨论违背理性行为中的可传递性原则和其他原则的一些例子。

理论的扩展

继冯·诺伊曼和摩根斯坦（von Neumahnn & Morgenstern，1947）提出期望效用理论后，许多理论家对此进行了扩展，提出了多个变式。其中最有名的一个变式是由萨维奇（Savage，1954）起初提出的"主观期望效用理论"（subjective expected utility theory）。萨维奇的理论与冯·诺伊曼与摩根斯坦的理论最大的区别是，萨维奇考虑到了主观的或个人的结果概率。1954 年以前，期望效用理论中使用的概率都是经典意义上的客观概率（即以相对频率为基础）。萨维奇对这一理论进行了扩展，将人们对某个事件可能发生的主观概率也纳入进来。

如果客观概率不可能预先得知或者这种结果只会发生一次，这种扩展就显得十分重要了。比如，在主观期望效用理论的框架下，考虑某些不可重复事件（如世界核战争）发生的可能性是有意义的，即使无法通过相对频率来确定核战争的概率。而经典效用理论则很难估计"核战争爆发的可能性"究竟有多大。

其他理论家也对经典效用理论进行了补充和完善。例如，卢斯（Luce，1959）和其他人一起建立了一个他们称之为"随机的"选择模型——这一模型认为偏好具有随机成分。在随机模型出现之前，效用理论家很难解释为什么头一天偏好喝汤而第二天却偏好沙拉是理性的。卢斯解释这一问题的方法是，将对汤和沙拉的偏好作为一种随机概率，而不是届时 100％会发生的固定选择。

菲什伯恩（Fishburn，1984）、卡梅卡（Karmarkar，1978）、佩恩（Payne，

1973）和库姆斯（Coombs，1975）等人对期望效用理论也进行了更进一步的扩展，并提出了其他一些替代理论。因此，虽然期望效用理论常常被视为一种统一的理论来进行探讨，但并没有人完全接受期望效用理论。期望效用理论实际上指的是一个理论体系，而不是某种单一的理论（虽然"期望效用理论"也常常作为冯·诺伊曼和摩根斯坦理论的一个简称）。

结 论

休梅克（Schoemaker，1982）对期望效用理论及其变式做了一次全面回顾，他认为："可以毫不夸张地说，期望效用理论是自第二次世界大战以来决策研究的主要范式。"确实，在决策理论中，这一理论所引起的研究和讨论比其他理论都要多。但是，正如第8章所示，经典期望效用理论却存在一些棘手的问题和悖论，这不利于经典的期望效用理论的假设。这些问题使得很多决策研究者放弃了期望效用理论，转而寻找更有用的替代理论。

8

理性决策的悖论

❖

虽然期望效用理论的原则好像是合理的，但在许多情况下决策者却会违反这些原则。例如，第 6 章的框架效应表明，决策者常常会违背恒定性原则。如果要进一步了解违反恒定性原则和占优性原则的内容，请参见特韦尔斯基和卡尼曼的研究（Tversky & Kahneman，1986）。在这一章中，我们主要讨论违反相消性原则和可传递性原则的例子。

阿莱悖论

根据相消性原则，在两个选项中做出选择应该只取决于它们之间的差异，而不是两者之间的共同点。两选项之间的任何相同因素都不应该影响理性人所做的选择。比如，你要在两辆轿车之间进行选择，而它们具有同样的油耗，那么油耗这一因素就不应该影响你的选择。

表面上看，这一原则看似很有道理；如果两辆车有同样的油耗，为什么要让油耗的多少再来影响你的选择呢？理性决策者应该只根据两种选项的不同点来进行选择。但 1953 年法国经济学家莫里斯·阿莱发表了一篇文章，严重质

疑了相消性原则。阿莱（Allais，1953）在文章中简要地概述了他的阿莱悖论
（Allais Paradox）——这一悖论显示了有时违反相消性原则的情况。让我们来
看一看这一悖论是怎么回事。

假设我给你提供两种选择，A 和 B。如果你选择 A，你肯定能够得到 100
万美元。但如果你选择 B，就有 10% 的概率得到 250 万美元，有 89% 的概率
得到 100 万美元，1% 的概率什么也得不到。也就是说，可供的选择如下：

> **选项 A**：肯定能够获得 100 万美元
>
> **选项 B**：10% 的概率获得 250 万美元，89% 的概率获得 100 万美元，1%
> 的概率什么也得不到

你会做出什么样的选择？（参见"读者调查"中第 24a 的答案。）实验结果
是，即使选项 B 的期望值大于 100 万美元，大多数的人仍然会选择有确定结果
的 A。将选项 B 每一种可能的结果与其概率相乘后，可以计算出选项 B 的期望
值（EV）实际上为 114 万美元，比选项 A 确定结果的期望值要高。即：

$$EV（B）=（0.10）（2\,500\,000\text{ 美元}）+（0.89）（1\,000\,000\text{ 美元}）$$
$$+（0.01）（0\text{ 美元}）$$
$$=1\,140\,000\text{ 美元}$$

虽然如此，大部分的人仍然满足于获得确定的 100 万美元。

现在，假设我给你提供另外一种选择。这一次，选项 A 有 11% 的概率获得
100 万美元，89% 的概率什么也得不到；而选项 B 则有 10% 的概率获得 250 万
美元，90% 的概率什么也得不到。也就是说，可供的选择如下：

> **选项 A**：11% 的概率获得 100 万美元，89% 的概率什么也得不到
>
> **选项 B**：10% 的概率获得 250 万美元，90% 的概率什么也得不到

这次你会如何选择？（参见你在"读者调查"中第 24b 的答案。）大多数人
会选择 B。他们通常会这样推理，10% 与 11% 的收益概率差别并不大，但 100
万美元和 250 万美元的差别却很大。而且，选项 B 的期望值也最大。选项 B 的

期望值是 250 万美元的 1/10，也就是 25 万，这是选项 A 的期望值（100 万美元的 11% 是 11 万美元）的两倍多。这里的问题或者悖论在于，在第一种情况下选择 A 的人在第二种情况下也应该选择 A——否则就违反了相消性原则。

为了说明这一点，现在假设每种选择的结果是通过从罐子里的 100 个彩色小球中随机抽取来决定的：89 个红球（R），10 个白球（W），1 个绿球（B）。在第一种情况下，选项 A 代表抽到红球、白球或是绿球中的任意一个都可以获得 100 万美元（也就是说，不管抽到什么都可以得到 100 万美元）。选项 B 则代表抽到红球可以得到 100 万美元，抽到白球可以获得 250 万美元，抽到绿球则什么也没有（参见图 8.1）。按照同样的逻辑，在第二种情况下，选项 A 代表抽到白球和绿球都可以获得 100 万美元，抽到红球则什么也得不到。而选项 B 则代表抽到白球可以得到 250 万美元，抽到红球或绿球则什么也没有。

由此看来，你会发现两种情况实际上提供了完全相同的选择，只是在第一

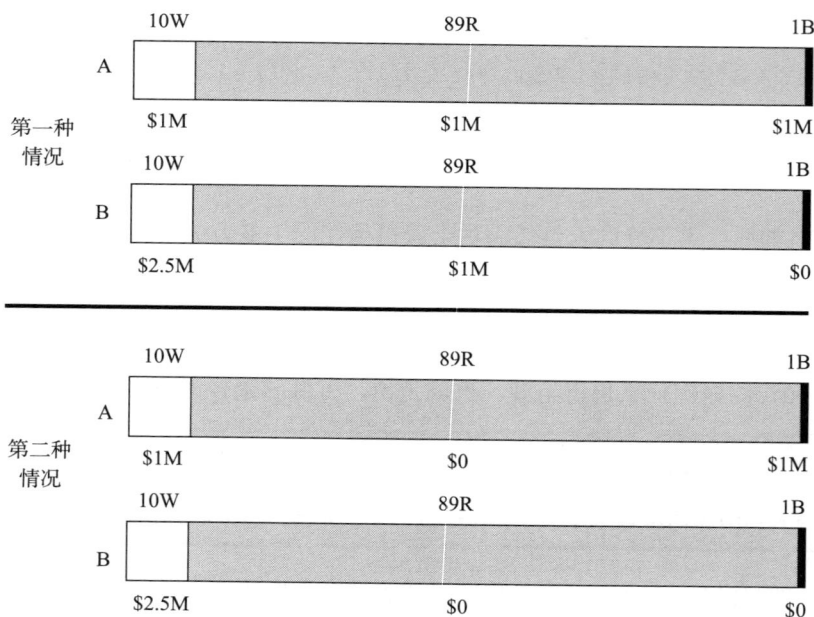

图 8.1 阿莱悖论

种情况下无论你选择 A 或 B，抽到红球你都可以获得 100 万美元；而在第二种情况下无论你选择 A 或 B，抽到红球都表示什么也没有。在两种情况下选项 A 都表示，抽到白球和绿球可以获得 100 万美元；选项 B 则表示，抽到白球和绿球分别可以获得 250 万美元和 0 美元。第一种情况下的选项 A 和第二种情况下的选项 A 相比较，除了 89％的概率可以多获得 100 万美元以外完全相同；第一种情况下的选项 B 和第二种情况下的选项 B 相比较，除了 89％的概率可以多获得 100 万美元以外也完全相同。

因此，附加的等同结果——在第一种情况下红球代表 100 万美元，而在第二种情况下红球则代表一无所获——使得人们做出了不同选择。这种差异恰恰违反了相消性原则。因为根据相消性原则，在对两种选项做选择时，只应该以它们的差异为依据，而不以它们的任何共同点为依据。

埃尔斯伯格悖论

另外一个违反相消性原则的著名例子则是由埃尔斯伯格（Ellsberg，1961）提出的。埃尔斯伯格悖论（Elsberg's Paradox）是这样的：假设缸里有 90 个小球，其中 30 个红球，剩下 60 个球要么是黑色要么是黄色，其比例未知。从缸里抽出一个球，球的颜色将决定你的收益（见图 8.2a 的列表）。

你会在什么颜色的球上下注——红色还是黑色？大多数人都选择了红球，从而避免黑球和黄球混合比例的不确定性。但如果给出的收益列表如图 8.2b 所示，你又会怎样下注呢？在第二种情况下，大多数人偏好在黑球或黄球上下注，而不是在红球或黄球上下注。这也是为了避免黑球和黄球混合比例的不确定性。

图 8.2a　埃尔斯伯格悖论第一种情况下的结果

下注选项	30个球	60个球	
	红色	黑色	黄色
选项1：一个红球	100美元	0美元	0美元
选项2：一个黑球	0美元	100美元	0美元

图 8.2b 埃尔斯伯格悖论第二种情况下的结果。唯一的变化是黄球现在表示100美元而不是0美元

下注选项	30个球	60个球	
	红色	黑色	黄色
选项1：一个红球或黄球	100美元	0美元	100美元
选项2：一个黑球或黄球	0美元	100美元	100美元

也就是说，大多数人在第一种情况下会选择选项 1，而在第二种情况下则会选择选项 2。

但根据相消性原则，人们在两种情况下应该选择同样的选项。这可以从图 8.2 看出，两种情况的结果只有一点不同，那就是在第一种情况下黄球表示什么也得不到，而在第二种情况下则表示可以得到 100 美元。由于在两种情况下选项 1 和选项 2 中的黄球都代表相同的数额（在第一种情况下代表 0 美元，在第二种情况下代表 100 美元），因此两种情况下黄球的价值都不应该影响选项 1 和选项 2 的选择（正如相同的油耗不应该影响两辆车的选择一样）。然而，与期望效用理论相悖的是，人们在这两种情况下往往做出不同的选择。

不可传递性

另外一个理性决策原则是备选项应该具有可传递性，也就是说，如果一个决策者偏好结果 A 胜于 B，偏好结果 B 胜于 C，那么在结果 A 和 C 中就应该偏好 A。第 7 章曾讨论过，一位具有不可传递性偏好的决策者容易被别人利用，成为别人的"摇钱树"。图 8.3 给出了不可传递性原则的另外一个例子。

假设你必须在 3 名求职者中做出选择（图 8.3 中的求职者 A、B 和 C），你已经了解了他们的智力和工作经验方面的信息。再进一步假设你的决策规则如下：如果两人的 IQ 差距超过 10 分，选择智商更高的人；如果两人的 IQ 相差等于或小于 10 分，选择更有经验的人。

这听起来倒不失为一个合理的规则，但如果你遵循这一规则看看会发生什

图 8.3 以下的决策规则导致在A、B、C三名求职者中产生不可传递的偏好：如果任何两名求职者的IQ分数相差超过10分，选择智商更高的人；如果两人的IQ相差不超过10分，选择更有经验的人。

		维　度	
		智商（IQ）	经验（年限）
	A	120	1
求职者	B	110	2
	C	100	3

么。如果比较求职者 A 与 B，我们应该选择 B，因为 A 和 B 的智商相差不超过 10 分，而 B 却比 A 更有经验。同样，如果比较求职者 B 与 C，我们应该选择 C，因为 B 和 C 的智商相差不超过 10 分，而 C 却比 B 更有经验。但如果我们比较求职者 C 与 A，我们应该选择 A，因为 A 的 IQ 比 C 高出了 10 分以上。也就是说，A 和 B 中应该选择 B，B 和 C 中应该选择 C，而 A 和 C 中则应该选择 A。这种不可传递性出现的原因在于，决策规则基于两个不同的维度——智商和经验——而这两个维度都是小幅变化且呈负相关的。

现实中的人们是否会违反可传递性原则呢？特韦尔斯基（Tversky，1969）在一项研究中有 1/3 的实验参与者表现出了不可传递性。特韦尔斯基向 18 名哈佛大学的本科生展示了图 8.4 中所列出的 5 种赌博游戏。正如你所见，每个赌博游戏的期望值随着获胜概率递增，随着获胜金额而递减。随机挑选一对赌博

图 8.4 特韦尔斯基（Tversky，1969）采用以下的赌博游戏对偏好的不可传递性做了实验。将每个游戏的获胜概率和获胜金额相乘，即可得到每个游戏的期望值（EV）。

赌博游戏	获胜概率	获胜金额（美元）	期望值（美元）
A	7/24	5.00	1.46
B	8/24	4.75	1.58
C	9/24	4.50	1.69
D	10/24	4.25	1.77
E	11/24	4.00	1.83

游戏展示给学生，要求他们选出自己偏好的一种游戏。游戏的配对有 10 种可能（A 和 B、A 和 C，等等）。学生做了 3 次选择后，特韦尔斯基从中挑出 8 名表现出不可传递性倾向的被试，让他们每周去一次他的实验室，进行一项为期 5 周的深入研究。

他发现，有 6 名学生表现出可信度较高的不可传递性。当两个选项的获胜概率非常接近时（如赌博游戏 A 和 B），被试会选择具有更高获胜金额的选项。相形之下，当两个选项的获胜概率相差悬殊时（如赌博游戏 A 和 E），被试会选择获胜概率较高的选项。也就是说，A 比 B 好，B 比 C 好，C 比 D 好，D 比 E 好，而 E 却比 A 好。特韦尔斯基（Tversky，1969）采用了与上述求职者的例子相类似的问题，也发现存在不可传递性。

不可传递性并不只是实验中的新奇事物，它对决策者也具有非常重要的启示。举例来说，考虑一下决策研究者们所熟悉的"委员会问题"。在一个典型的委员会问题例子中，学校教学委员会里一般有 5 名成员：安迪、鲍伯、辛迪、丹尼和埃伦。他们的任务是聘用一名新教授，3 名优选人员如图 8.5 所示。

假设你是教学委员会的主席，你知道委员会每个人的偏好，并且你希望能够控制投票，让卡尔被选中。你应该怎么做？

答案就是你应该避免在卡尔和多伊之间直接投票，因为 5 名委员中有 3 个人都更加偏好多伊而不是卡尔（安迪、丹尼和埃伦）。相反，你应该让他们就汤姆和多伊之间选择谁进行投票，等到汤姆赢了以后，再安排在汤姆和卡尔之间进行投票。另一方面，如果你更希望雇用多伊，你应该先就汤姆和卡尔之间

图 8.5 在一个典型的委员会问题中，偏好排序如下。数字越小表示偏好程度越强（例如，安迪在汤姆和多伊之间更偏好汤姆，而在多伊和卡尔之间更偏好多伊）。

候选人	委员会成员				
	安迪	鲍伯	辛迪	丹尼	埃伦
汤姆	1	1	2	3	3
多伊	2	3	3	1	1
卡尔	3	2	1	2	2

进行投票，等到卡尔赢了以后，再在卡尔和多伊之间进行投票。因为基于成对比较的多数派规则，委员们的偏好具有不可传递性，因而安排投票进程的人能完全控制结果。

偏好逆转

不可传递性的出现还不是最糟的，某些情况下甚至连偏好实际上都会依赖于引发它的情境而发生逆转。利希滕斯坦和斯洛维奇的实验是有关偏好逆转的最早的研究之一（Lichtenstein & Slovic，1971）。利希滕斯坦和斯洛维奇推断，在一对赌博游戏之间做出选择可能涉及不同的心理过程，而不只是单独地对每个赌博游戏出价（即对一个赌博游戏单独设定一个金额）。具体来说，他们提出假设，二选一的选择主要由赌博的获胜概率决定，而单独出价则主要是由输赢的金额决定的。

为了检验这一假设，他们进行了 3 个实验。在每一个实验中，他们首先向被试演示了若干对赌博游戏。每对游戏的期望值都很接近，但其中一个游戏的获胜概率很高，而另一个则总是具有很高的获胜金额（见图 8.6）。在被试表明

图 8.6　偏好逆转的实验材料（引自Lichtenstein & Slovic，1971）

对	高获胜概率	期望值	高回报金额	期望值
1	99%的概率获得4美元 1%的概率输掉1美元	3.95美元	33%的概率获得16美元 67%的概率输掉2美元	3.94美元
2	95%的概率获得2.5美元 5%的概率输掉0.75美元	2.34美元	40%的概率获得8.5美元 60%的概率输掉1.5美元	2.5美元
3	95%的概率获得3美元 5%的概率输掉2美元	2.75美元	50%的概率获得6.5美元 50%的概率输掉1美元	2.75美元
4	90%的概率获得2美元 10%的概率输掉2美元	1.6美元	50%的概率获得5.25美元 50%的概率输掉1.5美元	1.88美元
5	80%的概率获得2美元 20%的概率输掉1美元	1.4美元	20%的概率获得9美元 80%的概率输掉0.5美元	1.4美元
6	80%的概率获得4美元 20%的概率输掉0.5美元	3.1美元	10%的概率获得40美元 90%的概率输掉1美元	3.1美元

每对赌博游戏中偏爱哪一个之后，还需要单独考虑对每种赌博游戏的出价。被试被告知，他们可以有一张玩赌博游戏的票，他们需要说出愿意卖出这张票的最低价，由此诱使他们说出心中的出价。

在第一次实验中，大学生们需要指出他们在每对赌博游戏中偏好哪个游戏，愿意以多少价格卖出其持有的票。利希滕斯坦和斯洛维奇测量偏好逆转的方法是，假定当两个游戏配对出现时，被试所选择的是获胜概率高的游戏，则计算高回报游戏票售价超过高概率游戏票的次数百分比。利希滕斯坦和斯洛维奇发现，73％的被试总是表现出这种偏好逆转。第二次实验基本上是第一次实验的重复，只是在出价程序上略有不同。而第三次实验也发现，即使对每个被试单独给予了详尽而仔细的指导语，而且实际上玩了赌博游戏，人们也表现出了稳定的偏好逆转。

当然，利希滕斯坦和斯洛维奇发现的偏好逆转是在严格的实验室情境之下产生的，它是否存在于实验室之外的现实生活中依旧是一个问题。为了回答这个问题，利希滕斯坦和斯洛维奇在美国的拉斯维加斯赌场中重复了他们的实验（Lichtensitein & Slovic，1973）。通过一台计算机和轮盘赌，他们搜集了44名参与赌博人的数据（包括7名职业发牌人）。

实验结果十分令人震惊。在偏爱高获胜概率而非高回报的被试中，81％的人在高回报赌博中出价更高。这一逆转比例甚至比第一次实验中发现的逆转比例还要大。所以，偏好逆转似乎并不局限于实验室情境；对于那些有经验也有金钱激励的决策者来说，这一现象同样存在。

自这些早期的实验之后，一些研究重复和拓展了利希滕斯坦和斯洛维奇的基本发现（Grether & Plott，1979；Schkade & Johnson，1989；Slovic，Griffin & Tversky，1990；Slovic & Lichtensitein，1983；Tversky，Slovic，& Kahneman，1990）。偏好逆转很难改变，而且它们并不会随着金钱激励而变小（Tversky，Slovic，& Kahneman，1990）。当要求人们在两种赌博中做出选择时，他们通常会特别关注获胜概率，而如果要求他们考虑每种赌博的价值时，则又往往看重其可能获得的回报有多大。

违反期望效用理论真的不理性吗

毫无疑问，人们常常违背期望效用理论的一些原则，但我们要发问，这种违背真的就意味着人们不理性吗？这类研究结果是否意味着人们的决策是不理性的？

答案当然是否定的。这是因为，我们并不了解人们犯错误的成本与人们遵循这些常规的理性原则（如相消性原则和可传递性原则）的成本孰大孰小（这一点将在后记中进一步讨论）。正如利希滕斯坦和斯洛维奇所述："被试为了将复杂的出价任务简单化而采用的近似策略可能被证明非常有效，因为它们减少了认知努力，而且导致的结果与最佳策略相差并不太大。决策者在使用这些近似策略时通常假设，这个世界（并不像我们进行的实验那样）并无意于利用他的取近似策略的方法。"一项逻辑并不那么严密的决策有时候却可能是理性的。因为从长期来看，这项决策与正常决策相比确实提供了一个快捷而简单的接近规范策略的方法，从而实现效用最大化。

结 论

本章中所介绍的研究好像单独检验了特定的理性原则，但正如卢斯（Luce，1990）观察到的，有时候很难准确地说出某个实验究竟检验的是哪一项原则。比如，偏好逆转通常用作证据反驳可传递性原则，但近期的一些研究则表明，偏好逆转也许能更好地解释为对恒定性原则的违反（Bostic，Herrnstein，& Luce，1990；Tversky，Sattath，& Slovic，1988；Tversky、Slovic，& Kahneman，1990）。但不管这些争论最后如何解决，有一点却是非常清楚的，那就是期望效用理论还不足以描述人们真实的决策行为。

自冯·诺伊曼和摩根斯坦开创性的研究之后，许多决策理论家试图将期望效用理论发展为一种描述性的决策模型。但这些努力通常都遭受失败。由于相消性原则、可传递性原则、恒定性原则和占优性原则这些大梁的倾覆，因而许多以前忠实的效用理论的理论家们都开始转向其他的决策模型。第 9 章将对其中一些替代模型进行讨论。

9

描 述 性 决 策 模 型

——————— ❖ ———————

　　1977 年，拉索进行了一项关于超市商品单位定价（单位定价指的是每毫升、每克或是其他单位的商品明细价格）效应的实地研究（Russo，1977）。在这项研究中，拉索发现了关于人们购物方式的一些有趣现象。首先，当货架上的标签包含了单位价格信息时，购物者就会平均节约 1% 的单位采购成本。这一节省并非因转而购买更廉价品牌的商品所致，而几乎总是通过加大采购量实现的（1% 好像并没有太多的钱，但请记住，在美国本土超市里的消费总额高达数十亿美元）。第二，拉索发现，如果超市展示了不同品牌单位价格的比价单，购物者的单位采购成本平均就会节约 3%。在这种情况下，购物者的节省主要来自转而购买商场自有品牌或其他较为便宜的产品。

　　后一个发现确实有些令人吃惊，因为单位价格的比较并没有增加任何新的信息，只是罗列了每种品牌边上已经显示的价格而已。根据期望效用理论的恒定性原则，决策不应该受到选项呈现方式的影响。但拉索（Russo，1977）发现，呈现商品单价表会对消费者产生显著影响。当不同品牌的单价一起出现在一张单子上时，购物者倾向于购买更便宜的品牌。超市可以将商品单价信息列在同一张纸上，从而影响消费者的选择。

满意

　　期望效用理论提出了很多简化的假设，以便易于对问题进行数学分析，得出简便的解决方法。期望效用理论通常都会假设，决策者对过程中每一备选行动方案的结果及其概率都掌握了完全的信息，而且决策者能够理解这些信息，能够内隐或外显地推算出每一备选方案的利弊。最后，这一理论还假定，决策者会比较这些推算结果，从中选择能够实现期望效用最大化的行动方案。

　　显然决策者并不会这样行事。备选方案的信息常常是缺失的，或者本来就是不确定的，而知觉则往往具有高度的选择性，记忆又充满了偏差。不同备选项带来的结果常常被人误解，而且正如拉索的研究所示，没有外援的决策者未必能比较所有可能的备选项。因此，虽然期望效用理论作为规范性决策模型（即在某些假设得到满足的条件下，关于理性的行动者如何行动的模型）有其应用价值，却并不是一个很实用的描述性模型（即实际上人们如何做决策的模型）。如果要描述人们实际上如何做决策，就有必要考虑其他理论模型。

　　诺贝尔奖获得者西蒙提出的模型（Simon，1956）是最早替代期望效用理论的模型之一。西蒙认为，人们在做决策时，追求的是"满意"而并非最优。满意是指做出选择满足你最重要的需要，即使这种选择并不是最理想的或最优的。比如，在租房子的时候，人们倾向于寻找一套能够满足某些需要（价格、位置、空间、安全性，等等）的房子。他们并不会没完没了地搜寻所有可能的房子，然后选出总体效用最大的那一套。西蒙写道："不管有机体在学习和选择情境中的行为多么具有适应性，这种适应能力都远远无法达到经济学理论中'最大化'的理想状态。显然，机体适应良好只是为了达到'满意'，一般达不到'最优'。"

前景理论

自西蒙的论文发表之后，出现了许多替代期望效用理论的理论，但其中最为学界接受的是"前景理论"（prospect theory，又译作预期理论）。前景理论是由卡尼曼和特韦尔斯基共同提出的（Kahneman & Tversky，1979），它在许多重要方面与期望效用理论相比都有所不同。

首先，它用"价值"概念取代了"效用"概念。效用一般只是依据净财富来定义的，而价值则是依据收益与损失（对某一参照点的偏离）来定义的。而且，损失的价值函数也有别于收益的价值函数。如图 9.1 所示，损失的价值函数（横轴以下的曲线）是凸函数，而且相对陡峭。相比之下，收益的价值函数（横轴以上的曲线）则是凹函数，而且不太陡峭。这些差别引出了一些值得注意的结果。

由于损失的价值函数比收益的价值函数更为陡峭，所以损失比收益显得更加"突出"一些。例如，损失 500 美元比获得 500 美元的感觉更加强烈（见图 9.1）。正如夸特龙和特韦尔斯基（Quattrone & Tversky，1988）所指出的，这

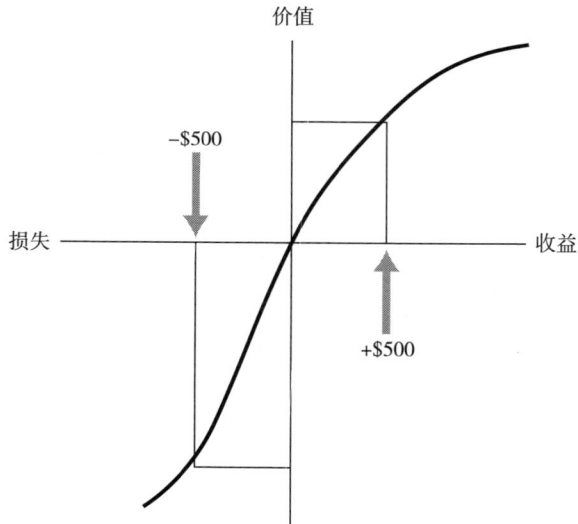

图 9.1 前景理论假设的价值函数（改编自Kahneman & Tversky，1979.）

种不对称性或者"损失规避"，与现任政客相对于其挑战者具有优势这一现实是一致的（也就是说，投票人更看重在不利的领导人更替中可能带来的损失，而非在有利的领导人更替中可能带来的收益）。夸特龙和特韦尔斯基（Quattrone & Tversky，1988）也注意到，这种损失规避倾向会使议价和谈判变得更加复杂，因为"每一方都将自己的让步视为损失，而这种损失比对手的让步所带来的收益显得更为突出。比如，在导弹问题的谈判中，两个超级大国都看重削减自己的导弹设施会给自己带来安全上的更大损失，而看轻对方同等的削减所带来的安全上的收益。"

损失规避带来的另一个结果就是所谓的"禀赋效应"（endowment effect）。禀赋效应指某物成为某个人的禀赋的一部分时，它的价值便增加了（Thaler，1980）。例如，要求人们对自己所拥有的某物（如巧克力条、钢笔或咖啡杯）给出售价时，人们的报价往往比其购买完全相同的物品愿意支付的钱多得多（Kahneman，Knetsch，& Thaler，1990；Knetsch & Sinden，1984）。根据理查德·塞勒（Richard Thaler）等人的理论，这一效应发生的原因是，这种损失（讨论中的物品）带来的感受比等量的收益带来的感受更强。这种不对称性常常被许多公司利用，例如给消费者提供产品试用，而对这些试用品的拥有通常会增加产品的价值，使得消费者很难再归还这件产品。

与期望效用理论不同的是，前景理论预测偏好取决于如何框定问题。如果参照点的定义使得某种结果被视为一种收益，那么其价值函数将是凹函数，决策者也倾向于规避风险。相反，如果参照点的定义使得某种结果被视为一种损失，那么其价值函数将是凸函数，决策者也变得寻求风险。以下一组问题是对前景理论很好的说明（改编自卡尼曼和特韦尔斯基的一个实验，Kahneman & Tversky，1979）。

问题 1：除了你现在所拥有的，再给你 1000 美元。你现在必须在选项 A 和 B 之间做出选择。

选项 A：50% 的概率获得 1000 美元

选项 B：肯定会获得 500 美元

70 名被调查者回答了这一问题，其中 84％的人选择了肯定会获得 500 美元。正如图 9.1 的上半部分所示，这种回答很合理。因为在这个价值函数从 0 美元到 500 美元的价值增加大于从 500 美元到 1000 美元。如果你认为第二个 500 美元的价值不如第一个 500 美元的价值，那么你就不应该接受在第二个 500 美元上的相等赌注。

现在请看第二个问题，这是第一个问题的变式，有 68 名被调查者回答了这个问题。

问题 2：除了你现在所拥有的，再给你 2000 美元。你现在必须在选项 C 和 D 之间做出选择。

选项 C：50％的概率损失 1000 美元

选项 D：肯定会损失 500 美元

在这种情况下，近 70％的人选择了有风险的选项。正如图 9.1 的下半部分所示，当人们面临损失的风险时寻求风险变得有意义。这是因为损失的价值从 0 美元到 500 美元要高于从 500 美元到 1000 美元（所以肯定会损失 500 美元比 50％的概率损失 1000 美元更糟糕）。因此，虽然这两个问题在数量上是等价的，却导致了截然不同的选择。由于价值函数呈"S"形，人们在面对收益时一般是规避风险的，而在面临损失时则往往寻求风险。而且，由于价值总是相对于一定的参照点来定义的，前景理论——而不像期望效用理论那样——预测，当参照点发生转移时，偏好也会受到影响（正如第 6 章所介绍的框架效应一样）。

前景理论有别于期望效用理论的另一处是其将概率附属于特定的结果。经典效用理论假定，50％的客观获胜概率对于决策者来说，就是 50％的获胜概率。相形之下，前景理论则把偏好视为"决策权重"的一个函数，而这些权重并不总与概率相一致。具体来说，前景理论假定，决策权重倾向于过于看重小概率事件而看轻中高概率事件。正如你在图 9.2 所见，对角线以上的典型权重函数代表小概率，而对角线以下的则表示中高概率。

决策
权
重

概 率

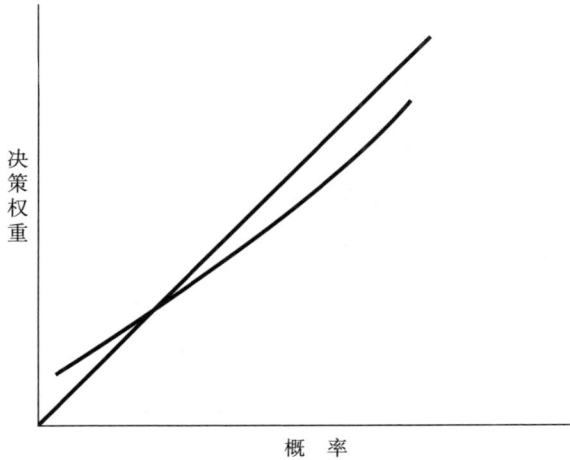

图 9.2 根据前景理论推测的决策权重（Kahneman & Tversky，1979）

卡尼曼和特韦尔斯基（Kahneman & Tversky，1979）利用了下面一组问题来说明人们过于看重小概率事件的倾向。

问题 1： 在选项 A 和 B 之间进行选择。

> **选项A：** 千分之一的概率赢得 5000 美元
> **选项B：** 确定会获得 5 美元

在对这一问题形式进行回答的 72 名被调查者中，近 3/4 的人选择了有风险的选项。其实，每天都有很多人在做非常相似的选择——买彩票。但是，请考虑第二个问题。

问题 2： 在选项 C 和 D 之间进行选择。

> **选项C：** 千分之一的概率损失 5000 美元
> **选项D：** 确定会损失 5 美元

在对这一问题形式进行回答的 72 名被调查者中，则有超过 4/5 的人选择了确定的损失。卡尼曼和特韦尔斯基解释说，存在这种偏好是由于人们倾向于过于看重大金额损失的可能性，这种倾向对保险业极为有利。

确定效应

期望效用理论与前景理论的另一个差别是，前景理论预测了"确定效应"的存在。确定效应指某个固定因素引起结果概率降低所带来的影响：起初确定的结果的影响要甚于起初只是可能的结果。阿莱（Allais，1953）在其著名的期望效用理论反例中就利用了确定效应。另外，经济学家理查德•泽克豪泽（Richard Zeckhauser）也用一个非常具象的例子说明了确定效应是如何起作用的。泽克豪泽观察发现，在俄罗斯轮盘赌的手枪游戏中，卸下左轮手枪里唯一1颗子弹时大多数人的赌注大于卸下4颗子弹中的1颗。即使每颗子弹移除后，两种情况下被击中的概率都等量降低了，但人们仍然会认为0颗子弹与1颗子弹的差异，比3颗子弹和4颗子弹的差异更为重要。前景理论预测了这一效应，而期望效用理论则没有。

要了解前景理论为什么能预测确定效应，请思考卡尼曼和特韦尔斯基（Kahneman & Tversky，1979）关于"概率保险"的一次调查结果。在这次调查中，卡尼曼和特韦尔斯基让大学生假设他们正在评估财产毁坏或失窃的某些保险险种。在权衡过保费与保险收益之后，进一步假设他们对是否投保并无明显的偏好。然后询问学生是否有兴趣购买一种被称为"概率保险"的新险种，保费可以减半，但一旦发生意外，损失得到赔付的概率只有50%（如果未获赔付则全额退还保费）。也就是说，在概率保险的情况下，学生只需要付50%的保费，而发生失窃或毁坏也只有50%的概率获得赔付。这个问题可能看似人为操纵，但正如卡尼曼和特韦尔斯基所指出的，还有许多其他预防性措施可以降低这些不利事件发生的概率，虽然不能完全消除（比如安装防盗自动警铃、换掉旧轮胎、戒烟，等等）。

在回答这一问题时，80%的学生表示他们不会购买概率保险（可以对比你对"读者调查"第19题的回答）。卡尼曼和特韦尔斯基认为，将一项损失的概率，无论是多少（比如 p），减少到原来的一半（$p/2$），其价值都不如将其概率从一半（$p/2$）减至零。人们非常愿意消除风险而非降低风险，即使灾难概率在两种情况下都等量降低。这一研究结果可由前景理论预测，由于前景理论的决策过于"看重"小概率，因而夸大了小概率事件的重要性。相形之下，期望效用理论预测概率保险实际上应该比常规保险更有吸引力（有关这一说法的证明比较复杂，可以参见相关专著：Kahneman & Tversky，1979）。

虚假确定

除了确定效应，特韦尔斯基和卡尼曼（Tversky & Kahneman，1981）还讨论了"虚假确定效应"（pseudocertainty effect）。虚假确定效应与确定效应类似，只不过虚假确定中的"确定"只是一种表象而非真实。斯洛维奇、菲什霍夫和利钦斯坦（Slovic，Fischhoff，& Lichtenstein，1982a）也在一篇文章中对虚假确定效应进行了巧妙的证明。

斯洛维奇及其同事向211名受访者呈现了以下两种疫苗接种的描述之一。在概率防治条件下，询问受访者是否自愿接受只能保护一半接种者免于某种疾病伤害的疫苗，据预计这种疾病将危害20%的人口。换言之，这种疫苗能够将疾病风险的概率从20%降到10%。只有40%的受访者表示有兴趣接受这样一种疫苗。

在虚假确定条件下，受访者被告知：有两种互相排斥且得病概率相等的疾病，每种疾病都预计会危害10%的人口。疫苗能够完全预防一种疾病却对另一种疾病没有预防作用。因此，疾病风险的总体概率也从20%降至10%。但在这种条件下57%的受访者表示他们愿意接种这种疫苗。斯洛维奇、菲什霍夫和利钦斯坦（Slovic，Fischhoff，& Lichtenstein，1982）对此解释说，虚假确定条件下的疫苗之所以更受欢迎，是因为其看似消除了风险而不仅仅是降低风险。

营销学教授常常利用类似的技术来提升降价可知觉到的价值。比如，干洗店如果提出一次洗三件衣服就可以免费洗一件，其效果要比降价25%更好。这是因为，免费服务比折扣服务更有吸引力，即使免费服务并不代表总价的优惠力度更大。

后悔理论

正如前景理论所清楚指出的，决策者通常相对一个参照点来评估其备选项。现状可能是最普遍的参照点，但在某些情况下，人们会比较其决策质量与做出不同选择可能发生的结果。这种与虚构的结果进行比较依赖于假设的事件，所以这种比较有时也被称为"反事实推理"（counter-factual reasoning）（Dunning & Parpal，1989）。

反事实推理构成了后悔理论（regret theory）的基础。后悔理论是一种关于选择的经济学理论，分别由贝尔（Bell，1982，1985）及卢姆斯和萨格登（Loomes & Sugden，1982，1983，1985）各自提出。卢姆斯和萨格登（Loomes & Sugden，1982）认为，"后悔理论基于两个基本假设：第一，很多人都经历过后悔和欣喜的感觉；第二，在不确定的情况下做决策时，他们会预期并考虑这些感觉。"比如，如果人们面临这样一个选择：确定会得到1000美元，还是通过掷硬币来决定是否获得2000美元（正面头像朝上）。他们可能会选择确定的1000美元，以免硬币反面朝上时而后悔。

这一点与前景理论预测的风险规避一样，但后悔理论在预测这一选择时在经典效用函数里加进了一个新的变量——后悔。加入这一变量后，后悔理论同前景理论一样，也能够解释许多同样的悖论，包括阿莱悖论、埃尔斯伯格悖论、偏好逆转、概率保险规避，等等。的确，卢姆斯和萨格登（Loomes & Sugden，1982）明确提出用后悔理论取代前景理论。但是，这种对后悔的预期不必视为与前景理论矛盾，不过涉及死亡风险决策时（如心脏手术），谈论负面结果之后的后悔就没什么意义了。

多属性选择

在许多选择情形中，结果并不能根据某个单一的标准（如金钱或是患病的风险）来度量。当必须做出取舍或权衡时（如成本和质量的权衡），并没有客观的最优解，就如只涉及一种标准一样。因而人们只需要与自己的目标和价值观保持一致，而不用追求客观最优化（Einhorn & Hogarth，1981）。所以，很多"多属性选择"（multi-attribute choice）的研究通常关注人们如何做出决策，而不是做的决策有多好。

人们会运用许多不同的决策策略来做多属性选择，这些策略因问题类型而迥异。当决策者面临两选一的简单选择时，他们常常会采用一种被称为"补偿性"的策略（Payne，1982）。补偿性策略（compensatory strategy）以一个维度的低价值来换取另一个维度的高价值。比如，购买轿车的人可能用较差的油耗换取时髦的外观；或者有人为了获取学术声誉放弃普通高校长期的稳定工作，转而申请哈佛大学无终身教职的职位。

有几种方法有助于做出这类有所取舍的策略（参阅 Hogarth，1987）。一种就是利用"线性模型"。在线性模型中，每个维度都根据其重要性赋予权重，然后将权重值相加后得到总体价值指数。比如，大学招生委员会在挑选研究生候选者时可能会根据平均绩点、考试分数和推荐信得出录取的加权指数。即使人们通常不会使用线性方程来做决策，但线性决策规则却能够得出与人们实际决策相当一致的结果（因此，线性模型能用来模拟人的决策，有时甚至能取代人的决策）。

另一种补偿性策略是"差异加法模型"。这一模型类似于线性模型，但有一点区别：线性模型的每个选项都要在所有的维度上评估，然后与其他选项比较；而差异加法模型则先就所有选项的每个维度进行评估，只有选项间的差异才赋予权重并加总。聚焦差异至少有两个优点，它不仅极大地简化了两个选项间的选择，而且作为决策模型它似乎更接近人们实际的决策行为。例如，购买轿车的人非常可能聚焦两辆轿车之间各方面的差异，而不是（像线性模型那样）考察每辆轿车的各个维度后加总权重值。

还有一种补偿性策略就是"理想点模型"（ideal point model）。理想点模型在算法上与线性模型类似，但两者的原理迥异。根据该模型，决策者对于什么是理想的选项有自己的心理表征（如理想的工作或者理想的汽车）。然后依据实际选项在每个维度上与理想点相距多远而对其进行评估。

非补偿性策略

人们在面临诸多选项的复杂选择时，通常会运用非补偿性策略（noncompensatory strategy）。与补偿性策略相反，这些策略不允许不同标准间进行权衡。有 4 种著名的非补偿性策略示例：合取规则、析取规则、词典式策略和逐步淘汰制（Hogarth，1987）。

决策者运用合取规则（conjunctive rule）可以排除任何落在预定范围之外的选项。比如，如果某个研究生申请者的 GRE 分数低于 1000，平均绩点低于 3.0，或者申请信犯了 3 个以上的拼写错误，就会被排除在考虑范围之外。但合取规则只能达到满意，而非最优。

如果决策者采用的是析取规则（disjunctive rule），那么只要申请者的 GRE 分数或者平均绩点足够高，决策者就可能会容忍一些拼写错误。根据析取规则，每个选项都是根据其最好的属性来评估，而不管该选项的其他方面有多差。举一个极端例子，只要研究生入学申请者的 GRE 分数足够高，那么就算他的申请信是由大猩猩写的，采用析取规则的研究生招生委员会也会批准他的申请。

第 3 种非补偿性策略是词典式策略（lexicographic strategy）。该策略首先要确定最重要的比较维度，然后选择在该维度上最令人满意的选项。如果剩下的选项不止一个，那么剩下的选项就在第二重要的维度上比较，以此类推，直到最后只剩下一个选项。

第 4 种非补偿性策略是逐步淘汰制（elimination-by-aspects，EBA），由特韦尔斯基（Tversky，1972）提出，本质上是词典式策略的一种概率变式。根据 EBA 规则，每一比较维度或者方面被选中的概率与其重要性是相称的。选项之间先就选中的某个方面进行比较，淘汰掉次级选项后，再就另一个选中的方面进行比较，然后淘汰掉更多的选项，以此类推，直到最后只剩下一个选项。特韦尔斯基是这样说明 EBA 规则的："例如，在思索购买一辆新轿车时，选中的第一个方面可能是自动变速装置，这将排除所有不具有此一特征的轿车。假设在剩下的选项中，选中的另一个方面是 3000 美元的限价，那么所有超过这一限价的轿车都将被排除。这个过程一直持续下去，直到最后只剩下一辆轿车。"

更重要的维度

虽然关于多属性选择策略的理论文章和数学论文很多，但对此主题进行的实验研究却相对较少。其中比较著名的实验是由斯洛维奇（Slovic，1975）进行的一系列研究。

斯洛维奇感兴趣的是，人们如何在两个等价的选项中做出选择。他的假设是，如果两选项价值相等，那么人们倾向于选择在更重要的维度上具有优势的方案。斯洛维奇称之为"更重要的维度假设"（more important dimension hypothesis）。

为了检验这一假设，斯洛维奇先让被试找出两个等价的选项（如两名棒球运动员对球队的价值）。他们会被问到类似下述这样的问题：

> 球员 1 打出了 26 个本垒打，击球平均分数为 0.273；球员 2 打出了 20 个本垒打。要使两名球员对于球队的能力和价值相等，那么球员 2 的击球平均分数应该为多少？

在被试找出等价的选项之后（已经过了一段时间），斯洛维奇让被试评出各维度相对的重要性，并在选项中做出选择。其实验结果有力地支持了"更重要的维度假设"。实验结果具有压倒性的差别，被试确实倾向于选择在更重要的维度上具有优势的选项。

这些研究结果表明，当面临等价的选项时，人们并不会随机地选择。也不会由于犹豫不决而不做选择，就如但丁备受煎熬的灵魂在面对两份同样诱人的食物时却无法抉择而饿死。相反，人们思考之后一般会选择在最重要的维度上更优的选项。

结　论

正如圣彼得堡悖论导致期望效用理论的产生，而诸如阿莱悖论和埃尔斯伯格悖论此类问题则促进其他理论替代期望效用理论。其中最广为接受的替代理论便是前景理论。虽然许多决策专家仍然使用期望效用理论，将其作为一种规范化模型，但前景理论却能更准确地描述人们实际的决策行为。前景理论还能相当容易地运用到诸多日常情境之中。

比如，前景理论所预测的损失规避倾向就意味着，相对于征收信用卡逾期费，信用卡公司实行现金折扣政策能够获利更多（Thaler，1980）。逾期费用被人们感知为掏钱包的损失，而现金折扣则被视为收益；因此，即使两种情况的费用结构是等价的，前景理论预测逾期费用给人的感受要强于没有得到现金折扣。类似的策略也被许多商家采用，他们使用"建议零售价"以改变消费者的参照点，使得实际售价看起来好像"省钱"一些（Thaler，1985）。

损失规避同样被用于鼓励妇女进行乳腺癌的自我检查。迈耶罗维茨和蔡金（Meyerowitz & Chaiken，1987）向大学阶段的妇女展示了以下三种小册子的一种：（1）将乳房自查的好处框定为预防癌症的收益；（2）警告预防不当的损失；（3）两种框架都不提及。比如，收益框架的小册子这样说："如果现在就进行乳腺癌自我检查，你就能够了解正常和健康的乳房应该是什么感觉，这样你才能更好地做准备，及时发现随着年龄变化而可能出现的细微但不正常的变化。"与此相反，损失框架的小册子则指出："如果你现在不做乳腺癌自我检查，你就不了解正常和健康的乳房应该是什么感觉，而且由于你准备不足，势必很难发现随着年龄变化而可能出现的细微但不正常的变化。"另一本没有框架的小册子则省略了这些句子。

迈耶罗维茨和蔡金发现，4个月之后，阅读"损失框架"小册子的妇女，有57%的人报告增加了乳腺癌自我检查；而阅读"收益框架"小册子的妇女和阅读没有框架小册子的妇女中这一比例分别只有38%和39%。对此，迈耶罗维茨和蔡金解释说，那些阅读"损失框架"小册子的妇女之所以更可能进行乳腺癌自我检查，是因为健康预防损失的前景被认为比健康预防同等收益的前景要重要——即使两者在逻辑上是等价的。这些结果说明，损失规避倾向是如何被运用到促进社会的健康和福祉的。

前景理论代表了对经典期望效用理论的重大改进。确实，许多违反期望效用理论的现象都能用前景理论明确地加以解释。第四编将回顾决策者偏离理性主义的规范性原则的诸多方面。正如这些章节所示,决策者在判断和选择行为中很容易受到许多偏差的影响,但在很多情况下,这些偏差都是系统性的,而且能预先控制或预测。

第四编

启发式与偏差

当人们面临复杂的判断或决策时，他们通常会依据启发式或经验法则来简化任务。大多数情况下，这些捷径得到的结果非常接近规范理论所给出的"最优"解。但是在某些情况下，启发式会导致某些可预测的偏差和不一致。本编将着重介绍几种众所周知的启发式和偏差。

10

代 表 性 启 发 式

❖

———————————— ◆ ————————————

　　人们是如何进行决策的？如何在不同的备选方案之间进行选择？如何对具体事件或结果的价值或者可能性做出判断？这部分将关注以下两个相关的话题：决策者得出结论的过程，以及这些过程可能导致的偏差。

　　特韦尔斯基和卡尼曼（Tversky & Kahneman，1974）曾经建议决策者运用"启发式"或一般常识来进行决策。利用启发式进行决策的优点是可以用很少的时间和努力达到比较好的结果。例如，启发式可以很容易地估计某种结果出现的可能性，而无须计算（即把该结果过去发生的次数相加，然后再除以该结果可能出现的总数）。在绝大多数情况下，一个粗略的近似值就已经足够了（正如让人们满意的通常并不一定就是最优的方案）。

　　正常情况下，启发式可以得到一个令人相对较为满意的答案。但是利用启发式进行判断的缺点是，在某些情况下，启发式判断可能导致一些系统性的偏差（即偏离按规范得出的答案）。在本章中讨论的启发式类型是"代表性启发"（representativeness heuristic）。在某些情况下，使用代表性启发式会导致一些很容易预测的偏差。如前所述，在这里更多的是关注偏差而不是成功的原因，主要是因为偏差能够更多地揭示一些隐含的过程。事实上，现在几乎所有有关决策的理论都是基于判断偏差研究的结果。

A、B和C的代表性启发式

根据特韦尔斯基和卡尼曼（Tversky & Kahneman，1974）的理论，人们通常会根据"A 在多大程度上能够代表 B，或者说是 A 在多大程度上与 B 相似"来判断事件发生的可能性。特韦尔斯基和卡尼曼将这一经验法则称为"代表性启发式"。

什么是"A"和"B"？这取决于你所做的判断。如果你在估计 A 来自 B 的概率，那么 A 可能就是一个例子或一个样本，而 B 则是一个种类或样本总体。例如，A 可能是一个人，B 可能是一个群体，而决策的问题则可能是 A 成员属于 B 群体的概率。另一方面，如果你试图判断 A 在多大程度上是 B 导致的，那么 A 可能是一个事件的结果，而 B 则是事件发生的过程或者原因。例如，B 可能是一个投掷硬币的过程，而 A 可能就是在一系列的投掷中有 6 次是人头，判断所关心的可能就是出现这种结果的概率。由于代表性启发式的定义是抽象的，理解起来有一定的难度，我们将举一些具体的例子来说明代表性启发式在特定情境下是如何起作用的，以及偏差是如何产生的。

"读者调查"中的第 1 题就是一个很好的例子。这个例子来自特韦尔斯基和卡尼曼（Tversky & Kahneman，1982）的研究，内容如下：

> 琳达，31 岁，单身，坦率直言，性格开朗。她所学的专业是哲学。当她还是一名学生的时候，她就非常关注歧视和社会公正问题，同时参加了反对核武器的活动。请从下述选出最可能的选项：
>
> ☐ 琳达是一名银行出纳员
> ☐ 琳达是一名银行出纳员，同时是一名活跃的女权主义者

大多数人认为琳达更可能是一个女权主义的银行出纳员，而不仅是一个银行出纳员。当特韦尔斯基和卡尼曼（Tversky & Kahneman，1982）让 86 个人

回答上述问题时，10 个人中接近 9 人都是这样认为的。尽管你也可能这样认为，但是这样的答案违反了概率的基本原理。两个独立事件（"银行出纳员"和"女权主义者"）同时发生的概率不可能高于单个事件发生的概率（例如，银行出纳员）。出于这样的原因，特韦尔斯基和卡尼曼（Tversky & Kahneman，1983）将这种现象称为"合取谬误"（conjunction fallacy）（见 Leddo，Abelson & Gross，1984；Morier & Borgida，1984）。

你可以通过图 10.1 清楚地理解合取原理。左边的圆圈代表所有的银行出纳员，右边的圆圈代表所有的女权主义者，中间重合的部分代表既是银行出纳员，又是女权主义者的个体。由于银行出纳员中有一部分并不是女权主义者，因此银行出纳员（不论是否是女权主义者）的概率必定大于中间重合部分"女权主义的银行出纳员"的概率。

为了确保人们不会将"银行出纳员"理解成为"在女权运动中不活跃的银行出纳员"，特韦尔斯基和卡尼曼（Tversky & Kahneman，1982）又进行了一个补充实验。在这个实验中有两组不同的被试，其中一组被试进行选择的备选

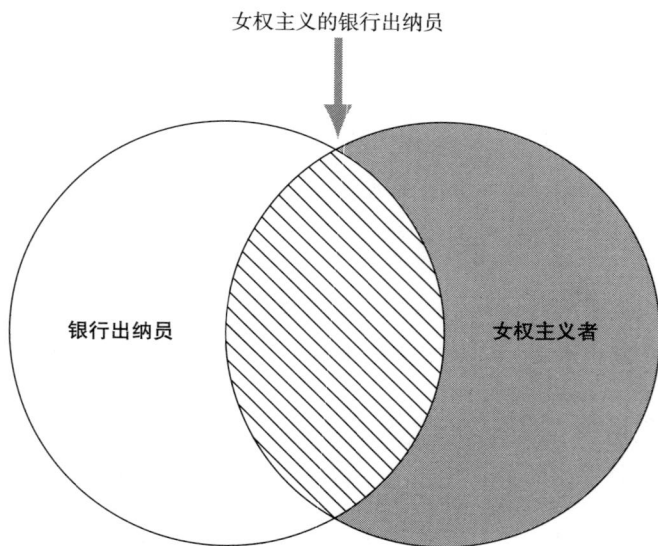

图 10.1　银行出纳员和女权主义者的交集

方案中只出现"银行出纳员"以及其他的选项，而另一组被试选择的备选方案中只出现"女权主义的银行出纳员"这一选项和其他的选项（这样就能确保了两个选项没有被直接进行比较）。即便是在这样的实验情境下，被试还是认为琳达是一名"女权主义的银行出纳员"的概率大于琳达是一名"银行出纳员"的概率。

特韦尔斯基和卡尼曼（Tversky & Kahneman，1982）在其他一些情境下也得到了类似的结果。"比尔"被认为"更可能是一名会计和爵士乐演奏者，而不仅仅是一名爵士乐演奏者""一名温布尔登网球赛选手在输掉第一局以后而赢得整个比赛，其概率大于其仅仅输掉第一局的概率""美国的一位前总统为未婚妈妈提供财政援助和削减对地方政府的财政支持，其概率大于仅仅削减对地方政府财政支持的概率"。

根据上述结果，特韦尔斯基和卡尼曼（Tversky & Kahneman，1982）得出这样的结论："随着情景中细节数量的增加，该情景发生的概率只会逐渐降低，但是它的代表性和由此带来的外显的可能性却会上升。我们相信，基于对代表性的信任，是细节化情景之所以有不合理的吸引力，以及这样的建构之所以经常能够提供错觉洞察的主要原因。例如，'被告离开犯罪现场'的陈述似乎不如'被告由于害怕被起诉谋杀而离开犯罪现场'的陈述更有说服力。"

小数定律

代表性启发式的另一个结果被特韦尔斯基和卡尼曼（Tversky & Kahneman，1971）称为"小数定律"。称作"小数定律"只是作者的玩笑话，主要是相对于统计学中的众所周知的"大数定律"（在统计学中，你从总体中抽取的样本容量越大，该样本的平均数与总体的平均数越是接近）而言。而人们所使用的"小数定律"则认为，从总体中抽取的随机样本相互之间是类似的，比统计抽样理论所预测的更为接近总体。

例如，当你要求人们写下一个随机的投掷硬币的序列（不是真正去投掷硬币），人们试图使得这个序列上的每一个点都看上去是随机的，特韦尔斯基和卡尼曼（Tversky & Kahneman，1972）将这样的现象称为"局部代表性"。结果，在他们写下的答案中倾向于排除较长的相同序列；而相对于真实的随机序列而言，有更多的硬币的正面和背面之间的交替。在一个随机序列当中，如果只是看某一些局部的序列，它们看起来可能并非那么随机。为了证实这样的观点，你可以实际投掷 100 次硬币，并记录下正面和背面出现的次序，这样就可以大致模拟出一个真实的随机序列。

"读者调查"第 12 题就是对小数定律最好的说明。这个问题来自于特韦尔斯基和卡尼曼（Tversky & Kahneman，1971）的一个研究，内容如下：

> 在一座城市中，8 年级学生的 IQ 平均数是 100。你从中抽取了 50 名学生的随机样本来进行有关学业成就的研究。你抽取的第一个学生的 IQ 测验得分为 150。你认为你抽取的这个 50 人的样本的 IQ 平均数为多少？

大部分人对这个问题的回答是 IQ 的平均数将依然是 100。但是事实上，正确的答案是这 50 个个体的 IQ 平均数应该为 101。因为第一个孩子的 IQ 为 150，剩余的 49 个孩子的期望 IQ 依然是 100，因此这 50 个孩子的 IQ 总数为 5 050（150 ＋ 4 900），然后除以 50，因此这 50 个孩子的 IQ 平均值应该是 101。

如果你的答案是 100 而不是 101，你可能假定在余下的 49 个学生中会出现 IQ 的低分，从而将 150 的 IQ 高分"平衡"掉。但是这样的观点实际上就是假定偶然事件具有自我修正的功能，事实上，偶然事件并不具有自我修正的功能，出现一个高分也不一定出现相应的低分与之抵消；余下的样本只是对这个偶然事件进行"稀释"，使其平均数更加接近总体的平均数（在这个例子中总体的平均数是 100）。特韦尔斯基和卡尼曼（Tversky & Kahneman，1971）认为，人们倾向于认为偶然事件具有自我修正的功能，这正是偏差来自代表性启发式的一个例子，因为人们总是希望随机抽取的样本能够很好地代表总体。

同样，特韦尔斯基和卡尼曼（Tversky & Kahneman，1971）认为代表性启发式导致人们承认"赌徒谬误"（gambler's fallacy），这种观点认为，在一系列的坏运气之后必然会有好的结果出现（或者更一般地认为一系列结果相同的独立事件之后很快会跟随一个相反的结果）。"读者调查"第 27 题就是检验你是否相信这样的赌徒谬误。题目的内容如下：

假设一枚无偏差的硬币被抛了 3 次，每一次都是头像朝上。如果你必须对下一次抛硬币打赌，金额是 100 美元，你会选择哪一面朝上？

由于这个硬币是没有误差的，正确的答案是你对正面还是反面没有偏好，因为两者出现的机会是相等的。但是有一些人错误地认为，在连续出现了 3 次正面之后，反面出现的概率更大。特韦尔斯基和卡尼曼解释道：出现这样的答案就是因为人们错误地认为一个随机序列必须具备局部代表性（即序列的每一个部分都必须看起来是随机的）。

手热现象

对小数定律一个最形象的说明是由吉洛维奇等人（Gilovich，Vallone，& Tversky，1985）进行的研究。这次研究者关心的是篮球比赛中的人们对于"手热现象"的认识。一位手热的篮球运动员就是指其在投中一个或者几个球以后，再次投篮时命中的概率大于其投失一个球以后的再次尝试。

吉洛维奇等人发现，费城 76 人队的球迷，包括几名队员和教练，都认为存在这样的手热现象，尽管数据统计分析表明并不存在这一现象。也就是说，这些人认为一位队员在命中几个球以后，其再次尝试投篮的命中率将提高，尽管事实上，其投中下一个球的可能性与该队员总体的投篮命中率并无显著差异。吉洛维奇和他的助手们通过对波士顿凯尔特人队的罚球情况进行分析，以及对康奈尔大学篮球队的男女运动员进行实验室模拟实验（更具体而言，是在体育馆中进行的实验），结果都证实了这样的结论。

在很短的时间内，这些研究发现在美国体育界引起了轰动。吉洛维奇等人怎么可以将手热现象仅仅说成是一种错觉？任何一个打过或者观看过篮球比赛的人都知道，运动员的确有些时候手热，而有些时候手冷！篮球队有时为了防守手热球员，甚至会改变他们的防守战术。认为同一个篮球运动员进行的投篮情况在统计上是不相关的观点似乎很难令人接受。

为了找出人们坚持认为存在手热现象的原因，吉洛维奇等人进行了一个实验。在这个实验中，被试要观看 6 个由 "X" 和 "O" 组成的不同序列（也许你可以将它们理解成篮球比赛中的投中和未中）。每一个序列中都包含有 11 个 "X" 和 10 个 "O"，在不同的序列中两个字母交替的概率分别为 0.40，0.50，0.60，0.70，0.80 或者 0.90。例如，下面的序列 "XOXOXOOOXXOXOXOOXXXOX" 表示两个字母之间转换的概率为 0.70（因为在 20 个相邻字母之间，两字母进行转换的次数为 14 次）。

吉洛维奇等人发现，被试更多地认为 0.70 或者 0.80 的序列是随机序列的代表，而不是正确地选择 0.50 这个序列。只有 32% 的被试认为 0.50 序列是一个随机的序列，而 62% 的被试将 0.50 序列定义为是 "手热" 序列。

如果你想看看自己在这项任务中的表现，请查看一下你在读者调查中第 34 题的答案。第一个序列（XOXXXOOOOXOXXOOOXXXOX）有一半的情况下字母之间进行转换（类似于一个随机的序列）。与之相对应的是第二个序列（XOXOXOOOXXOXOXOOXXXO）代表有 0.70 的转换概率，远远高于随机序列 50% 的数值。如果你认为在第一个序列中存在太多连续相同的字母，你必定会期望在序列中 X 和 O 有更多的转换（这就是为什么人们将一些随机序列视为 "手热现象" 的原因）。本书的第 14 章将更加详细讨论个体对随机性的认识。

忽视基本比率

某些情况下，依赖于代表性启发式可能会使人们忽略 "基本比率" 信息（也就是一个事件发生的相对频率）。卡尼曼和特韦尔斯基在一系列的实验中考察了这一现象。例如，在一项研究中卡尼曼和特韦尔斯基（Kahneman & Tversky，1973）告诉被试：

> 一群心理学家对 30 名工程师和 70 名律师进行了访谈和人格测试，这

些人在他们各自的领域内都相当成功。基于这样一些信息，心理学家对这 30 名工程师和 70 名律师进行了简单的描述。下面你将看到 5 个这样的描述，都是从 100 个描述中随机抽取的。对于每一个描述，请在一个 0 至 100 的单位上选择你认为该描述有多大的可能性是对一名工程师的描述？

例如，下面一段话就是卡尼曼和特韦尔斯基用来代表一个工程师性格的简单描述：

> 杰克今年 45 岁，已婚并有 4 个孩子。他通常比较保守，谨慎且雄心勃勃。他对政治和社会事件并无多大兴趣，他将大部分业余时间都用在了自己的爱好上面，例如家中的木工活、航海以及数字游戏。

使用同样的 5 句简单描述，卡尼曼和特韦尔斯基将第二组被试中工程师和律师的比例做了对调（即 70 名工程师和 30 名律师）。但是由于结果是可比较的，我们只是关注 30 名工程师组的情况。

每一位被试对这 5 个描述为工程师的可能性进行评价以后，研究者要求其估计一下从 100 个描述中随机抽取一个描述，该描述是工程师的概率。不出意料之外，被试大多认为这样的可能性接近 30%。换句话讲，在这样的情境中，人们使用了给定的基本比率信息。

在另一方面，当被试得到了一些描述信息——即使这些信息与工程师或者律师的职业特点无关——他们倾向忽略基本比率。例如，卡尼曼和特韦尔斯基（Kahneman & Tversky，1973）特地构建了一个与工程师或者律师同样的描述：

> 迪克今年 30 岁，已婚但没有孩子。他能力很强，且有很高的工作热情。他希望在自己的领域取得巨大成功。他也深受同事们的喜爱。

这样的描述完全没有提供迪克的职业信息；因此在这种情况下，该描述是一个工程师的可能性应该为 30%。但是，卡尼曼和特韦尔斯基（Kahneman & Tversky，1973）的实验结果却发现，被试认为该描述为工程师的平均估计概率为 50%。很显然，在这种情况下，被试忽略了情境的基本比率信息，而仅仅从工程师或律师具有相同代表性的角度来进行判断。

还有大量的研究发现，在某些情境下，人们倾向于使用基本比率信息；而在某些情境下，人们倾向于忽视基本比率信息（Bar-Hillel，1980，1990；Fischhoff & Bar-Hillel，1984；Osberg & Shrauger，1986）。例如，阿杰增（Ajzen，1977）的研究发现，当基本比率信息与人们对因果关系的直觉理论相一致时，人们常常会使用基本比率信息。在一个实验中，阿杰增要求被试根据一些有因果关系的因素（例如该学生每周的学习时间）或者一些无因果关系的因素（例如该学生每周的收入）来预测该名学生的学习成绩。实验结果发现，人们在接受了因果信息以后更加愿意使用基本比率；而对于那些无因果关系因素， 即使是被告知它和因果关系一样，都能对学生的学业成绩产生预测作用，他们还是很少使用基本比率。

非回归性预测

人们在进行预测时往往会忽视信息的诊断性，结果造成"非回归性"预测。例如，"读者调查"第 31 题（基于卡尼曼和特韦尔斯基的研究，Kahneman & Tversky，1973）的内容如下：

> 假设高中的考试成绩与大学平均绩点（GPA）中等相关。基于下表所示的百分位数（见表 10.1），如果一名高中生某次考试成绩为 725 分，你预测他的 GPA 将会是多少？

表 10.1 高中考试成绩与大学平均绩点（GPA）之间的关系

学生的百分等级	高中考试成绩	GPA
前10%	>750	>3.7
前20%	>700	>3.5
前30%	>650	>3.2
前40%	>600	>2.9
前50%	>500	>2.5

你该如何作答？绝大多数人预测其 GPA 将在 3.5 和 3.7 之间（此 GPA 成绩是 725 分的一个高代表性）。如果高中考试成绩是一名学生大学学业成绩的完

美诊断，那么这样的答案无可厚非。即如果两者之间能够一一对应，725分的成绩对应的 GPA 应该为 3.6。但是就此问题而言，高中的考试成绩并不能很好地预测大学的 GPA，因为两者之间只有中等程度的相关。由于高中考试成绩只能中等地预测 GPA，因此，对该学生 GPA 最好的预测将在 3.6 和 GPA 的平均数 2.5 之间，从而体现"趋均数回归"。

趋均数回归是统计中存在的一种现象，即较高或者较低的分数往往会紧跟着出现一些更加接近平均数的分数，就像两位个子非常高的父母，其孩子往往会更接近平均身高一些。因为 725 是一个很高的分数，如果你让该名学生再考一次，其成绩可能会更接近平均分 500 分一些（根据同样的逻辑，它可以预测一个相应更低一些的平均绩点）。你可以用这样的方法来思考：如果你不知道一名学生任何方面的信息，你对其平均绩点的最佳的预测将是 2.5。如果高中的考试成绩和大学的平均绩点之间有完全的正相关，那么你对那位学生平均绩点的最佳预测将是 3.6。因为高中考试成绩与大学平均绩点之间只有中等程度的相关，那么最好的预测就是居于 2.5 和 3.6 之间（比平均数高些，但是远没有 3.6 那么高）。

大多数心理学家都认为考试成绩是由两个独立的成分组成的："真实分数"和"误差"。如果一场考试是能力的一次完美测量，真实分数就应该是一名学生在考试中应得的分数；同时误差部分是所有与能力无关但会影响考试成绩的因素（例如考前一天晚上的睡眠时间、血糖水平、心境以及当时的照明情况等等）的一个结果。多数情况下，这些因素往往会相互抵消；但是在一些极端情况下，这些因素共同作用会戏剧性地提高或者降低一个人的考试成绩。由于这样的波动与真实分数无关，因此下一次的考试成绩就更有可能向真实分数"回归"。

忽视这种回归趋势可能会使决策产生重大失误。例如，卡尼曼和特韦尔斯基（Kahneman & Tversky, 1973）讨论了这样一个案例，一所飞行学校的教员总结说，对飞行员的出色表现进行表扬会导致其下一次飞行成绩下降。这样的成绩下降是否意味着教员应该停止对飞行员进行表扬？完全不是这样！如果只是考虑回归理论，即一次非常出色的成绩之后，紧跟着将会出现更加接近平均数的成绩。同样，糟糕的成绩得到惩罚之后将会得到提高，不管惩罚是否真的有效。

尼斯贝特和罗斯（Nisbett & Ross，1980）在他们论述人类推论的书中描述了人们对回归错误理解后产生的另一些后果：

> 人们对于一些简单的回归现象的错误理解（例如一件非常好或者非常差的事件之后，一般来说会跟随着一些不那么好或者不那么差的事件，而不管其中是否存在随机因素），在我们的日常生活中是屡见不鲜的。这样的误解可能会使人们惊惶失措，以为产生了严重的"危机"（如犯罪率、疾病或者银行破产的突然上升，或者是销售额、降雨量或奥林匹克运动会的金牌数量突然减少），一般来说，似乎这样的事件对人们产生的影响看起来比实际情况要严重得多……仅仅在观察到一些简单的回归现象后，人们就会产生一些迷信：比如说非要做点什么去结束一连串的"坏运气"；或者什么都不敢做以免失去"好运气"。

乔治·迈尔奇曾经是一名职业棒球运动员，后来成了一名社会科学研究者，他在一篇题为《棒球中的魔术》文章中列举了一些这样的迷信（Gmelch，1978）。根据迈尔奇的说法，纽约巨人队为了保持16场连胜的势头，不愿意洗他们的队服，生怕洗掉了他们的好运气。同样，1941年布鲁克林道奇队的队员列昂在三周半的时间内一直穿着同一双黑鞋，灰色的袜子，蓝色的外套，目的是为了保住连胜的势头。

趋均数回归同样也可以解释为什么非常成功的运动员或者运动队在登上了《体育画报》杂志的封面以后，其运动成绩马上就有所下降。通常来讲，能够登上该杂志封面的运动员都是在新近取得一系列非常优秀的成绩之后，如果单单是从回归的角度考虑，其运动成绩有所下降也有其必然性。众所周知的"《体育画报》厄运"其实根本就不是什么厄运，而仅仅是向平均数回归而已。

临床预测与精算预测

人们忽视基本比率和数据回归性的倾向造成了许多令人吃惊和窘迫的现象。在社会科学中，有大约100项研究的结果（Dawes，Faust & Meehl，1989）表明"精算"预测（完全根据给定变量和结果之间的实证关系来进行预测）的准确性等于或者高于"临床"预测（依据人的判断而进行的预测）。换言之，与一般的常识相反，由人完成的决策，其准确性往往偏低，即使该决策者完全掌握了精准的信息。

例如，有这样一项针对人为决策进行的研究（Lasky，Hover，Smith，Bostian，Duffendack & Nord，1959），在预测患者是否需要重新进行心理治疗的决策中，将12名心理治疗专业人士的决策与患者的病历档案重量之间进行比较。因为患者的病历档案重量可以用来作为患者以往就医情况的一个大致估计。结果表明，专业人士的判断准确性并没有显著高于依据病历档案重量做出的预测（两者的相关系数分别为0.62和0.61）。

很显然，专业人士的专业知识以及掌握的相关信息是其他因素所无法比拟的。但是，临床判断通常需要依赖于像代表性这样的启发式，因此容易受到很多偏差的影响，致使人为预测的准确性很难超过专门依据精确的数据关系而进行的预测。

结　论

有关代表性启发式的研究结果表明，有一些方法可以提高决策和判断的技巧，内容如下：

√ **不要被很细节化的情景所迷惑**。细节化的情景中的特殊性使得整个情景看起来更加具有代表性，但是同时也减少了其发生的可能性。一般而言，情景越是具体，其发生的可能性越低，即便这样的情景看起来能够非常好地代表最可能发生的结果。

√ **只要有可能，无论什么时候都应该注意基本比率**。当一个事件极少发生或者是非常普通的事件时，基本比率就显得尤为重要。例如，由于录取的比例非常低，因此很多优秀的申请者都没有机会进入研究生院进一步深造（通常的误解就会认为这样的申请者并不具备所需要的学术能力）。相反，由于通过的比例非常高，许多不合格的驾驶员都顺利拿到了驾驶执照。当基本比率是一个极端数值时，代表性往往成为发生可能性的误导因素。

√ **记住偶然性并不具备自我修正的功能。**一系列的坏运气，就是一系列的坏运气。它并不意味着相应的好运气必然会来临，也不意味着事物总是一成不变。如果一个随机的过程（就像投掷一枚没有偏差的硬币）存在一定的概率产生一个特定的结果，那么过去的事件对将来发生的结果并不会产生影响。

√ **不要错误地理解趋均数回归。**即使出现了一系列的坏运气，也不一定会有一系列的好运气与之相平衡（或者相反），但是一些极端的成绩之后往往会紧跟着出现一些更接近平均数的成绩。趋均数回归是非常正常的，无论结果是否受到一些随机因素的影响。即使在某些时段，这些随机因素结合在一起可能产生一些非正常的结果，但是在接下去的情境中，成绩通常会回归正常。

将这些建议牢牢记在心中，就有可能避免许多由于依赖代表性启发式而产生的偏差。在下面的第 11 章里，我们将重点讨论另一个著名的启发式："易得性启发式"，以及由此而产生的偏差。

11

易 得 性 启 发 式

———— ❖ ————

　　根据特韦尔斯基和卡尼曼（Tversky & Kahneman，1974）所述，易得性启发式也是一种经验法则，决策者"会依据想起某些事例或事件的容易程度来评估某类事物的频次或者某一事件的概率"。这样的启发式通常很有用，在所有条件都相同的前提下，普通的事件要比不寻常的事件更容易被记住或者想起来。决策者依据易得性来估计事件发生的频率和概率，能简化否则可能非常困难的判断。

　　但是，无论你使用何种启发式，在某些情况下，这类基本的经验法则都可能失效并导致系统性偏差。有一些事件相对于其他事件更易得（即更易想起），这不是因为事件更经常发生或者发生概率更高，而是因为事件本质上更容易被想起来，这可能是因为事件刚刚才发生，也可能是因为事件高度情绪化，等等。本章我们要考察三个基本问题：（1）什么情况下易得性启发式可能导致判断偏差？（2）在决策者想象某一事件发生以后，他们是否会认为该事件更可能发生？（3）生动的信息有何独特之处？

易得性出错

请问在美国哪种意外事故更容易致人死亡——被飞机掉落的零件砸死还是被鲨鱼咬死？大多数人都认为被鲨鱼咬死的可能性更大（看看你对"读者调查"第 7 题的回答）。被鲨鱼咬死的案例肯定比被掉落的飞机零件砸死的案例得到了更多的社会关注，而且更容易引起人们的想象（这要部分归功于《大白鲨》这样的电影）。但事实上，美国人死于掉落的飞机零件的概率是被鲨鱼咬死概率的 30 倍。在这个例子中，易得性就误导了人们的频率判断。

"读者调查"第 8 题比较了美国的各种死因，很多人都认为正确答案令人奇怪（选自 Combs & Slovic，1979）。例如，与媒体相对稀有的报道相反，美国每年因糖尿病和胃癌致死的人数约为凶杀案或者交通事故的两倍，而雷击致死的人数也多于龙卷风。特韦尔斯基和卡尼曼认为，这类统计数据与人们的直觉正好相反，因为大多数人会根据自己想起某事件的容易程度来估计该事件发生的频次。因为交通事故、龙卷风或者谋杀几乎都是媒体的头条，所以它们比那些发生频次更高的死因——胃癌、雷击或者糖尿病——更"容易获得"。

当一个事件的例子本身比其他事例更难想起时，易得性启发式也会导致判断偏差。例如，特韦尔斯基和卡尼曼（Tversky & Kahneman，1973）询问人们如下问题：在一般的英文文本当中，以字母 K 开头的单词和以 K 为第三个字母的单词相比，哪一个更多（不要考虑少于 3 个字母的单词）？在回答问题的 152 个人当中，105 人普遍认为 K 打头的单词更多。但是事实上，第三个字母为 K 的单词数是 K 打头单词数的近两倍。因为人们更容易想到的是 K 打头的单词，而非第三个字母为 K 的单词，所以大多数人会高估这些单词的相对频次。

当一种结果更易进行视觉化想象时，易得性同样会导致偏差。"读者调查"第 33 题可以说明这种偏差：

结构A: 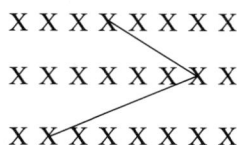 结构B:

请思考左面展示的两种结构 A 与 B。

这里"路径"是指将结构中每一行上的一个 X（仅有一个）连接起来。换言之，结构 A 中的路径连接了 3 个 X（3 行 X，每行 1 个）；结构 B 中的路径连接了 9 个 X（9 行 X，每行 1 个）。

（a）两种结构中哪种存在更多的路径？

（b）结构 A 中大概有几条路径？结构 B 呢？

　　大多数人都发现，结构 A 比结构 B 更容易想象和找到贯穿 X 的通路，因此他们都猜测结构 A 包含的通路比 B 多。特韦尔斯基和卡尼曼（Tversky & Kahneman，1973）针对这个问题进行了研究，发现 85% 的受访者都认为结构 A 包含的通路比 B 多。他们估计的通路中位数分别为：结构 A 40 条，结构 B 18 条。

　　事实上，这两种结构包含同样数量的通路。在结构 A 中，第一行的 X 共有 8 种选择，第二行的 X 也有 8 种选择；而第三行的 X 同样有 8 种选择。因此结构 A 可能的组合为 8×8×8（512）。结构 B 可能的组合为 2×2×2×2×2×2×2×2×2，其总量也是 512 条通路。因此，这两种结构的通路数量相等，尽管结构 A 的通路比结构 B 更容易"看到"（结构 A 的通路比结构 B 更独特，因为一般来说，结构 A 的任两条通路共同元素只有 1/8，而结构 B 的任两条通路有一半的元素相同）。

一项想象力研究

　　1978 年，约翰·卡罗尔发表了一项研究，将易得性启发式与对某一事件的想象行为联系起来（Carroll，1978）。卡罗尔的推理是，如果人们对于易想象的事件判断为更可能发生，那么对某一事件的刻意想象可以增强其易得性，从而使其看起来更可能发生。他用两个实验来验证这一假设。

第一个实验是在 1976 年美国总统大选的前一天进行的，要求被试想象他们在选举当晚或者第二天上午观看总统选举结果的电视报道。要求约一半的被试进行如下的想象：

> 福特赢得了最后的大选，因为卡特没有抓住几个关键州而失败。福特最终赢得了中西部和西部很多州的选票，他一共获得了 316 个选举团的选票，而卡特赢得了 222 个。如果以州为单位来进行统计，福特最后赢得了 32 个州的选票，而卡特赢得了 18 个州和哥伦比亚特区的选票。

要求剩余的被试进行如下的想象：

> 卡特利用其在南部和东部的优势取得了不可逾越的领先地位，赢得了最后的大选，即使福特席卷了西部也无济于事。卡特最后赢得了 342 个选举团的选票，而福特赢得了 196 个。卡特赢得了 28 个州和哥伦比亚特区的选票，而福特赢得了 22 个州。

这些想象情景的建构利用了研究当时最新的民意调查，要求被试不仅想象这样的情景是真实的，而且还要想象获胜者的胜利演讲，以及落选者的失败感言。因而，整个想象过程尽可能地让它看上去合理且生动。然后，在被试想象特定的选举结果之后，卡罗尔要求他们预测最后大选的实际结果。

实验结果表明，想象卡特获胜的被试认为卡特会赢，而想象福特获胜的被试认为福特会赢。根据卡罗尔的解释，对给定结果的想象使该结果更加易得，随之增大了对其发生概率的估计。

在第二个实验中，卡罗尔（Carroll，1978）要求匹兹堡大学的学生想象，他们的橄榄球队在 1977 年的赛季取得了很好的战绩，或者在该赛季表现糟糕（该球队在 1976 年赢得了全美冠军，但是在 1977 年教练和几位优秀的球员离开了球队）。尽管第二个实验的结果并没有得出一致的肯定结论，但还是表明对结果的想象使其看似更可能发生。例如，在 35 名想象球队会有一个好赛季的被试中，63% 的人认为他们在 1977 赛季可以取得很好的成绩；而在 38 名想象球队将有一个糟糕赛季的被试中，只有 40% 的人这样认为。所以整体来看，卡罗尔可以得出结论：想象某一结果使其貌似更可能发生。之后，又有一些研究者重复或者拓展了这一研究结果（Anderson，1983；Gregory，Cialdini，& Carpenter，1982）。

想象的局限性

如果某种结果很难想象会怎样？如果决策者无法成功地想象某一结果，那么该结果知觉到的可能性是增还是减？舍曼、西奥迪尼、施瓦茨曼和雷诺兹（Sherman，Cialdini，Schwartzman & Reynolds，1985）就这个问题进行了研究。

舍曼等人要求被试阅读两种疾病的描述之一，据报道这两种疾病开始在校园里肆虐。两种疾病在医学上都被称为"Hyposcenia-B"，但是根据实验条件，对这两种疾病的描述并不相同。在"容易想象"条件下，被试读到的疾病是非常具体的症状，例如肌肉疼痛、精力不足以及经常性的剧烈头痛。而在"难于想象"的条件下，被试读到的疾病描述是非常抽象的症状，例如方向迷失感、神经系统的功能失调以及肝炎。

控制组的被试只是阅读了有关 Hyposcenia-B 的描述——无论想象容易还是困难——然后判断他们将来感染此病的可能性有多大。另一方面，要求实验组的被试在阅读疾病描述的同时"想象在 3 周的时间内他们感染了此病，并且会体验到描述中的症状"，还要求实验组的被试详细地写下在此三周期间他们认为自己会有的感受。

舍曼等人发现，控制组的被试并未受到症状想象难易程度的显著影响，但是实验组的被试却受到强烈的影响。"容易想象"条件的被试认为他们更可能感染此病，但"难于想象"条件的被试实际上认为他们比从未想象此病的被试更不可能感染此病。舍曼等人（Sherman et al., 1985）得出结论，想象某一结果并不能保证其更可能出现；如果某种结果很难想象，想象的努力实际上降低了人们感知到其即将发生的可能性。

否　认

　　另一种情况是，如果某一事件的结果极其负面，对该事件的想象可能不会提高其出现的可能性。有些事件太令人不安，以至于对这些事件结果的想象行为本身使人们否认它们可能发生（Rothbart，1970）。

　　对于许多人而言，这类事件最极端的例子就是核战争。1989 年，作者发表了一项研究，询问了大约 2000 个人，让他们估计一下在未来 10 年发生核战争的可能性。尽管在本书第 13 章将详细考察这一研究，但是其中两个研究结果与易得性有关。第一个研究结果是，让人们生动地想象核战争爆发时的情景（即增加"结果的易得性"），对他们判断核战争的可能性并无显著的影响。第二个结果是，让他们思考核战争可能爆发的各种路径（即增加"路径的易得性"），同样对概率估计没有显著影响。第二个结果尤其令人震惊，因为有若干研究业已证明路径的易得性至关重要（Hoch，1984；Levi & Pryor，1987；Ross，Lepper，Strack & Steinmetz，1977；Sherman，Zehner，Johnson，& Hirt，1983）。

　　可能发生的情况包括让被试想象亲朋好友葬身火海，这是如此令人排斥和厌恶，以致引发否认的情感，认为核战争不可能发生。如果真是如此，那么这种否认可能抵消了易得性的增加，致使概率估计没有多少改变。因此，如果某一事件的前景是如此恐怖，就会导致否认，那么想象其发生可能就不会使之看起来更可能发生。

生动性

　　与易得性相近的一个概念是生动性。生动性通常是指事件有多么具体和易于想象，尽管它偶尔还有其他的含义。比如，有时生动性指事件在情绪上令人关注和激动的程度，或者事件在时间或者空间上的接近程度。许多研究结果表明，生动的信息比平淡而抽象的信息或统计数据能对决策者产生更强烈的影响（Nisbett & Ross，1980）。

例如，博吉达和尼斯贝特（Borgida & Nisbett，1977）发表了一项研究，通过大学生对大学课程的评估，对比了统计总结与生动性两者的效应。参加本实验的被试，大多数都是即将就读密歇根大学心理学专业的学生，他们分别被安排到了3种实验条件：（1）基线水平条件下，他们要浏览5分量表上课程评分的统计总结，统计数据实际上来自上一个学期选读该门课程的所有学生；（2）面对面条件下，被试听1～4名学生小组成员评论10门课程（这些小组成员从5分量表开始其评论，平均来看，评分的结果与基线水平条件下的结果是相当的）；（3）无评估控制组条件下，被试既没有听到也没有读到任何课程评估的信息。然后，在读完统计总结或者听完小组陈述之后（对于控制组而言，他们并没有得到任何评分信息），要求学生列出27门大学课程中哪一些是他们将来可能选读的课程。

因为基线水平条件包括几乎所有学生评分的结果，所以最符合"逻辑"的结果应是该条件的被试要比面对面条件的被试更多地接受课程推荐中的课程。但是正如表11.1所示，博吉达和尼斯贝特发现，研究结果正好相反。被试只是听了几个学生的小组评论，就比读过全面课程评估的统计总结更容易被说服。事实上，与控制条件的被试相比，基线水平条件的被试并没有显著地计划多选被推荐的课程，或者少选没有被推荐的课程。只是面对面条件的被试与控制组的被试有差异。与控制组条件的被试相比，面对面条件的被试平均多选了1.4门推荐的课程，而少选了0.9门非推荐课程。

表 11.1　证言生动性的力量

条件	推荐的课程数量	非推荐的课程数量
面对面	4.73	0.50
无评估（控制组）	3.33	1.39
基线水平	4.11	0.94

注释：与控制组的学生相比，面对面条件组的学生显著地计划选择更多的推荐课程和更少的非推荐课程，而基线水平条件组的学生与控制组被试没有显著差异。资料来源：Borgida & Nisbett，1977.

这些研究结果表明，屈指可数的一点儿个人证言就可以胜过全面的统计总结。正如许多购买新轿车的人都认识到，一个人关于车辆瑕疵的故事就足以毁掉你从《消费者报告》这样专业杂志的统计结果中建立起来的信心（Nisbett，Borgida，Crandall，& Reed，1976）。同样，特别生动的犯罪或恐怖主义行径会比犯罪统计数据和其他总结报告更为抢眼。因为生动的信息更"易得"，比平淡的信息更容易回忆，因此往往会对决策产生过多的影响。

鳄梨酱的法律意味

生动信息的力量深得广告人、政客以及许多其他"专业说客"的青睐。而生动性能够起到绝对决定性作用的一个领域就是法庭。雷耶斯、汤普森和鲍尔（Reyes，Thompson，& Bower，1980）通过一项研究证明了这一点，生动的信息可以影响模拟陪审团的决策。实验分两期进行。

在第一期，被试读到了一个关于酒后驾驶的法庭案例。被告在圣诞节聚会后驾车回家，穿过了一处停车标志，最后与一辆垃圾车相撞。但是当时还没有检测被告血液中的酒精含量，因此对他的审判要依据环境证据。辩方认为被告并无酒后驾驶。

在读完被告个人品格方面的简单描述之后，呈现给被试9条由辩方提供的关于为何被告无罪的书面证据，以及9条由控方提供的关于为何被告有罪的书面证据。这18条陈述的每一条都包含一个证据，将用或生动或平淡的语言风格呈现。例如，控方的一条平淡证据是这样表述的：

> 在他出门的路上，桑德斯（被告）蹒跚着从配餐台经过，将一个碟子碰落在地上。

同样的信息生动版本如下：

> 在他出门的路上，桑德斯（被告）蹒跚着从配餐台经过，将一个盛有鳄梨色拉酱蘸料的碟子碰落在地上，鳄梨酱溅洒在白色的粗毛绒地毯上。

同样，辩方平淡的证据是这样表述的：

在交叉询问中，垃圾车的驾驶员承认，他的垃圾车在晚上很难看清，因为车的颜色是灰色的。

而同样的信息生动版本如下：

垃圾车司机承认垃圾车是灰色的，他说："因为它成天与垃圾污泥打交道，你觉得我应该怎么做，难道把它涂成紫色吗？"

大约一半的被试看到辩方生动的证据陈述及控方平淡的证据陈述；而另一半的被试看到辩方平淡的证据陈述及控方生动的证据陈述。

当读完所有 18 条陈述以后，要求被试进行下面三个决策：（1）你认为在事故发生时，桑德斯喝得有多醉？（2）你个人认为桑德斯有罪还是无罪？（3）如果你是陪审团成员，必须依据"在毫无疑问的情况下才可以定罪"的原则，你会怎样进行裁决？（这三个判断后面将平均起来形成一个总体指数，用于表示被试认为桑德斯有罪的程度。）第一期的实验结束，被试可以返回，但是被要求在 48 小时以后回来进行第二期实验。

当被试来参加第二期的实验时，要求他们尽可能多地写下他们能记得的 18 条证据的简要描述。他们要回答第一期实验结束时所回答的同样的三个问题，表明他们现在的看法。指导语告诉被试他们不必做出与上一期相同的回答，他们应该"就像第一次遇到这样的案子一样"做出自己的判断。

雷耶斯、汤普森和鲍尔的实验结果发现，在第一期当被试刚刚读完 18 条证据之后，证据的生动性对罪行的判断并没有显著的影响，但是在实验的第二期（48 小时以后）却产生了很大的影响。控方生动证据条件下的被试事后比控方平淡证据条件下的被试显著更多地认为被告有罪。雷耶斯、汤普森和鲍尔（Reyes，Thompson，& Bower，1980）对这一延迟效应的解释是：生动的信息比平淡的信息更容易记忆。因此，正如博吉达和尼斯贝特（Borgida & Nisbett，1977）的研究结果，生动的信息之所以最终比平淡的信息更有影响力，大概是因为生动的信息更易得或更易被提取。

免责声明

这些研究结果颇为令人信服，但值得注意的是，有一篇关于"生动性效应"的权威综述发现，支持生动信息比平淡信息更有影响力这一假设的证据相对很少。泰勒和汤普森（Taylor & Thompson，1982）对有关"生动性效应"的实验室研究进行了一次全面的总结，结果发现大多数的研究结果并不一致，或者根本就不存在生动性效应。他们的结论是：至少对于实验室研究而言，生动性效应即使存在，也相当微弱。

这个结论无疑削弱了任何关于生动的信息更有影响力的论断。同时，有若干理由支持生动性效应至少在某些情况下存在。第一，泰勒和汤普森发现在其基本结论之外还有着许多例外情况。例如，他们发现使用案例的历史资料就比统计或者抽象的信息更具说服力；在一定的条件下，视频呈现就比书面或者口头呈现更具说服力。第二，泰勒和汤普森也清楚地意识到，可以从很多方面来解释研究结果没有效应。比如，在某个具体的实验中没有发现生动性效应，完全可能是由于实验设计的缺陷，未必不存在生动性效应，从而导致实验的结果产生偏差；还有，在有些研究中，生动性的变量与其他因素产生了混淆。最后，泰勒和汤普森他们自己也强调指出，有理由相信实验室环境可能不利于生动性效应，因为这样的环境会将人们的注意力聚焦于他们通常可能忽视的材料。因此，实验室研究可能严重低估了生动的材料在人们日常生活中的作用。

在最后的分析中发现，生动性效应至少在某些情境下是存在的，但其范围和效力有限。同时，依据易得性启发式原理，某一事件的生动例子可能比平淡的例子更能增加人们对其发生概率和频次的估计。

结　论

在很多情况下，易得性启发式可以为我们提供对频次和概率的适度精确的估计。但是在某些情况下，它同样可以导致严重的判断偏差。例如，公众健康就取决于人们对可怕的疾病如胃癌死亡率的认识。如果这类疾病的发病率被低估，人们就不太可能采取很多预防措施（Kristiansen，1983）。同样，如果不常发生但生动的死因被高估了，社会关注和资金就可能偏离更普遍的危险。例如，有一些报告也指出，美国人高估了他们在国外旅游时遭到恐怖分子袭击的危险（Paulos，1986）。

解决这个问题的一个办法是，明确地把这些以往被我们低估或者高估的危险与反方向被误解的威胁进行比较。例如，美国癌症协会就可以发起一项公共信息运动，比较一下胃癌与其他高调宣扬的危险如谋杀和交通事故等的死亡率。结果公告牌可能宣布：**"今年死于胃癌的人多于死于交通事故的人。"**毫无疑问，这样的比较可以使人们意识到胃癌是更普遍的死因，比他们想象得更严重（尽管这种宣传也可能使人们减小对交通事故致死频次的估计）。旅行社为了促进旅游也可以使用同样的策略，告诉游客他们在国外遭遇交通事故的可能性大于受恐怖分子的袭击。

谈到概率和频次估计，没有哪种启发式比易得性启发式更重要的了。但是大家需要牢记的是：易得性启发式也只是影响概率和频次判断的一个因素。在第 12 章我们将讨论影响概率估计的若干其他因素，就如何尽可能减少普遍的偏差源提出若干建议。

12

概率和风险

———— ❖ ————

概率和风险可谓无处不在：我们轿车的刹车，我们头顶的云彩，我们吃下去的食物以及我们对他人的信任。但是风险通常很难进行量化，甚至最基本的概率问题也可能成为一个很大的挑战。例如，请思考一下专栏作家沃斯·萨万特（vos Savant，1990）对声名狼藉的"游戏秀问题"所做的讨论。

假设你正在参加一个游戏秀，你可以选择三扇不同的门：在其中一扇门的背后是一辆轿车，而另两扇门后面是山羊。你选择了 1 号门，而主持人知道每扇门后面藏着什么，主持人打开了 3 号门，后面是山羊。然后他问你："你想选择 2 号门吗？"这个时候你改变选择有利吗？

在继续阅读以前，请先给出您的回答。

许多人都认为你改不改变门都没有什么差异。他们的理由是，在主持人打开其中一扇门以后，剩余的两扇门背后有轿车的概率是相同的。然而，这并不是正确的答案。

正确的答案是你应该改变你选择的门。对于这个问题，沃斯·萨万特是这样解释的：

表 12.1 游戏秀问题的结果

轿车藏在	你的选择	主持人打开	你改变决定	结果
1号门	1号门	2号或者3号	2号或者3号	你失败
1号门	2号门	3号	1号	你获胜
1号门	3号门	2号	1号	你获胜
2号门	1号门	3号	2号	你获胜
2号门	2号门	1号或者3号	1号或者3号	你失败
2号门	3号门	1号	2号	你获胜
3号门	1号门	2号	3号	你获胜
3号门	2号门	1号	3号	你获胜
3号门	3号门	1号或者2号	1号或者2号	你失败

注释：正如上表所示，如果你改变所选的门，在9种可能的结果中你有6次机会赢得轿车（Selvin，1975）。因此改变选择是更好的策略。

当你从 3 扇门中选择 1 号门后，你就有三分之一的机会得到轿车，而有三分之二的机会轿车在其他门之后。**但是随后主持人上台来给你提供线索。**如果轿车在 2 号门后面，他就会选择 3 号门来给你看；而如果轿车在 3 号门后面，他就会选择 2 号门来给你看。因此，如果奖品是在 2 号门或者 3 号门的后面，你只要改变你的决定，**你就可以获得大奖，**只要它是在 2 号门或 3 号门的后面！但是，如果你**不**改变你的决定，那只有轿车在 1 号门后面你才能够得奖。

（游戏秀各种结果的总结参见表 12.1）

倒转混淆

这里有另一个难题：假设你是一位医生，刚刚为一位妇女检查她是否得了乳腺癌。她的乳房上有一个肿块，但是依据你多年的临床经验，你估计她患有恶性肿瘤的概率只有 1/100。但是为了安全起见，你让她做了乳房 X 射线检查。这样的 X 射线检查诊断恶性肿瘤的准确率约为 80%，而诊断为良性肿瘤的准确率约为 90%。

X 射线检查报告出来了，令你非常惊讶的是，参诊的放射科医生认为乳房肿块是恶性肿瘤。

问题：鉴于你先前的观点认为恶性肿瘤的概率只有1%，而X射线检查结果的可靠性为80%或者90%，现在你认为恶性肿瘤总的概率是多少？（在你继续阅读之前，请给出你的看法。）

根据埃迪（Eddy，1982）的研究结果，询问这一问题的100位医生中有95位根据阳性检查结果估计癌症的概率约为75%。但是事实上，标准的正确答案应该只有7%或者8%——只有大家所认为的1/10。很显然，医生认为，癌症呈现阳性检查结果的概率大致相当于阳性检查结果出现癌症的概率。决策研究者罗宾·迪尤斯（Robyn Dawes）将这样的错误称为"倒转混淆"。

为了让大家了解为什么正确的答案应该只有7%或者8%，有必要了解一个不太为人所知的概率法则——贝叶斯定理。根据贝叶斯定理，基于阳性检查结果估计该妇女患癌症的概率的正确方法应该是：

$$p（癌症 \mid 阳性）= \frac{p（阳性 \mid 癌症）p（癌症）}{p（阳性 \mid 癌症）p（癌症）+p（阳性 \mid 良性）p（良性）}$$

这里"p（癌症）"就是患者得癌症的概率，"p（癌症 $\mid$ 阳性）"表示在检查结果为阳性的情况下，患者得癌症的概率。前者是一个简单概率，而后者是一个条件概率。

等式左边的概率就是埃迪要求医生估计的概率，而等式右边的数值则可以通过题中给定的信息得到：

p（癌症）= 0.01 [最先估计癌症的概率为1%]

p（良性）= 0.99 [患者没有患癌症的概率]

p（阳性 $\mid$ 癌症）= 0.80 [阳性检查结果有80%的概率为癌症]

p（阳性 $\mid$ 良性）= 0.10 [将良性肿瘤误判成恶性的概率为10%]

既然这些数值都是已知的，就可以将它们代入等式，计算出既定阳性检查结果的癌症条件概率为：

p（癌症 | 阳性）＝

$$\frac{(0.80)(0.01)}{(0.80)(0.01)+(0.10)(0.99)}=\frac{0.008}{0.107}=0.075=7.5\%$$

对于许多人而言，这一结果的确令人惊讶，但是同样令人惊讶的是参加埃迪实验的医生得知他们的错误后的反应。埃迪是这样来描述的（Eddy，1982）：

> 这些犯错的医生通常都假定：X 射线检查呈阳性的患者得癌症的概率就大致等于癌症病人 X 射线检查阳性的概率……第二个概率是在临床研究项目中测量的，他们对此都非常熟悉，但是第一个概率需要医生进行临床决策。即使不是大多数，还是有很多医生混淆了两者。

尽管倒转混淆绝不仅仅限于医生，但是，很少有领域比医疗诊断更重要的了。在生死攸关的决策中，一旦犯错将很少有机会能够弥补。

如果在这类情境下使用贝叶斯定理不太现实，你该怎么办呢？答案就是我们应该密切注意统计学家所谓的"先验概率"。先验概率（prior probability）就是在新信息（如 X 射线检查结果）出现之前，对某一事件最好的概率估计。在乳腺癌问题中，先验概率就是医生起初对癌症 1% 的概率判断。因为此先验概率极其低，而乳房 X 射线检查的可靠性只有 80% ～ 90%，因此在获得 X 射线检查结果以后的概率估计应该不会比先验概率高出太多。如果起初认为任何结果实际上都极不可能发生（或者非常可能发生），然后有一些不太可靠的信息"更新"，那么该原理同样适用。根据诸如贝叶斯定理这类标准的规则，先验概率和修正后的概率之间的绝对差异不会过大。

这样的事情绝对不会发生在我身上

概率判断同样会受到结果"效价"（即结果在多大程度上被认为是正性的还是负性的）的影响。自 20 世纪 50 年代早期，许多研究都已经证明，在其他条件都相同的情况下，正性结果被视为比负性结果更可能发生（Blascovicn，

Ginsburg，& Howe，1975；Crandall，Solomon，& Kellaway，1955；Irwin，1953；Irwin & Metzger，1966；Irwin & Snodgrass，1966；Marks，1951；Pruitt & Hoge，1965）。这类研究发现，不论要求人们估计某种结果发生的概率，或者猜测两种结果哪一种将发生，或者打赌某个既定结果会发生，上述研究结果都存在。即使为了提高准确率而给予物质刺激，这样的规律还是存在（尽管这种效应有所减弱）。

关于这一偏差的直接证据来自罗森汉和梅西克（Rosenhan & Messick，1966）的研究。罗森汉和梅西克一共使用了 150 张线绘卡片，要么是皱眉的面容，要么是微笑的面容（如图 12.1）。在一种实验条件下，70% 的卡片是微笑面容，而 30% 的卡片是皱眉面容；而在另一种实验条件下，70% 的卡片是皱眉面容，而 30% 的卡片是微笑面容。被试的任务就是猜测 150 个试次中每次当一张卡片翻过来，这张卡片是微笑面容还是皱眉面容。

罗森汉和梅西克的实验结果发现，当 70% 的卡片是微笑面容的时候，被试的反应相当准确。在整个实验过程中，被试 68.2% 的试次预测笑脸。在另一种实验条件下（70% 的卡片是皱眉面容），被试预测皱眉面容只有 57.5% 的试次——显著少于 70% 的概率。因此，占优结果的效价影响了对该结果的概率估计。

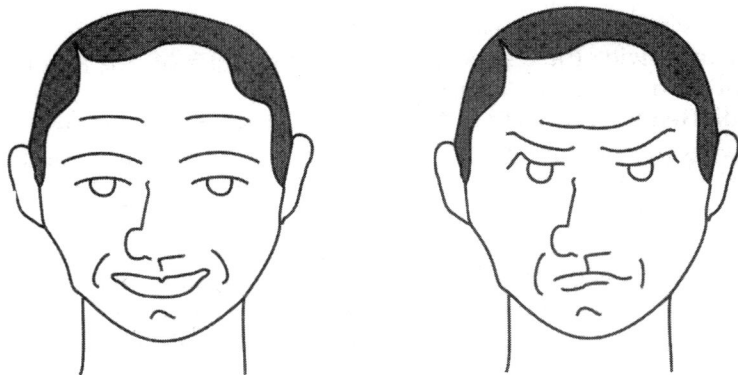

图 12.1 罗森汉和梅西克在其概率估计研究中所使用刺激的面容。

这可不是局限于笑脸的无足轻重的研究结果。当要求人们预测生活中发生的正性和负性事件概率时也发现同样的结果。例如，温斯坦（Weinstein，1980）在对美国罗格斯大学库克学院的学生进行的一项研究中也证明了这一趋势。他要求学生回答下面的问题："与库克学院的其他学生相比——当然是与同性别的学生相比——你认为下列事件发生在你自己身上的可能性有多大？"学生进行判断的列表中有 18 件正性生活事件和 24 件负性生活事件，要求他们给出（相对于其他学生而言）自己以后碰到这类事件的概率。

温斯坦发现，平均而言，学生认为自己经历正性事件的概率比其他人高 15%，而经历负性事件的概率比其他人低 20%。看一些极端例子，他们认为自己毕业以后得到高起薪的概率比其他人高 42%，拥有自有住房的概率比其他人高 44%；而今后会染上酗酒恶习的概率比其他人低 58%，在 40 岁以前得心脏病的概率比其他人低 38%。如果你是一名大学生，你可以做一下"读者调查"题 5a～5d，然后将上述估计值与你自己回答的概率做比较。

复合事件

在概率理论中，单个的事件被认为是"简单"事件，同时多个事件被认为是"复合"事件。例如，一阶段开奖的彩票就是简单事件，而两阶段开奖的彩票（只有在两次开奖中都中奖，才能够获得最后的大奖）就是复合事件。如果复合事件的形式是 A 和 B（例如两次开奖的彩票两次都中奖），这样的事件被称为"合取事件"；而如果复合事件的形式是 A 或 B（例如两次开奖的彩票得中任意一次即可），这样的事件被称为"分离事件"。当需要估计复合事件的概率时，人们遇到的困难通常更加复杂。

首先，人们通常会高估合取事件的概率。科恩、切斯尼克和哈伦（Cohen，Chesnick，& Haran，1971）的研究证明了这一趋势，研究要求被试估计若干多阶段彩票的中奖概率。当彩票包含两个阶段，每一个阶段中奖的概率只有 50% 时，人们判断最后中奖的概率是 45%——几乎是正确答案的两倍（你可以将彩票想象成抛两次没有偏差的硬币，很显然，任何特定的结果如连续两次出现正面的概率只有 25%）。同样，当每阶段中奖的概率只有 1/5 的时候，一个两阶段彩票的中奖概率就只有 1/25，而被试高估既定结果的概率为 30%。

这些高估的量都相当大，但是与科恩、切斯尼克和哈伦的实验结果相比，这些高估相形见绌。他们的研究结果发现，当彩票涉及若干阶段和若干选项时，人们的估计更加不准确。例如，当要求人们判断一个 8 选项、8 阶段彩票中奖的概率时，人们认为最终中奖的概率是 1/20。这比实际的中奖概率高出了百万倍！

当要求人们估计一个复杂系统正常运作的概率时，高估合取事件概率的倾向就显得尤为重要。例如，假设你能够建立一个导弹防御系统，该系统取决于 500 个独立部件或子系统的成功运转（根据现在的科技，实际的导弹防御系统需要数千个独立部件），假设每个部件或子系统第一次使用时的可靠性是 99%，那么整个系统在第一次试射成功的概率有多大？

结果会令很多人感到惊讶，整个系统正常运转的可能性小于 1%。

为什么这一数字如此之低？在第 13 章我们将详细探讨，决策者对复合事件概率的估计往往"锚定"或者固着在其简单事件的概率上（在这个例子中，每一个简单事件的概率为 99%）。一旦决策者将这种概率固着在头脑中，他们就不能充分地对大量的简单事件做出调整，只有这些简单事件全部发生才能保证合取事件出现。因此，当复合事件是由大量的简单事件构成时，合取事件的概率大多数情况下都会被高估。并且，同样的原理也适用于分离事件的低估。当分离事件由许多低概率的独立事件组成时，人们往往会低估这些事件中至少有一件事发生的概率。例如，在连续几年采用避孕措施的情况下，人们通常会低估至少出现一次怀孕的概率（Shaklee & Fischhoff，1990）。

巴—希勒尔的研究（Bar-Hillel，1973）证明了决策者倾向于高估合取事件的概率，而低估分离事件的概率（见图 12.2）。巴—希勒尔要求被试在两个选项之间进行选择，其一是简单赌注（例如，从装有 2 个彩色弹珠和 18 个白色弹珠的罐子里随机摸一个彩色弹珠）；其二是复合赌注（例如，从装有 10 个彩色弹珠和 10 个白色弹珠的罐子里连续摸 4 个彩色弹珠，每一次摸完之后都将弹珠放回原处）。被试将面对四五对这样的赌注（通常都是由一个简单赌注和

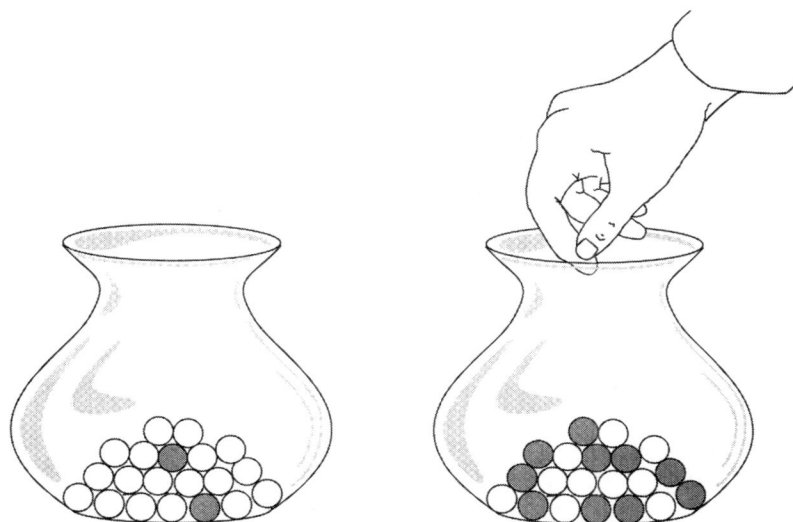

图 12.2 巴-希勒尔的研究

巴 - 希勒尔发现，当复合事件是合取的，人们更喜欢复合赌注而不是概率相同的简单赌注。例如，人们在摸彩色弹子时更愿意从右边罐子中连续摸四次，而不是从左边罐子中摸一次。与之相反，当复合事件是分离的，人们就更喜欢简单赌注而不是概率相同的复合赌注。

一个复合赌注构成的），并被告知他们偏好的赌注之一会被随机选中，在实验结束之后接着玩可以得到一定的报酬（以激励被试尽最大的努力做好）。

巴一希勒尔发现，尽管给定赌注的期望值大致相同，但是当事件是合取的，人们更喜欢复合赌注；而当事件是分离的，人们更喜欢简单赌注（见图 12.2）。例如，当呈现上述两对赌注时，15 个被试中有 12 个选择合取的 4 个弹珠的赌注（其赢得的概率是 0.06），而不是简单的一个弹珠的赌注（其赢得的概率是 0.10）。与此同时，当复合赌注是分离的（即任何一次摸到彩色弹珠即获胜），在 20 个被试中有 14 个选择简单的一个弹珠的赌注（获胜概率为 0.70），而不是复合的六个弹珠的赌注（在这种情况下，摸到一个彩色弹珠的概率为 0.20，而在 6 次尝试中至少摸到一个彩色弹珠的总概率为 0.74）。这样的结果表明，人们会系统性地高估合取事件的可能性，而低估分离事件的可能性（Barclay & Beach，1972；Wyer，1976）。

保守主义

更加糟糕的是，一旦人们形成了对某一事件的概率判断，即使有了进一步的新信息，他们要改变原来的估计也往往非常慢。这种不愿修正先前概率估计的惰性被称为"保守主义"（Phillips & Edwards，1966）。保守主义是这样一种倾向，即使新的资料凿凿可据，人们仍然迟迟不改变先前的概率估计。更常见的情况是，改变迟缓是相对于规范性法则（如贝叶斯定理）所规定的改变量的（Hogarth，1975）。

例如，请思考"读者调查"第 25 题，这是模仿爱德华兹（Edwards，1968）提出的一个问题：

> 假设有两个装满了数百万张扑克牌的罐子。第一个罐子里 70% 的扑克牌是红色的，30% 的扑克牌是蓝色的。而第二个罐子里 70% 的扑克牌是蓝色的，30% 的扑克牌是红色的。假设随机选择其中一个罐子，从中拿出 12 张扑克牌：其中有 8 张是红色扑克牌，4 张是蓝色扑克牌。你认为从多数红色牌的第一个罐子里拿出这 12 张牌的概率有多大？（请以百分数的形式给出你的答案）

如果你的答案和大多数人一样，你会猜测概率在 70% ～ 80%。从本质上讲，你将原先的随机概率 50%（两个罐子是随机选择的）调整到了 70% ～ 80%，根据是抽出的红色牌多于蓝色牌。但是根据贝叶斯定理，正确的答案应该非常大，达到 97%（详情见 Edwards，1968）。与资料提供的可靠根据相比，大多数人对概率估计的修正还是偏于保守。事实上，爱德华兹认为：从资料的便捷近似值来看，要想只用一次观察就引起被试改变看法并不现实，通常要花 2 ～ 5 次观察才能做到。*

---

* 应该注意的是，虽然某些情况下人们是"反保守主义的"（也就是说，他们根据不充分的证据就仓促得出结论）。未来针对保守主义和反保守主义最可能发生的条件进行研究可能会有很多新发现。

风险认识

美国每 6 宗死亡案例就有 1 例是由于吸烟引起的（Hilts，1990）。平均而言，一个男性重度烟民的寿命将减少 8.6 年，而一个女性重度烟民的寿命将减少 4.6 年（Cohen & Lee，1979）。据估计，平均每天抽 1.4 根烟增加的死亡概率等同于 150 年居住在一个核电站 32 公里的范围内（Wilson，1979）。

这些统计数据表明，一些风险程度完全相同的事件却可以通过不同的方式表达出来。对风险的认识是非常主观的，人们对预防措施重视的程度部分取决于具体风险呈现的方式以及风险的种类（Stone & Yates，1991）。例如，昌西·斯塔尔认为，人们有时愿意接受极大的"自愿"的风险（例如，来自吸烟或者滑冰的风险），而不愿意接受"非自愿"的风险（例如，来自核电站的风险）。正如斯塔尔（Starr，1969）所指出的那样："我们讨厌别人对我们指手画脚，自己做起来却自得其乐。"尽管这种说法并不会总发生（Fischhoff，Lichtenstein，Slovic，Derby，& Keeney，1981），但是在很多情况下的确如此。

风险认识是一个极其重要的课题。随着世界面临一些艰难的抉择，如全球环境、国际安全以及传染病的肆虐，等等，这一课题只会变得更为关键。但是当人们谈论风险时，其具体含义是什么呢？风险是否基本上等同于既定行为预计的死亡人数？哪些特征使得某一事件显得更具风险？

还好，风险认识通常都较为复杂。对于大多数人而言，风险远不止特定行动所致的预计死亡人数。

斯洛维奇及其同事揭示了与公众风险认识有关的三个基本方面。第一个被称为"恐怖风险"，其特点是"认识到缺乏控制、恐惧、可能的灾难、致命后果以及利益与风险不匹配"（Slovic，1987）。该方面与一般公众的风险认识最为符合，这类风险最极端的例子与核武器及核能有关。第二个被称为"未知风险"，涉及那些"判断为无法观测的、未知的、新出现的以及伤害显现延后"等方面的风险。基因和化学技术所造成的风险就是这类风险的极端例子。最后一个重要方面涉及暴露在特定风险的人数。尽管明显还有许多其他因素影响人们对风险的认识，例如概率估计的保守主义、威胁的生动性或者可得性以及灾难的时近性，但是，许多研究都重复验证了斯洛维奇及其同事所强调的这三个基本面的存在。

研究人员发现的最有意思的研究结果之一就是，普通人对风险的认识与专家差别很大（Slovic，Fischhoff，& Lichtenstein，1979）。一方面，普通人的确能适度地估计各种风险每年致死的人数，但他们对风险的整体认识更多地与诸如"灾难的可能性"以及"对后代的威胁"等因素相关联，而不是每年的死亡人数。另一方面，专家能够非常准确地估计每年的死亡人数，他们对风险的认识与对死亡人数的估计高度相关。*

举个例子，普通公众都会将核能视为一种非常恐怖的风险（主要是基于其发生灾难的可能性及其对后代的影响），而专家倾向于认为核能的风险相对较小（主要是依据其每年致死的人数）。事实上，斯洛维奇及其同事（Slovic et al.，1979）让大学生评估 30 种不同的活动和技术的风险，学生们都将核能视为唯一最大的风险。当呈现给美国一群备受尊重的风险评估专家同样的活动和技术列表时，他们却将核能的风险排在第 20 位——甚至排在了骑自行车的后面。

事故可以使我们更安全吗

1980 年 6 月 3 日，美国战略空军司令部（SAC）的官员正在进行日常的检查，查看是否有遭受苏联导弹袭击的迹象。这项工作长久以来都太平无事，没有迹象表明会发生类似的事件。

突然，有一台计算机发出了警报：苏联已经从陆地和核潜艇上发射了携带核弹头的导弹。在几分钟之内，导弹将到达美国本土。

战略空军司令部立即做出了反应。在美国全境一百多架携带核武器的 B-52

---

* 这是一个开放型的问题，长期来看，何种认知风格（专家或普通人）更有适应意义呢？请举例说明你的看法。

战略轰炸机已经整装待命，随时准备起飞；核潜艇的指挥官也严阵待命；地下导弹发射井的指挥官也已经将发射的钥匙插入发射位置。美国已经为一场核战争做好了准备。

然而，在警报首次出现三分钟以后，大家发现这一警告是一个错误信号。美军迅速解除了警报，并且启动了一系列调查。几天之后又出现了第二次错误的警告，这次国防部终于找到了事故的元凶。结果是，一枚价值 0.46 美元的计算机芯片失灵了，对于来袭的导弹数量，该芯片向电脑间歇性地输入了 2，而不是一串 0。

人们对于这些错误警报的反应很有意思。一般而言，核威慑的反对者报告他们感到更不安全，而支持者（他们指出美国毕竟不会走向战争）则报告他们感到更加安全。例如，美国的众议员弗兰克·霍顿警告说，这样的错误信号"对国家安全是一种重大的威胁，可能会激起苏联的过度反应，导致核冲突"；而北美空间防御指挥部的长官詹姆斯·哈廷格将军在发生错误警报事件之后认为："我现在对于我们的防御系统更有信心了，因为事实证明我们能应对这样的错误"（U.S.Congress，1981）。

对已有观点类似的强化发生在三里岛核堆芯熔化之后（Mitchell，1982；Rubin，1981；Slovic，Fischhoff，& Lichtenstein，1982a；Weinberg，1981）。马祖尔（Mazur，1981）调查了 42 位科学家（在三里岛事故之前，这些科学家都对核能发展公开表示过支持或反对），得出结论："没有一位杰出的科学家因三里岛事件而改变他们对核能的看法……大多数科学家对这次事故的解释与他们先前对于核能的看法一致。核能的反对者倾向于认为这次事故是一场大灾难，表明私营企业和政府管理人员并没有能力以安全的方式来管理反应堆。而核能的支持者则强调事故中并没有一人死亡，辐射的扩散量也相对较小，因此安全防御措施还是能够起作用的。"双方都在寻找与自己偏见一致的证据，核能的反对者因发生了这样的核泄露事件感到不安，并倾向于认为核泄漏证明这样的灾难将来还有可能发生；而核能的支持者则倾向于认为这样的安全措施可以起到作用，并相信将来可以避免这样的灾难。

当然，尽管对美国战略空军司令部和三里岛事故的这些反应似乎体现了人们决策的偏差，但是人们的反应也可能是媒体选择性曝光或者加诸于公众人物角色要求的结果。为了控制这些因素，本书作者进行了三项研究，其中持有不同政治观点的受访者阅读了相同的非灾难性技术事故的描述。例如，在一个实验中，24 名预备役军官训练营的学员（核能的支持者）与 21 位和平主义者（核能的反对者）阅读了下面相同的 4 次与核武器有关的严重事故的描述。这些事故都是真实的，尽管都在第一时间得到及时处置，但是都不为人熟知，其中包括：

- 在美国的一次导弹模拟检测中，由于一个固定螺丝出现故障，导致真实的导弹发射启动。
- 一枚俄罗斯的导弹发生故障，目标直指阿拉斯加。
- 一份假冒的美国海岸警卫队报告谎称总统被暗杀，副总统宣布发动第三次世界大战。
- 俄罗斯海军发出了错误的警报，声称与美国进入战争状态，要求舰艇的指挥官准备与美国军队进行战斗。

在被试阅读完这些事故的描述之后，要回答一系列的问题，其中有两个关键问题。第一个问题是："当一个人为或者技术故障发生以后，在评估将来因疏忽发生核战争的可能性时，哪一个因素显得更加重要——是预防措施发挥作用，还是第一次发生的事故？"三分之二支持核能的被试认为，最重要的因素是预防措施发挥作用。相形之下，在反对核能的被试中，除了一位被试以外，其他所有人都认为最重要的因素是第一次发生的事故。正如作者所预期的，支持和反对核能的被试各自看重的是同一事件的不同方面。

第二个问题旨在评估这一差异的结果。问题是："一些严重的人为和技术事故发生以后，并没有引起两个超级大国之间的核战争。这样的事故是否使你更确信以后并不会因为疏忽大意而发生核战争，还是更加没有信心，抑或两者都不是？"这里结果也是非常明确的：80% 的被试都认为他们的信心发生了变化，但是改变的方向取决于被试是核能的支持者还是反对者。报告信心改变的核能支持者中有 84% 的被试认为，这样的非灾难性事故给了他们更大的信心，认为核战争在将来是不可能发生的；但是，所有报告信心改变的核能反对者的信心反而变小了（见图 12.3）。

在另外的两个实验中也发现了同样的结果（详见 Plous，1991）。一项技术的支持者倾向于关注安全措施起到了应有的作用这一事实，事故没有带来灾难性的损失令他们安心；而反对者则关注事故已经发生这一确凿的事实，倾向于担心一些重要事项出了差错。另外，对于将来灾难发生的概率，支持者和反对

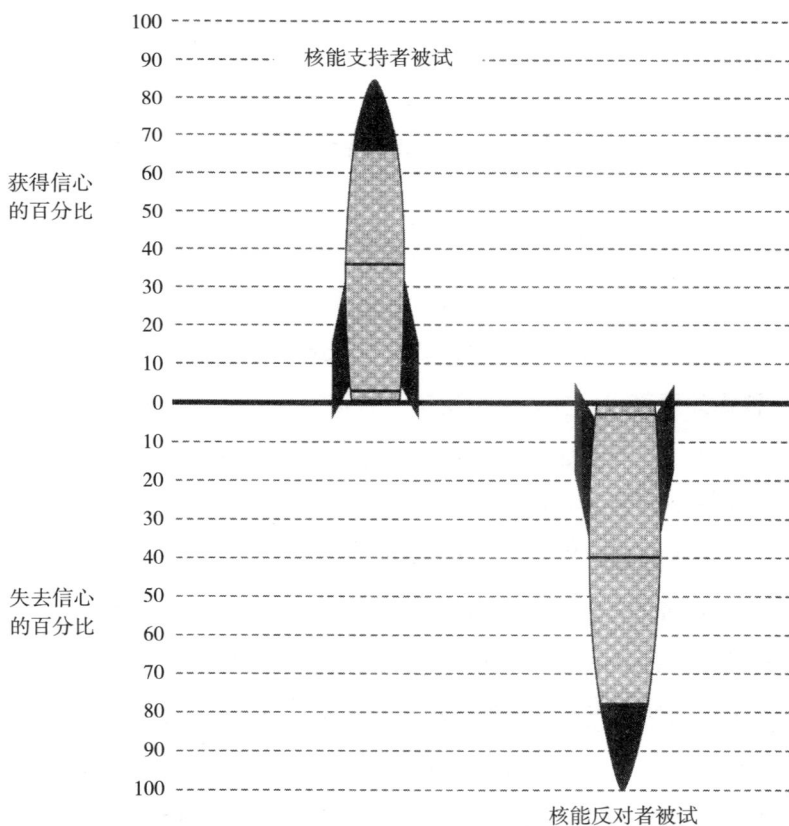

图 12.3　核能支持者与反对者对报告信心改变的比例

以上的百分比基于对下面问题的回答："即使发生几个严重的人为和技术事故，也没有导致超级大国之间核战争的爆发。这样的事故使您对将来不会因为疏忽大意而发生核战争更加有信心？还是更加没有信心？抑或两者都不是？"（Plous，1991.）

者都从事故中吸收了一些东西，却得出了不同的结论。当阅读了一个给定的事故描述之后，支持者认为将来发生类似灾难的可能性减小了，而反对者认为将来发生类似灾难的可能性增大了。

无论事故是人为的还是技术原因造成的，是美国的还是俄罗斯的，是与能源相关的还是与军事相关的，是预先知道的还是未知的，上述研究结果都成立。态度的极化现象同样很明显，无论被试是支持者还是反对者。因此，在很多情境中，风险认识会受到已有观点的强烈影响。

建　议

决策者在估计概率和风险时可以采取若干步骤来减小偏差，包括以下简单的措施：

√ **保持准确的记录**。通过记录特定事件过去发生的频次，就有可能尽量减少首因效应和近因效应、易得性偏差以及其他一些由于信息序列呈现而导致的歪曲（例如，Hintzman，1969；Ward & Jenkins，1965）。

√ **警惕如意算盘**。在许多情况下，合意事件的概率会被高估，不合意事件的概率会被低估（尽管这样的规则显然有例外，例如在某些情况下，恐怖结果的易得性可能会增大人们的概率估计）。预防如意算盘的最好方法是找一个独立的（但知悉情况的）第三方来进行独立评估。

√ **将复合事件分解为简单事件**。如果复合事件由统计上独立的简单事件构成（即这些事件的结果是互不相关的），一个有用的策略就是分别估计每一个简单独立事件的结果概率。如果这样的复合事件是合取的，则将这些概率相乘。例如，连续投掷硬币三次，都是正面朝上的概率（由三个简单事件组成的复合事件）将是 0.50×0.50×0.50（因此最后的概率估计是 0.125）。相反，如果复合事件是分离的，用 1 减去每个简单事件的概率估计，然后将这些数字相乘，最后用 1 减去所得的乘积。例如，连续三次投掷硬币，要估计至少有一次出现正面的概率，先计算连续三次正面朝上的概率（还是 0.125），然后用 1 减（最后估计值为 0.875）。只要复合事件由统计意义上独立的简单事件构成（像抛硬币），就可以使用这样的计算方法；而如果简单事件的结果是相互关联的，那么此方法就不适用了。

结　论

　　正如前面三章的内容所示，概率和风险的估计容易受到一系列偏差的影响。有一些偏差来自于依赖代表性和易得性这类启发式的自然结果，而另一些偏差则是动机因素的结果，还有一些偏差来自于个体事先的期望或问题框定的方式。尽管许多偏差是可以纠正的，但这些偏差的出现凸显了概率判断易出现的谬误。在第 13 章我们将讨论另一种偏差的来源，我们称之为"锚定与调整"，它可以影响概率估计和许多其他类型的判断。

13

锚 定 与 调 整

———— ❖ ————

在你面前有一个幸运转盘，转盘上有一些数字，你转动这个转盘，指针定在了数字 65 上。下面你需要回答这样一个问题：非洲国家的数量在联合国国家总数中所占的百分比大于 65% 还是小于 65%？你并不用仔细考虑这个问题，但你的回答肯定小于 65%。

然后问你，非洲国家的数量在整个联合国所占的准确百分比是多少？经过一番思考之后，你给出的估计是 45%。一位研究人员记录下你的回答，并感谢你的参与。然后你就离开了。

现在假定你是另外一个人，你之前并没有回答有关联合国的问题。你转动转盘以后得到的数字是 10，而不是 65。当转盘停止转动以后，一位研究人员问你：非洲国家的数量在联合国国家总数中所占的百分比大于 10% 还是小于10%？你肯定认为应该大于 10%。

然后问你，非洲国家的数量在联合国所占的准确百分比是多少？

经过一番思考之后，你给出的估计是 25%。

事实上，上述程序正是特韦尔斯基和卡尼曼在 1974 年进行的实验，得到了相同的结果（Taylor & Thompson，1974）。被试被随机分配到实验条件下，转到数字 65 的被试给出的中位数估计是 45%；转到数字 10 的被试给出的中位数估计是 25%。特韦尔斯基和卡尼曼使用了"锚定与调整"（anchoring and adjustment）来解释这一现象——也就是说，个体的判断是以一个初始值或者"锚"为依据的，然后再进行不充分的上下调整。

自从特韦尔斯基和卡尼曼的研究以来，锚定在很多问题的估计中都得到了证实，包括估计 5 岁以下孩子的母亲中职业女性所占的百分比；女化学教授的百分比以及美国全国广播公司（NBC）播放的肥皂剧的比例等（Quattrone，Lawrence，Warren，Souza-Silva，Finkel，& Andrus，1984）。在一些非数字的问题中也发现了锚定现象（Quattrone，1982）。例如，夸特龙及其同事（Quattrone et al.，1984）发现，随机安排的"锚"，即正性和负性的文章，可以影响被试对第二阶段战略武器限制公约的态度。切尔沃内和皮克（Cervone & Peake，1986）发现，任意的"锚"都能影响人们对自己解决各种问题出色程度的估计，这种估计进而影响他们在这些任务中的坚持性。

令人惊讶的是，锚定效应并不会因为使用金钱刺激准确率（Tversky & Kahneman，1974；Wright & Anderson，1989）或者给予更加极端的锚而消失（Quattrone et al.，1984）。在一个实验中，夸特龙及其同事（Quattrone et al.，1984）让被试事先做一些判断，之后进行精确的数量估计，事先的判断包括询问甲壳虫乐队占据流行音乐榜前十位的专辑销量超过或低于 100 025 套；大学各学科教科书的平均价格超过或低于 7 128.53 美元；旧金山的平均温度超过或低于 558 度。夸特龙的研究团队发现，非常荒谬的高锚定数值与貌似更合理的锚定数值具有一样好的作用。根据这样的研究结果，他们得出结论，锚定效应是一种很顽固的现象，效应的大小随着锚和"锚前估计"（在呈现一个明确的锚之前，人们的平均判断）之间的差异而增加，直到两者达到相近的水平。如果这是真实的，这些研究结果启示：谈判专家、广告人、政治家以及那些专门从事说服工作的专业人士一开始就采取较为极端的立场一般都能大功告成。

思考一些无法想象的事例

遗憾的是，大多数锚定研究一般侧重于我们很不熟悉或较少关心的话题：例如，非洲国家在联合国所占的比例、美国全国广播公司播出肥皂剧的比例以及女化学教授的比例，等等。相对而言，很少有研究侧重于人们关心的热门话题，或者已经思考过的问题，或者已经相当熟悉的领域，探究这些情况下能否锚定估计值。这类问题的一个最为极端的例子也许就是人们对核战争可能性的估计。与锚定研究文献的其他主题相比，核战争的可能性是很多人已经认真思考并且非常关注的主题。那么问题来了，提供或高或低的锚值这类简单的人为操纵，能否影响人们对于核战争可能性的看法。为了回答这个问题，从 1985 年 1 月到 1987 年 5 月，本书作者进行了一系列的锚定调查研究，一共采访了 2000 多名调查对象。

在低锚定条件下，要求调查对象回答美国与苏联之间爆发核战争的可能性大于或小于 1%；而在高锚定条件下，要求调查对象回答两国之间爆发核战争的可能性大于或小于 90%（在一次调查中这比例甚为 99%）。一旦被调查者回答完这个问题以后，要求他们做出最好的估计，以百分比的形式来表示核战争爆发的精确可能性。在第三种无锚定条件下，并没有给调查对象呈现第一个问题，而只是要求他们对核战争的可能性做出最好的估计。

在调查的所有变式中，锚定对核战争可能性的估计产生了强烈的影响。起初被问及核战争的概率大于或小于 1% 的调查对象随后给出的估计值要低于那些没有得到明确锚定的人；而起初被问及核战争的概率大于或小于 90%（或 99%）的调查对象随后给出的估计值要高于那些没有得到锚定的人。这些差异并不受陈述方式——即核战争爆发或者核战争不爆发（即框架）的显著影响，同样，被调查者对核问题的熟悉程度或对核战争的关心程度似乎也不会影响上述差异。

这些结果至少有两个启示。第一，问题中的一些任意的数字参考值可能会产生意想不到的效果。例如，美国 1984 年进行的一次民意调查问受访者：

"你是否支持美国建立一套防御体系来抵御核导弹和轰炸机的攻击，假定这套体系能够击落 90% 苏联进攻的核导弹和轰炸机？"（引自 Graham & Kramer，1986）。由于提及了 90% 这样一个数值（与大多数标准对照，这是一个很高的配比），这样一个问题可能在不经意间锚定了随后对战略防御体系有效性的估计。第二，当支持者举出最好或者最坏的例子来表明他们的立场时，他们可能无意中将人们的看法锚定在相反的立场上。例如，1986 年《纽约时报》的一位专栏作家认为："即使一个战略防御体系能够抵御 99% 的苏联核武器，也还是有可能被判断为不够好，因为逃脱防御体系的核武器仍具备毁灭性的攻击力"（Gliksman，1986）。与他的目的恰恰相反，这位专栏作家给读者提供了一个锚值，就是战略防御体系的有效性可以达到 99%。

房地产有多真实

锚定效应绝不局限于诸如核战争可能性或战略防御系统有效性此类虚无缥缈的估计。例如，前一年的预算拨款可能锚定下一年的拨款，谈判的起始立场可能锚定了后来谈判的立场。同样有证据表明，告诉陪审团量刑从最严到最宽的顺序考虑——这也是谋杀审判中的标准程序——会导致比告诉他们量刑从最宽到最严考虑得到更严厉的判决（Greenberg，Williams，& O.Brein，1986）。

诺思克拉夫特和尼尔（Northcraft & Neale，1987）的研究显示，锚定甚至能影响房地产的价格。在这项研究中，几十位房地产代理商有机会参观位于亚利桑那州图森市的两栋房子中的一栋——其中一栋的估价是 74 900 美元，而另一栋的估价是 135 000 美元。在他们参观的过程中，这些代理商可以得到一份 10 页纸的资料，其中包括通常能够决定一栋房子价值的所有信息（除了官方的估定价值）：标准房屋出售信息表、周边区域正在出售的房屋出售信息表以及周边刚刚售出的房产信息，等等。所有代理商得到的房产信息都是相同的，只有一处例外：部分代理商看到的资料所列价格比真实估定价值低 11% ~ 12%，部分代理商看到的资料所列价格比真实估定价值低 4%，部分代理商看到的资

表 13.1   房地产价格的锚定效应

资料所列价格	房地产代理商给出的平均估价（美元）			
	估定价值	建议售价	合理买价	最低报价
119 900	114 204	117 745	111 454	111 136
129 900	126 772	127 836	123 209	122 254
139 900	125 041	128 530	124 653	121 884
149 900	128 754	130 981	127 318	123 818

注：该表格改编自Northcraft & Neale，1987。

料所列价格比真实估定价值高4%，还有部分代理商看到的资料所列价格比真实估定价值高11% ～ 12%。诺思克拉夫特和尼尔想考察的是：资料所列的价格的明显差异是否会导致随后对该房产评估的差异。

这些代理商有 20 分钟的时间参观整个房产，然后给出他们最好的估计：（1）该房产的估定价值，（2）适当的广告售价，（3）购买该处房产的合理买价以及（4）销售商可接受的最低报价。表 13.1 总结了代理商对估定为 135 000 美元房产的这四种估价（价值 74 900 美元的房产得到了类似的结果）。正如你在表格中看到的，代理商一致认为资料所列的价格过高（无论所列价格是多少），他们所有的四种估价也显著证明了锚定效应的存在。但有趣的是，当被问及影响他们做决策的三个主要因素时，10 名代理商中只有 1 人提到了资料所列的价格。

这些结果很重要，主要原因有以下几点：第一，它们证明在现实生活情境中锚定的威力。通过改变 10 页资料中的一条信息，诺思克拉夫特和尼尔就能改变房地产的评估差价达 10 000 美元以上。第二，这样的结果表明，专家也不能避免受锚定效应的影响。大多数代理商都有多年销售房地产的经验，但是，多年的经验并不能让他们的决策免受锚定效应的影响。最后，只有很少的代理商承认资料所列价格是影响他们决策的重要因素。尽管有一些代理商可能不愿意承认自己的估价依赖于他人提供的价格信息，但许多代理商可能只是没有意识到自己的估价受到了资料所列价格的锚定。

锚定效应的其他例子

前面的"读者调查"有一些锚定例子。如题 9a 就请你估计一张纸折叠 100 次以后的厚度。只有很少的人估计厚度大于几尺或者几米，但是正确的答案远远大于此。假定一张纸 0.1 毫米厚，折叠 100 次以后的厚度大约是 1.27×10^{23} 公里——是地球到太阳之间距离的 800 000 000 000 000 多倍！这样的答案通常会使很多人感到惊讶，因为他们的想象都来自刚开始的几次折叠（一个非常低的锚值），并不能很充分地估计后面折叠的平方效应。正确的答案是这样得来的，折叠 100 次后纸张的层数一共是 2^{100}，而纸的厚度是 0.1 毫米，则总厚度为 1.27×10^{29} 毫米，相当于 1.27×10^{23} 公里。

锚定的另一个例子来自"读者调查"第 14 题，问题是：如果将全世界人的血液都集中到一个立方体中，这个立方体的宽度将是多大？大多数人在回答这个问题的时候，首先想象到的是全世界的人口数量。这一最初的想象提供了一个非常大的锚。因此当他们把这一想象按比例缩小到立方体容器的大小时，并不能充分地从高锚定值上调整下来。根据保罗斯（Paulos，1988）的估计，这个题的正确答案仅仅是 267 米。保罗斯当时假定的全球人口数量是 50 亿，平均每个人血液的容量约为 3.8 升。因为一立方米可以容纳 1000 升，因此容纳全球所有人血液的容器需要 19 000 000 立方米。结果，立方体的宽度约为 267 米（$267^3 \approx 1900$ 万）。

特韦尔斯基和卡尼曼（Tversky & Kahneman，1974）进行的一个实验同样说明了锚定效应。实验的内容正如"读者调查"第 18 题所给出的乘法问题。当特韦尔斯基和卡尼曼要求一组学生估计 $8 \times 7 \times 6 \times 5 \times 4 \times 3 \times 2 \times 1$ 这道题的答案时，得到的中位数估计值是 2 250；而当他们要求另外一组学生估计 $1 \times 2 \times 3 \times 4 \times 5 \times 6 \times 7 \times 8$ 的答案时，中位数估计值只有 512。显然，计算降序数列的学生锚定的答案是 8、7、6、5 的乘积，而计算升序数列的学生锚定的是 1、2、3、4 的乘积。但是事实上，两组学生锚定的值都太低了。正确答案应该是 40 320。

最后，"读者调查"第 10 题是这样一个问题：

> 如果算上 2 月 29 日，一年中有 366 个可能的生日。因此在一个小组中，至少需要 367 个人才能确保至少两个人的生日是同一天。如果要确保有 50% 的可能性两个人的生日是同一天，至少需要多少人？

大多数人给出的答案是 183 人左右（一年中一半的天数）。而正确的答案是只需要 23 人。也就是说，任何随机的 23 人组成的团队，其中至少两人同一天生日的可能性超过 50%。

我们考察一下这个答案的来由。首先我们考虑任何随机选择的两个人不是同一天生日的概率（例如，如果甲的生日碰巧是 3 月 11 日，考虑乙的生日不是 3 月 11 日的概率）。这样的概率是 365/366，或者 99.73%（为了简化，我们假定人的生日出现在一年中任何一天的概率是相等的）。

现在考虑 3 个人不是同一天生日的概率。这样的概率等于其中的两个人不是同一天生日的概率（如上文所述，365/366）乘以第三个人的生日与前两人不是同一天生日的概率（364/366）。换言之，3 个人不是同一天生日的概率为（365/366）×（364/366），或者 99.18%。

依据相同的逻辑，任何 4 个人不是同一天生日的概率是（365/366）×（364/366）×（363/366），或者是 98.37%。同样，23 个人不是同一天生日的概率为：

$$\frac{365 \times 364 \times 363 \times \cdots \times 344}{(366)^{22}}$$ 或者 49%

因此，如果任何 23 个人不是同一天生日的概率为 49%，那么这个小组中至少有两个人同一天生日的概率超过 50%。

虽然这个问题困难的原因除了锚定还有其他因素，但毫无疑问许多人对于这个问题的第一反应是采取很高的锚值（例如 183），然后他们发现在他们思考这个问题时很难将这一锚值下调。这样一种模式与巴一希勒尔（Bar-Hillel，

1973）在本书第 12 章论述的研究结果一致。人们一般会低估一个分离事件的概率——例如，23 个人之中至少有两个人生日相同的概率。

在下面这个问题中，锚定效应同样明显：

> 要有 50% 的把握确定团队中至少一名成员的生日为特定的某一天，如 7 月 4 日，团队至少需要多少人？

在你继续阅读之前，请你猜一下这个问题的答案。

解决这个问题的方法与上一个问题是类似的。任何一个人的生日不是 7 月 4 日的概率为 365/366，同样，由于不同的生日相互之间是独立的，任何两个人的生日不在 7 月 4 日的概率为（365/366）×（365/366），或者（365/366）^{2}。因此，总的来看，任何 N 个人的生日不在 7 月 4 日的概率为（365/366）^{n}。通过这个公式的计算，当 N 等于 254 时，概率恰好小于 50%。也就是说，在一个 254 人的团队中，至少有一个人的生日在 7 月 4 日的概率大于 50%。与前一个生日的问题类似，许多人起初认为这样的团队约需要 183 人，然后他们发现，很难再调整估计值偏离这一较早的锚值。

在讨论了这些问题之后，保罗斯（Paulos，1988）得出以下结论："这些结果的启示是……一些看起来不可能发生的事情是可能发生的，但是一个具体事件发生的可能性则要小得多……一个矛盾的结论是，要让一些不太可能的事情不发生，将是非常不太可能的。"只要 23 个人就有 50% 的把握使其中两个人的生日在不确定的同一天；但是，如果需要有 50% 的把握使至少一个人的生日在特定的某一天，需要的人数则是前一情况的 10 倍以上。巧合是普遍存在的，但是特定的巧合则不然。第 14 章我们将详细考察几个著名的巧合事件。

结　论

锚定效应无处不在，也极其顽固。十多项研究都指向了同一个方向：人们对锚值的调整并不充分，无论判断涉及核战争的可能性，还是房子的价格，抑或其他主题的任何数值。

人们很难抵御锚定效应的影响，部分是因为追求准确性的激励很少能产生作用；部分是因为锚值本身通常不会引起人们的注意。为避免锚定效应，首先需要注意任何看似异常高或低的建议值。这些锚值很可能导致决策偏差。

在理想世界中，决策者可能会低估或者无视这些锚值，但是在实际操作中很难做到（Quattrone et al.，1984）。因此，最有效的方法是针对原有的极端锚值，确定一个反方向等量的替代锚值。例如，在评估一栋房子的价值之前，如果发现其价格过高，决策者可以想象如果售价出奇地低，房子的价值会怎样变化。这类技术类似于我们在第 6 章中所推崇的建立多框架的方法。

在这里，有一点需要重复强调。由于极端的锚值会产生最大的锚定效应，而锚定效应通常又不易察觉，因此我们务必要认识到，对最好或者最差案例情景的讨论可能会引起无意触发的锚定效应。例如，在考虑了理想状态下商业投资的盈利率以后，就很难再从现实情况出发进行规划。同样，在估计了敌人可能的最大武器储备以后，就很难再做出正确的武器储备评估。再一次强调，在做出最后的估计之前，考虑多个锚值是非常有必要的。

14

对 随 机 性 的 知 觉

———————— ❖ ————————

韦弗（Weaver，1982）在其论述概率论和运气知觉一书中，详细描述了他的邻居乔治·布赖森先生的一次非同寻常的商务旅行。根据韦弗的描述，布赖森先生坐火车从圣路易斯前往纽约。他登上火车后，问列车员他是否值得在肯塔基的路易斯维尔逗留几日，这是一个他从未去过的城市。得到了肯定回答后，布莱森在路易斯维尔下了车。在火车站，他询问了当地的住宿情况，决定住在布朗酒店。他在前台登了记，房间安排在 307。布赖森一时兴起，问服务员是否有他的信件。服务员将信封上写着"乔治·布赖森先生，307 房间"的信件递给了他。结果发现，这间房间的上一位住客竟然也叫乔治·布赖森！

像这样的巧合发生的可能性有多大呢？许多人的自然反应就是概率一定小于百万分之一。毕竟，并不是每一天在某座城市的某家旅馆的某个房间会连续入住两位都叫"乔治·布赖森"的客人。

但是这样来思考巧合事件会误导人。问题并不是这一特定事件是否有可能发生，而是在某段时间内，某座城市的某家酒店的某个房间连续入住的两位客人是否有可能同名同姓。正如我们在第13章所讨论的生日问题。非特定事件巧合的概率远大于特定事件巧合的概率。

事实上，像重名这类巧合事件比很多人认为的更为普遍（见图14.1）。下面又是两个其他的例子：

1990年10月5日，据《旧金山观察家报》（*San Francisco Examiner*）报道：英特尔公司作为全球领先的计算机微处理器制造商，正在起诉另一家芯片制造商侵犯了英特尔386微处理器的商标（Sullivan，1990）。英特尔获悉，对方公司正在计划生产一种叫作"Am386"的芯片，而且英特尔公司发现侵权的过程特别值得注意。事情是这样的，两个公司都雇用了一位名叫迈克·韦伯的员工，这两位员工碰巧同时入住了加利福尼亚州桑尼维尔市的一家酒店。然后，当两个人都离开酒店后，酒店收到了一份给其中一位迈克·韦伯的包裹。这个包裹——里面保存着有关Am386芯片资料的文件——被错误地送给了英特尔公司的迈克·韦伯，他将包裹转交给了英特尔的律师。

第二个巧合事件发生在1990年的夏天，当时弗兰克·威廉·布马和他的妻子特露迪将他们结婚50周年纪念的相片寄往密歇根当地一家报社。大约在相同的时间，这家报社还收到了另一位弗兰克·威廉·布马和他的妻子内拉结婚55周年纪念的相片。令人感到惊讶的是，两对夫妇的结婚纪念日都在7月9日。考虑到这样的巧合本身就是一个有趣的故事，该报专门写了一篇文章详细描述了两位弗兰克·布马其他方面的相同之处，例如他们都有一个叫作马西娅的女儿（Malone，1990）。之后这个故事又被美联社报道，最后又刊登在《国家调查》（*National Enquirer*）杂志上（Carden，1990）。

不可能事件

你能想象一个非常不可能发生的巧合事件吗，以至于你一开始就怀疑这不是一个单纯的随机事件？请思考布洛杰特（Blodgett，1983）讲述的一个故事：

Mixup in Cars Proves Startling Coincidence

MILWAUKEE, April 2 (AP) — The police estimated the odds as "a million to one."

Two men with the same surname, each owning a car of the same model and make and each having an identical key, wound up at a Sheboygan shopping center at the same time on April Fool's Day.

Richard Baker had taken his wife in their 1978 maroon Concord model of an American Motors Corporation automobile to shop at the Northgate Shopping Center in Sheboygan.

He came out before she did, put his groceries in the trunk and drove around the lot to pick her up.

The two were coming back from another errand when, "My wife said, 'Whose sunglasses are these,' " Mr. Baker said.

"I noticed I had a heck of a time getting the seat up and it was way back when I got in," he said. "My wife said: 'Something's wrong. Look at all this stuff in here. This isn't our car.' "

A check of the license plates confirmed it: The Bakers had the wrong car.

Meanwhile, Thomas J. Baker, no relation to Richard Baker, had reported his car stolen.

Thomas Baker and the police were waiting for Richard Baker and his wife when they drove back into the shopping center parking lot.

The police tried the keys on the cars and both keys operated and unlocked both cars.

Sgt. William Peloquin said estimated the odds of such an incident as "a million to one."

搞混了汽车见证了惊人的巧合

美国密尔沃基，4月2日（美联社）

警方估计这样的巧合可能性只有"百万分之一"。

两个人姓氏相同，还都有同一品牌和款式的轿车，连车钥匙都一模一样，且都于愚人节那天同一时间在希博伊根购物中心受了伤。

理查德·贝克开着美国汽车公司1978年款的褐红色康科德型号的汽车，带着妻子前往希博伊根购物中心采购。

妻子还在购物，贝克拿着商品先出来了，他把货物放进了后备箱，开着车离开停车场准备接妻子。

夫妻二人准备打道回府，贝克的妻子突然说："这是谁的太阳镜？"

贝克说："我发现自己费了好一会儿时间才把座位升起来，妻子则说，一定搞错了，看看车里的这些东西，这不是我们的轿车。"

检查驾照才发现，贝克夫妇开错了车。

与此同时，托马斯·贝克报警说他的轿车被偷了。当然了，他与理查德·贝克没有任何关系。

托马斯·贝克和警察在等理查德·贝克及其妻子开车回到购物中心的停车场。

警察在轿车上试了试车钥匙，结果发现两把钥匙竟然都能发动两辆轿车。

警方认为，这类事件巧合的可能性估计只有"百万分之一"。

图 14.1 百万分之一吗？（Associated Press）

　　1914 年，一位德国母亲为她的男婴照了相，并将底片留在斯特拉斯堡的一家照相馆进行冲洗。在当时，胶卷的底片是单独售卖的。这时第一次世界大战爆发了，她没有办法回到斯特拉斯堡取回自己的相片。两年以后，这位妇女在约 320 公里外的法兰克福购买了一卷胶卷的底片，目的是为了给刚出生的女儿照相。照片冲洗出来后，她发现这些底片被两次曝光，她女儿的相片是在她儿子原来的底片之上又一次曝光。如此阴差阳错，她先前给儿子照相的胶卷底片显然并没有被冲洗，而被误认为是没有用过的胶卷，且最终又回到了这位妇女的手中。

这一巧合事件非常有名，因为它就是致使瑞士心理学家卡尔·荣格提出"共时性"理论的故事之一。根据荣格的理论，巧合发生的可能性远大于人们基于概率的预期，而事实上有一种未知的力量在对宇宙的秩序进行着调控。

从很多方面来看，荣格的理论更像宗教对巧合事件的解释，似乎这一切都是上帝的安排。一个流行甚广的例子登载在 1950 年的《生活》（*Life*）杂志上（Edeal，1950）。时年 3 月 1 日，在内布拉斯加州的比阿特丽斯，15 位当地教堂唱诗班成员约定晚上 7 点 15 分到教堂排练，但是由于各种各样的原因，所有 15 位成员都迟到了。主持一家迟到的原因是他的妻子在临出发的最后一刻熨坏了女儿的礼服；一些成员迟到是因为他们没有办法发动自己的汽车；而钢琴伴奏原本打算提前半个小时到达教堂，但是他吃过晚饭以后就睡着了，等等。总之，至少有 10 种相当普通而又看似毫不相干的理由造成了这次集体迟到。

但是最后的事实证明，对于每一位迟到的人而言，他们都是非常幸运的。正如《生活》杂志报道的："在 7 点 25 分，哭喊声充斥了比阿特丽斯的每一个角落，这座教堂发生了爆炸。教堂的墙体向外倒塌，沉重的木屋顶被炸得四分五裂……消防队员说爆炸是由于天然气泄漏引起的。这些唱诗班的成员开始庆幸，正如其中的一位说道：'这是上帝的安排。'"

当然，这样一种"巧合"完全有可能真是上帝的安排，荣格的共时性理论也完全有可能是正确的。但是这样的解释并没有实证依据加以支持或者反驳。即使最不可能的事件发生也不能将无神论者转化为信徒，因为无神论者总

是可以把不可能事件的发生解释为无数巧合机会出现的结果（例如，Alvarez，
1965）。同样，大多数信徒可能不会为无神论者的解释所动，因为他们的信念
并不是仅仅建立在概率之上的。

那么，我们可以使用什么样的方法来进行实证研究呢？回答下面两个相关
的问题就是一个办法：（1）人们是否倾向于在刺激的随机排列中发现有意义的
模式；（2）人们能否随机地行动？

对于第一个问题，我们在第 10 章已经部分涉及了，当时我们着重讨论了篮
球的连续投篮命中率的错觉。下面我们将回顾关于随机性知觉的研究。

运气和迷信

估计有 40% 的美国人都相信某些数字对于某些人特别幸运（"Harper's
Index"，1986）。这种想法是否正确呢？

正如胡克（Hooke，1983）在《统计是如何教人撒谎的》一书中所述：

> 一个自称非常"幸运"的人总是感觉非常好，因为至少直到现在他还
> 是比较幸运的。如果所谓的幸运能够延伸到将来，使得他比我们大多数人
> 有更大的机会赢得彩票，人们就会将这样的幸运归结为迷信。而且，这种
> 运气同样得到了那些自称不相信运气之人的称道。

关于迷信产生的最早的实验之一是由黑克和海曼（Hake & Hyman，1953）
完成的。在 240 次试次中，黑克和海曼每一次都给被试呈现两种刺激中的一
种——一排水平发光的氖灯泡或一列垂直发光的氖灯泡。在每一次试次之前，
要求被试预测刺激是水平的还是垂直的。黑克和海曼呈现给被试的是四种不同
的刺激顺序中的一种，但是最有趣的序列是随机的——一半的试次是水平的，
另一半的试次是垂直的，且没有可以察觉到的模式（这里面存在一定的问题，
即试次的序列是否是完全随机的，因此在这里使用"随机"一词只是表示试次
的序列并不存在可以分辨的模式）。

黑克和海曼发现，大约有一半的时间，看一个随机序列的被试预测下一次

的刺激是水平的，不管前一试次他们是否预测了水平刺激。从这方面讲，他们的猜测类似于他们所观察到的随机序列。

然而，被试的选择并不是完全随机的，他们强烈地受到前一次预测正确与否的影响。如果前一次预测他们猜对了水平刺激，那么会有 64% 的次数继续猜测水平刺激；如果前两次刺激都猜中了水平刺激，那么会有 72% 的次数重复猜测水平刺激。换言之，尽管这一序列是随机的，但是被试的猜测还是会迷信前几次猜测的结果。黑克和海曼（Hake & Hyman，1953）得出结论："如果我们的被试是典型的普通人，（这就意味着人们）总是将模糊的事件序列知觉为更加有结构的事件。只要被试允许他们的过去行为影响他们对将来序列事件发生的预测，那么这种知觉现象就必然会出现，尽管事实上这些事件与被试的行为完全没有关系。"

赖特（Wright，1962）做了一个类似的实验。他给被试呈现一块仪表板，上面有 16 个间隔均匀的按钮，组成一个圆，圆的中央是第 17 个按钮。告诉被试：如果按正确的顺序按压外围的按钮，再按压中心的按钮，就会听到一声蜂鸣声并得到 1 分；如果他们选择的顺序不正确，按压中心按钮只会推进到下一个试次。事实上，并不存在正确或错误的顺序，奖励（蜂鸣声和计分）的给出完全是随机的。在一种实验条件下，被试有 20% 的试次随机获奖；在另一种实验条件下，有 50% 的试次获奖；而在最后一种条件下，则有 80% 的试次获奖。实验的结果几乎与黑克和海曼发现的结果一样——对于这样一个随机反馈，被试倾向于从中看到或发现一定的模式。他们一般会发展出一定的迷信行为，即对某种模式的按钮组合有特别的偏好，这种倾向在获奖概率最高（80%）的条件中最为明显。

认识随机性

在黑克和海曼（Hake & Hyman，1953）以及赖特（Wright，1962）的研究中，在一串长系列的试次里，每个试次之后都给被试呈现随机反馈。两个研究的被试都倾向于在随机反馈里看到一定的模式。但是这样的研究存在一个问题，就是实验任务本身的特性可能导致被试期望从中发现一定的模式。毕竟，如果心理学家感兴趣的主题是知觉和学习，为什么他们要给被试呈现随机的反馈呢？要给被试一个公道的机会，认识到他们得到的反馈可能是随机的，至少应该提前警示被试可能出现随机反馈。

彼得森（Peterson，1980）发表了他的一个研究，实验的程序与黑克和海曼的实验基本相同，除了有些实验条件下，被试不仅需要预测下一试次的刺激是什么，还要表明试次的顺序"完全随机或符合一定的规则"。呈现给一半被试随机的顺序，而呈现给另一半被试有规律的顺序。彼得森发现，如果明确地告诉被试顺序可能是随机的，那么被试通常能够认识到刺激序列是随机的或者接近随机。

当然，如果在前面的试次中类似的选择都是正确的，那么被试对随机性的认识未必能消除迷信选择。彼得森并没有发现，如果事先告诉被试某个序列可能是随机的就不会出现迷信行为。他的研究只是发现，通过把随机性列为一种明确的可能情况，事实上许多人的确把随机序列列为随机。但是正如下节所示，对"随机性"含义的知觉并不总是准确的。

在随机中发现特定的模式

1970年，荷兰研究者瓦根纳发表了一篇关于随机性知觉的有趣研究（Wagenaar，1970a）。瓦根纳给被试呈现的刺激是很长的系列幻灯片，每一张幻灯片都包含7个系列的白点或者黑点，而背景则是灰色的。对于每一张幻灯片，都要求被试指出哪个系列的七个点看起来最像随机的（就像随机投掷硬币一样）。在每一张幻灯片上，一个系列有20%的概率重复（也就是黑点跟着黑点，或者白点跟着白点出现的概率）；一个系列有30%的概率重复，以此类推，直到80%。在一个随机系列中，黑点和白点转换的概率相等，因此其重复的概率是50%（就像抛硬币得到正面以后再一次抛得正面的概率），所以，如果被试能够分辨出每张幻灯片上 7 个点的系列中哪一个是随机的，他们就应该选择重复概率为 50% 的系列。

相反，瓦根纳发现，被试认为 40% 重复概率的系列最为随机。换言之，人们认为一种点阵重复出现的概率在 40% 的情况下，这样的系列最像一个随机序列。*与真正的随机系列相比，人们期望一个随机系列中两种点之间的转换次数更多。瓦根纳发现，在对一长串的相同结果进行判断的时候，例如同样的点重复出现 6 次或 6 次以上的序列，被试尤其容易出现偏差。因此，当确实存在有规律的模式时人们会发现随机性，而当序列的确是随机的时人们又会从中发现有规律的模式。正如我们前面所讲到的，吉洛维奇等人（Gilovich te al., 1985）在连续投篮的研究中发现了同样的结果。人们认为转换概率约为 70%（相当于重复的概率为 30%）的时候，这样的序列最可能是随机的。

人们能够随机行动吗

人们在判断随机性方面有困难，意味着他们产生随机序列也应该有困难——的确如此。关于这个问题的讨论最早来自赖克巴赫（Reichenbach，1949）的研究，他声称，人们根本无法自主地产生一个反应的随机系列，即使激励他们全力这样做。

巴肯（Bakan，1960）的一个实验清晰地表明人们缺乏创造随机性的能力。巴肯要求 70 名大学生来"制造一个随机序列"：假设以无偏差的方式一共抛硬币 300 次，每次抛掷都是独立的，正面（H）和反面（T）出现的随机序列将是怎样的。按照前面的论述，随机 300 次的序列将出现 150 次正面和反面之间的

---

* 艾顿、亨特和赖特（Ayton, Hunt, & Wright, 1989）批评这一系列的研究误导被试将随机性等同于一个序列"看起来有多像随机"。一个足够长的随机序列中总是包含着一些看似不随机的片断，因此要求被试选择看起来最随机的序列，就可能使他们对重复产生偏差。但是另外的一些研究发现，即使只是要求被试觉察整个序列是否是随机产生的，而不是提及这个序列看起来如何，被试同样会低估随机序列中重复的数量（Diener & Thompson, 1985；Lopes & Oden, 1987）。

转换。但是巴肯发现，近90%的学生完成的随机序列中出现了过多的转换（平均为175次）。这些研究结果与瓦根纳（Wagenaar,1970a）的研究结果类似——在一个随机序列中，人们期望的转换比实际情况更多。

当要求人们在两个以上的选项中随机转换时，这种趋势就更为明显（Wagenaar，1970b，1972）。例如，给人们呈现6个或者8个按钮的仪表盘，要求他们按压按钮，产生一个随机序列，这时出现转换的次数要比只有两个按钮时多得多。这样的实验结果对于我们日常生活的启示是，当可能的结果往往多于两种（不仅仅局限于正面和反面或者垂直和水平）时，任何一个结果的重复出现都更多地被人们视为非随机的序列。人们期望中的随机序列的转换远比随机序列应有的转换多得多。

学习随机地行动

纽林格尔（Neuringer，1986）的一项研究显示，通过一段时间的培训，可以使人们学会"随机"地行动。纽林格尔设计了一个计算机程序，可以在5次或10次随机性的统计测量上给被试反馈，例如，运行的次数、所有试次中做出某种选择的比例，等等。被试的任务就是在计算机的键盘上以任意速度来按两个键中的一个，在他们按键的过程中，计算机会对他们的表现进行反馈。

纽林格尔观察发现，在实验一开始被试会产生一些非随机的序列，正如瓦根纳和其他研究人员发现的那样。但是，通过几千次的按键反应以及得到反馈以后，被试能够产生一长串（6000次的按键）的随机序列，根据纽林格尔在实验中用于给被试反馈的所有统计指标，这样的序列与真正的随机序列别无二致。这样的结果似乎表明，人们可以使用一种类似随机的方式来行动，但必须是在他们经过这样明确的训练之后。尽管我们中很少有人报名参加这种旨在教会我们如何随机地行动的训练——即使我们能够参加这样的培训，也很少有人愿意这样随机地行动——但是纽林格尔的研究还是很重要的，因为它强调了这样一种事实：人们对随机性的错觉并不是不可改变的。经过足够的训练，这些错觉可以被消除。

结　论

　　针对随机性知觉的研究有何实际意义？日常生活中最普遍的结果并不是硬币的正反面，或者垂直和水平的线条，或者员工的入职和离职，或者运动场上的输赢，或者股价的涨跌，等等。在这样一些结果中寻求一定的规律当然无可厚非，但是关于随机性知觉的研究却表明，决策者倾向于过分解释随机事件。

　　例如，尽管证据表明，股票市场的波动近似于在华尔街上"随机游走"（Fama，1965；Malkiel，1985），但还是有成千上万的人每天都不厌其烦地对股价的走势进行预测。事实上，菲什霍夫和斯洛维奇（Fischhoff & Slovic，1980）研究发现，被试在得到了股价和走势信息以后，他们约有65%的把握确信自己能够正确预测股市的走势，尽管这样的预测只有49%的正确率，几乎近于抛硬币。

　　正如本章介绍的研究所示，我们很容易在随机结果中看出有某种模式。在目睹了三四次类似的结果以后，大多数人都会得出结论：这个序列中必定存在一定的模式。当然，如果某种结果并不经常发生，那么该结果发生三四次或许的确隐含一定的信息（例如，很少出现人员流动的公司接连发生三起员工离职）。但是，如果情境涉及独立事件，且这些事件导致某些结果的可能性相同，那么看到三四次相同结果的发生也并没什么特别的。这种情况下决策者应该避免将相同结果短期的重复发生视为别有意义。

15

相 关、因 果 与 控 制

❖ ——————

在上个月，你发现自己头晕的次数越来越多了。刚开始，你还以为是谈恋爱的缘故，后来，你觉得可能是因为读书读得太多了。但是现在，你开始担心起来——一位朋友告诉你，头晕可能是因为脑瘤所致。

所以，你决定了解一下脑瘤方面的知识。在图书馆，你找到了一篇研究论文，对住院的 250 位神经科病人进行了如下的分类：

		脑瘤	
		有	无
头晕	有	160	40
	无	40	10

请仔细阅读上面的表格，然后回答下面两个问题：（1）要确定头晕是否与脑瘤有关，上表哪些单元格里的数据是必需的？（2）根据上表中的数据，你认为头晕与脑瘤有关联吗？

后一个问题在心理学中被称为"协变评估"（covariation assessment），或者评估两个变量是否有关（即它们是否"共变"）。尽管这类判断看似较简单（一般而言，每个人都知道云多就意味着雨多，个子越高就越重，等等），但是事实上协变评估通常相当困难（Jenkins & Ward，1965；Ward & Jenkins，1965）。为了考察你是如何对这一问题进行判断的，请参见你对"读者调查"第 11 题的回答（改编自 Nisbett & Ross，1980）。

许多人报告，头晕和脑瘤存在关联，因为头晕和脑瘤两者都有的单元格里病人最多。有些人认为两者存在正相关，因为同有加同无的总和（左上和右下的单元格）大于一有加一无的总和（左下和右上的单元格）。然而，这样的决策规则并不总能得出正确的答案；只有一个事件（例如脑瘤）的概率变化取决于另一个事件（头晕）是否发生，才能说这两个变量相关。

为了确定头晕与脑瘤是否有关联，上表 4 个单元格的数据都必不可少（也就是说，题 14a 的所有四项信息）。你必须比较有无头晕的情况下，各自出现脑瘤与未出现脑瘤的比例，前者为 160：40，而后者为 40：10。这种情况下，不管有无头晕，有无脑瘤的比例都是 4：1。这一结果表明，不管神经科病人是否有头晕，他们出现脑瘤的可能性均是不出现的 4 倍。因此"读者调查"第 11b 的正确答案是变量之间并不存在联系。

大多数人难于进行协变评估，这揭示了这样一个问题，即健康专家是否也会错误地判断某种症状与某种疾病有关。挪威研究者斯梅兹伦德（Smedslund，1963）是最早对协变评估进行研究的学者之一。在一个实验中，斯梅兹伦德向护士们呈现了 100 张卡片，据说卡片内容选自病人档案。每一张卡片包含两部分内容：其一，病人是否出现特定的症状（如果出现标记为＋A，如果没有出现则标记为－A），以及病人是否患有特定的疾病（如果患有标记为＋F，如果没有则标记为－F）。在所有的卡片中，37 张卡片包含＋A 和＋F，33 张卡片包含－A 和＋F，17 张卡片包含＋A 和－F，而剩余的 13 张卡片包含－A 和－F。他要求护士们指出症状与疾病是否关联，她们可以随意排列和研究这些卡片，以便进行正确的判断。根据斯梅兹伦德的实验结果，86% 的护士错误地报告病症 A 与疾病 F 存在正相关；而只有 7% 的护士正确报告两者之间并不存在正向的联系；还有 7% 的护士选择放弃，并没有回答这个问题。

当要求护士们解释自己的回答时，大多数认为两者存在正相关的护士给出的理由是：观察发现＋A 和＋F 同时出现最为普遍。根据这些结果，斯梅兹伦德（Smedslund，1963）得出了结论："没有经过统计学训练的成人被试显然对相关并没有足够的认识……因此只要让他们进行统计方面的推理，他们就倾向于仅仅依据＋＋案例的频次来判断两者之间的关系。"尽管后续的研究也发现，人们在进行决策时会考虑更多的因素，而不仅仅是同时出现（如症状和疾病都出现）的情况（Arkes & Harkness，1983；Beyth-Marom，1982；Shaklee & Mims，1982；Shaklee & Tucker，1980）。但是，斯梅兹伦德观察的基本结果却经得起时间的检验：人们通常难于评估两个事件的协变关系，因此，他们往往很大程度上依赖于两个事件的同时发生（Alloy & Tabachnik，1984；Crocker，1981）。

上帝是否回应祷告

在尼斯贝特和罗斯（Nisbett & Ross，1980）对"协变评估"的讨论中，他们思考了上帝是否对祷告做出回应这样一个问题，以此说明人们对正向事件的依赖。许多人都认为上帝会对祷告做出回应，因为他们曾经向上帝请求，后来得偿所愿。这一判断的策略相当于对一个 2×2 表格的"同有"单元格的倚重，此表格的顶部列有"祷告"和"未祷告"；左侧列有"实现"和"未实现"。为了精确地评估协变关系，我们需要了解另外三方面的信息：（1）祷告的事情有多少得以实现；（2）不管相信与否，未祷告的事情有多少发生了；（3）未祷告的事情有多少没有发生（当然，这个是没有办法进行计算的）。

尽管这种方法表面上看起来是一种常识，但是人们对于那些未发生的事情很少如对已发生的事情那般关注（Bourne & Guy，1968；Nahinsky & Slaymaker，1970）。正如尼斯贝特和罗斯指出的，这就是为什么大侦探福尔摩斯在解决《银色马》疑案时看似如此聪明的原因，他只不过考虑了"晚上发生在狗身上的怪事"。当巡视员报告"狗整晚都很安静"时，福尔摩斯胜券在握地回答："这是一件非常奇怪的事情。"尽管狗向闯入的陌生人的狂吠并没有太多特别的信息，但是福尔摩斯认识到，狗没有狂吠意味着闯入者可能是熟人，因此福尔摩斯缩小了嫌疑犯的范围。

相关错觉

两个不相关的变量给人留下相关的错误印象，这种现象被称为"相关错觉"（illusory correlation），首先对此进行系统研究的是洛伦·查普曼和琼·查普曼（Chapman & Chapman，1967；1969；1971）。在起初对相关错觉的研究中，查普曼（Chapman，1967）在大屏幕上向被试呈现了很多不同的词对，如熏肉——老虎。屏幕左侧的单词总是熏肉、狮子、花或者船，而屏幕的右侧总是鸡蛋、老虎或者笔记本。尽管左边每个词与右边每个词配对出现的次数相等，但是平均而言，被试报告当左边出现"熏肉"时，有47%的次数配对的是"鸡蛋"，而当左边出现"狮子"时，右边最多出现的是"老虎"。人们认为这些存在语义关联的词具有正相关，但是实际上这样的相关并不存在。

在另一个实验中，研究者（Chapman & Chapman，1967）对忙于诊断检查的临床医生进行了调查。研究者写下了六类病人的简单描述，并要求每位医生判断这些病人在"画人投射测验"（一种非常流行的诊断测验）中可能表现哪些特征。总体而言，临床医生们表现出很强的一致性。例如，91%的医生都认为，多疑的病人画的眼睛都过大或异常；82%的医生认为，担心自己智力的病人画的人头都过大或夸张。但是事实上，并没有可靠的证据表明画人测验的结果存在这样的模式。这种相关完全是一种错觉——是普遍存在的临床刻板印象的结果。

研究者（Chapman & Chapman，1967）还向大学生呈现了相同的实验材料（这些学生从未听说过画人测验），对病人的描述和病人所画的图形也随机匹配。瞧仔细了，尽管对画图与描述进行了随机匹配，但学生们仍报告与先前临床医生一样的相关错觉（例如，大多数的学生都认为多疑的病人画的人像的眼睛一般都异常）。在另一个实验中，研究者（Chapman & Chapman，1967）允许被试连续三天查看测验材料，或者给被试 20 美元以提高他们的正确率，从而考察相关错觉是否会消失。实验结果是，在这两种情况下，相关错觉依然与以前一样强烈。另一些研究者证实，即使对被试进行训练，相关错觉依然很难消除（Golding & Rorer，1972）。

尽管相关错觉的成因还不完全清楚，但是大多数的理论将原因主要归结为易得性启发式和代表性启发式。易得性启发式的解释是这样的：相关错觉的产生是因为独特的或者突出的配对（例如熏肉——鸡蛋）更容易进入我们的记忆，因此会高估其频次（McAuther，1980）。代表性启发式理论把相关错觉解释为一个事件成为另一个事件典型代表的结果（例如，某种墨迹解释似乎代表了男同性恋）。这两种解释都得到了大量研究结果的支持（Mullen & Johnson，1990），可以一起解释大量的相关错觉现象。

看不见的相关

与观察到根本不存在的相关相反，我们可能会对一些的确存在的相关却视而不见——这一现象可称之为"看不见的相关"。相关错觉之所以产生，通常是因为人们期望两个变量之间存在关系（Hamilton & Rose，1980），而看不见的相关主要源自人们缺少这样的期望。由于缺少对两个变量关系的期望，即使再强的关联也可能被忽略。

与相关错觉一样，看不见的相关也普遍存在，而且可能导致影响深远的后果。例如，直到近代，吸烟与肺癌之间的相关很大程度上仍不为人知；对许多美国人而言，肉类的消费量与结肠癌之间的关联至今还未被人们认识。

关于人们难于觉察正相关的一个最综合的研究来自詹宁斯等人（Jennings，Amabile，& Ross，1982）的贡献。研究者给大学生察看三组匹配的资料，第一组包含 10 对数字，第二组包含 10 个不同身高的人和不同长度的拐杖图片，而第三组包含 10 个人读字母表中一个字母和唱一个音符（第三组资料中，研究感兴趣的两个变量是字母在字母表中的位置以及音符持续的时长）。在每一组资料中，成对变量的相关在0（没有线性相关）和1（完全的正相关）之间。要求学生判断每组成对变量的相关是正还是负，它们相关的强度如何（使用0到100的数值范围，而不是0到1）。

实验结果显示，直到实际的相关系数达到0.60或者0.70（相对较强的相关）时，学生们才认为三组资料的两个变量之间存在可靠的正相关。当变量之间的相关在0.20到0.40之间（类似于人格特质与特定情境中的行为之间的相关量），学生在100分的数值范围上的评分平均只有4到8，几乎等于零相关。只有当两个变量的相关达到0.80以上，学生在100分的数值范围上的平均评分才为50；而对于1.00的相关，学生的平均评分也小于85。换言之，许多学生看不到中等强度的相关关系，而很强的相关关系却被视为中等强度的相关。

判断还可以的原因

为什么人们在判断两个变量是否相关时存在如此多的困难？请思考协变评估中一个典型问题的复杂性。假设你想判断创造性与智力是否相关。要准确地做出判断你必须采取哪些步骤？克罗克（Crocker，1981）在她关于协变评估研究的综述中，总结了判断协变关系的六个独立步骤：

- 第一，你需要确定哪些信息是相关的。例如，你是否只考察创造力与智力同时具备的情况，或对于缺乏其中一项的例子也考虑在内？这样的评估是否局限于成年人？美国人？还是著名的艺术家？
- 第二，你需要从总体中抽取样本（如果可能，随机取样）。这是观察或"数据收集"阶段。
- 第三，你必须对观察的现象进行分类和解释。哪些可以归结为创造力？哪些可以归结为智力？可以将之在一个连续体上分类，还是可以置于不同的类别？
- 第四，你要牢记分类标准，并以此来估计证实和证伪案例的频次。

- 第五，这样的估计必须以一种有意义的方式进行整合。可以使用统计公式来整合频次估计，但是，正如斯梅兹伦德（Smedslund，1963）及其他人的研究所示，人们通常更倚重非正式的策略。
- 最后，你需要根据整合的估计对协变关系做出判断。

　　鉴于以上每个阶段都可能出现偏差，因此人们通常难于评估协变关系也就不足为奇了。例如，决策者收集到的观察样本很少是随机样本，而是非常具有选择性。正如第 3 章所述，决策者还会表现出一些记忆偏差，许多这样的偏差会使协变评估变得更加复杂。事实上，有这么多可能出现的偏差，人们却还能一如既往地做出不错的判断，这的确耐人寻味。毕竟大多数人的确能觉察生活中重要的协变关系——如学习与考试成绩、过度进食与体重增加以及种族主义言论与社会排斥等等之间的协变关系。

　　为什么日常生活中协变评估如此成功，而在实验室研究的结果却又如此糟糕呢？尼斯贝特和罗斯（Nisbett & Ross，1980）给出了以下一些解释。第一，人们在各种情境中观察到的许多日常联系非常有助于促进对协变的准确认识。例如，（1）许多协变关系完全相关或者接近完全相关，譬如将手置于火焰上，就会感觉热，或者摁下开关，灯就会亮；（2）有些协变关系是基于非常独特的、突出的或动机很强的刺激，例如乌云与下雨的关系；（3）刺激在时空上非常接近的协变，例如轻抚你的小狗，小狗就会摇尾巴；（4）有些协变很容易被探测到，如吃某些食物就会消化不良。

　　第二，人们经常基于几个案例，使用没有统计意义的近似值，就能判断其中的协变关系。例如，他们会选择 A 事件最具有代表性的或者最极端的例子，然后观察 B 事件会发生什么。举例来说，在判断朋友推荐的电影与你对该电影的欣赏程度之间的协变关系时，你可能就会想起过去你有多么欣赏朋友最为热情推荐的电影。另外，如果你要评估不同城市的基本生活费用，你可能就会考察在各城市租一套典型的两居室房子的租金。

　　第三，也是更为重要的一点，人们不必重新去发现所有的协变关系。大多数的协变——无论是别人发现的，还是自己亲身经历的——都可能成为公认的协变知识中的一部分。例如，人们不必不断发现性交会导致怀孕，很久以前别人就已经发现性交与怀孕的协变关系，这种协变也成了公认的协变关系知识遗产的一部分。

如果你想象一下某个人试图探索性交是否会导致怀孕所面临的困境，就会明白这一知识遗产的意义所在。恋爱关系的许多方面都会与性亲密发生协变，其任何一方面可能看起来都会导致怀孕（因而掩盖了怀孕与性交之间的联系）。例如，亲吻、拉手、睡在一起或者感觉愉快可能被误认为就是怀孕的原因。伴随怀孕出现的许多身体变化，例如恶心、体重增加或者情绪多变，等等，也可能被解释为与怀孕具有因果关系。事实上，由于恋爱关系往往在几个月后中止，因此停止性交也可能被误认为怀孕的原因。试想一下这样的信念将会造成多么大的灾难！ *

因果意味着相关吗

两个变量之间存在相关未必意味着一个变量导致另一个变量——否则接吻就可能导致人口过度增长。尽管如此，相关仍往往被人们等同于因果。例如，图 15.1 中的广告就在暗示，购买打字机就会导致学业成绩提高，但是对于这样一种相关还有很多其他的解释（即使的确存在因果联系）。购买了打字机的学生提高了学业成绩可能是因为他们来自比较富有的家庭，或者家长对孩子的写作更为关注，或者购买打字机的学生的学习动机比其他学生更强。因此，打字行为与学业成绩为何相关，可能有无数的解释。

同样的武断推论来自广告业自身的一项推广活动。在《纽约时报》（*New York Times*，August 26，1990）的整版广告中，美国广告协会宣称"做广告几乎可以使你的投资回报率翻倍"。这一论断的证据来自下面的相关："比竞争对

---

* 这种混淆并不像看起来那般牵强。很久以前，生了双胞胎的妇女有时被认为发生了通奸；而生下严重畸形婴儿的妇女则被怀疑进行了人兽性交（Ives，1970）。

图 15.1 请消费者当心：相关≠因果

手广告投入多得多的品牌投资回报率是 32%，而比竞争对手广告投入少很多的品牌投资回报率仅为 7%。"即使这样的证据是真实的，也未必意味着广告能提高投资回报率。可能只是因为利润高的公司能够负担得起广告费，设若如此，那就是财务成功导致做广告，而不是相反。

正如相关未必意味着因果联系，因果关系也未必意味着强相关。艾因霍恩和霍格思（Einhorn & Hogarth，1986）将"因果就意味着相关"这种想法称为"因果相关"（causalation）。在针对这一现象的讨论中，他们让读者思考下面对200 名夫妇的虚拟分类：

		怀 孕		
		是	否	总 计
	是	20	80	100
性 交	否	5	95	100
	总 计	25	175	200

非常奇怪的数据是，竟然有 5 对怀孕的夫妇报告没有进行过性交，此案例人数很少可能表示他们的记忆出现了偏差，或者他们撒谎，等等。

就上表的数据而言，性交与怀孕之间的相关较小（只有 0.34）。基于这一相关系数，知识不足的协变评估者可能推测性交并不会导致怀孕。相反，他们可能推测怀孕是由其他更为相关的因素导致的。这里的逻辑谬误在于，性交导致怀孕并不意味着性交要与怀孕完全相关。因果关系并不意味着两个变量有着强相关。

正面，我赢了；反面，那是随机事件

人们所做的最基本的协变评估可能就是对行为及其后果的判断，这对于人类的生存至关重要，对于个体也最有意义。无论表现为这样或者那样的形式，行为与后果之间的关系都占据了心理学理论的中心地位，无论关注的焦点是因果归因理论（Kelley，1967，1973），还是自我效能认知（Bandura，1982，1986）、控制点理论（Lefcourt，1982）或者其他的心理建构理论。从这些文献中发现的一个最有趣的结果是，人们通常相信自己对概率性结果有着更多的控制，实际情况则不然。这种信念通常被称为"控制错觉"（illusion of control），由心理学家埃伦·兰格（Ellen Langer）率先提出并用实验证明。

在她早期的一项名为《正面，我赢了；反面，那是随机事件》的研究中，兰格发现，在某些情境下，人们认为自己能够预测和控制抛硬币的结果（Langer & Roth，1975）。在预实验"社会线索"的伪装下，要求被试预测实验者抛 30 次硬币的结果。实际上，被试预测的准确率被事先故意操纵，所以每一个人都能猜中 15 个试次，但是约 1/3 的被试一开始表现出色（头 4 次全猜中），约

1/3 的被试一开始表现糟糕（头 5 次猜错 4 次），约 1/3 被试猜测的结果"随机"。在猜测了 30 次硬币抛掷结果之后，要求被试回答有关他们表现的若干问题。

研究结果显示，刚开始表现出色的被试对其成绩的评估比其他被试的评估更好。这类似于第 4 章所述的"首因效应"。事实上，这些被试确实比其他被试能够回忆起更多成功的预测，如果要求他们再预测 100 次抛掷的表现，他们都认为自己能做出相当精确的预测。兰格和她的合作者简·罗思（Jane Roth）还发现，40% 的被试认为练习能够提高他们的预测成绩，25% 的被试认为分心会妨碍他们预测的成绩——即使任务是预测一个概率性结果。这样的研究结果与赌博者掷骰子的情形类似，如果他们想得到较小的点数，就会轻柔地掷骰子；而想得到较大的点数，就会猛烈地掷骰子。他们掷骰子的时候都非常专注（Henslin，1967）。兰格和罗思（Langer & Roth，1975）得出结论："早期相当稳定的成功模式可以导致技能归因，进一步导致被试期望未来的成功。"

兰格（Langer，1975）进行了另一个研究，办公室的工作人员参加了一个博彩游戏，有些彩票上有他们比较熟悉的字母，而另一些则是他们不熟悉的符号。他们可以挑选彩票或者由实验者分发。一旦被试得到了彩票，他们可以保留手头的彩票，或者换成另外一种获胜概率更大的彩票。兰格的实验结果发现，被试自己选择彩票或者获得了有熟悉字母的彩票，比其他被试相对更多地保留原来的彩票。基于这一实验结果，兰格认为，熟悉性和自主选择使被试产生了一种控制错觉。沃特曼的研究（Wortman，1975）也发现了类似的结果。

无法奏效的帮助

控制知觉尽管很大程度上是一种错觉，但它却在人们的健康问题上起着重要作用。例如，兰格和罗丁（Langer & Rodin，1976）的一项现场研究表明，甚至对老年人的选择权和责任做细微改变，就能对其健康产生重大影响。研究的被试是 91 位自己尚可行走的老人，年龄从 65 岁到 90 岁不等，居住在康涅狄格的一所养老院。对于养老院一层的老人，管理者告诉他们可以自己控制自己的生活：比如如何分配他们的时间，如何摆放自己房间的家具，或者改变养老院里的任何事物，等等。同时，管理者给每位老人一株植物，要求他们进行照料。而对居住在另一层的老人，管理者告诉他们将由养老院的工作人员照料他们，并尽可能使他们的生活丰富多彩，管理者同样给每位老人一株植物，但是由护士们负责进行照料。

三个星期以后，在工作人员"帮助"的老人中，有71%的人被评定为身体更衰弱。相反，在鼓励自己决策的老人中，有93%的人各项日常功能都全面改善。基于他们自己的判断以及护士的判断（并没有告诉护士实验的目的），这些老人更加快乐和活跃。研究者认为他们比其他老人的思维更敏捷，探访其他老人或者外面客人的时间也相对更多。兰格和罗丁（Langer & Rodin，1976）认为："如此微弱的操纵都能够产生效果说明，增强控制感对于这些老人，对于那些无法进行决策的人多么重要。"

这项研究存在的一个问题（和其他许多现场研究类似）就是无法了解实验中的哪些因素的变化（如果存在）引起了实验结果。是管理者关于控制的言论？还是送给老人照看的植物礼物？或者就是住在这两层的老人本身就具有不同的特点？这些还都不是十分确切。但是毕竟这项研究已经完成，还有其他许多研究项目同样支持了控制感与健康之间的关联，特别是对于老年人而言（Rodin，1986）。这些研究强调了协变判断在人们日常生活中的中心地位。

结 论

人们最普遍的判断就是两个变量是否有关联。在许多情况下，这些判断都仅仅是基于先前已经确立的关系而进行的概括；在另一些情况下，概括并不足以说明问题，决策者必须权衡新出现的信息以及相冲突的信息，从而形成全新的判断。正如本章中的研究所示，简单的概括很容易使决策者深陷泥潭。

关于协变评估的研究为决策者提供了一些建议。第一，决策者不应该仅仅局限于正性的、已被确认的关系案例。在判断可能发生的结果时，未出现的事实往往与已发生的事实一样重要。第二，在判断两个事物是否存在关系之前，决策者应该问自己，他们的判断主要基于自己的观察还是期望。如果是前者，协变关系就有可能被低估；而如果是后者，协变关系就有可能被高估。这种差别虽然非常普遍，但与相关错觉及看不见的相关的研究是一致的（Jennings，Amabile，& Ross，1982）。最后，决策者必须仔细分辨相关关系和因果关系，不仅无因果联系的两个事件可能共变，而且只有弱相关的两个事件可能实际上具有因果联系。第16章将详细考察因果关系判断中最重要的一环——对行为原因的判断。

16

归 因 理 论

———— ❖ ————

你遇到一位称赞你外貌的朋友。你去赴一个约会，但是结果很糟糕。你做了一个非常重要的报告，但是听众的反应比较负面。如果这些事情都发生在你身上，你将如何解释呢？

归因理论是关于人们如何进行"因果归因"的心理学理论，也就是对行为的因果进行解释。对这一理论的系统阐述来自加州大学洛杉矶分校（UCLA）的心理学家哈罗德·凯利（Kelley，1967）的一篇论文。该论文主要受到弗里茨·海德（Heider，1958）以及内德·琼斯和基思·戴维斯（Jones & Davis，1965）的经典研究工作的启发。正如期望效用理论那样，归因理论被认为是规范性的决策理论（关于人们应该如何行动的理想化理论）；但是与期望效用理论不同的是，归因理论也针对人们的日常行为提出了一个描述性模型。

在其最初的提法中，凯利设计了一个归因模型，称之为"变异分析框架"（根据统计学中的方差分析技术即 ANOVA 而命名）。根据这个模型，人们一般依据三种可能的原因来解释行为：（1）个人——当事人的某个方面可能导致行为；（2）情境——情境的某些持续存在的特征可能导致行为；（3）时间——

特定时刻的某些因素可能导致行为。凯利认为这三种归因方式主要依据三种信息源：

1. **普遍性**：在相同的情境中，其他人的反应是否类似？
2. **区别性**：其他情境或者刺激是否会引发同样的行为？
3. **一致性**：同样的事情是不是每一次都会发生？

表16.1 中包含了凯利归因理论所做出的一些预测。在这个表中，"高普遍性"表示大多数人在相同情境中的反应是类似的；"高区别性"表示只有独特的刺激或者情境才会引起该行为；而"高一致性"表示只要机会出现，那么每次都会发生完全相同的事情。为了说明这一点，假设你是唯一的应试者（低普遍性），在许多测验上的得分都表现优秀（低区别性），在许多情况下都是如此（高一致性）。凯利会对你做出"个人归因"——用个人的能力来解释你的行为（见"读者调查"第 20 题 C 选项的解释）。

表16.1 归因理论进行的预测

归因预测	信息模式		
	普遍性	区别性	一致性
个人	低	低	高
刺激（情境）	高	高	高
环境（时间）	低	高	低

注：此表改编自Orvis，Cunningham，& Kelley，1975.

事实上，这种定等级的核心思想乃基于这样一个假设：做出个人归因的最准确的方法是在不同时间和不同情境对行为进行测量。使用 ANOVA 框架，这种归因类型就可以形容为一种波段，横跨不同的时间和情境，却只局限于唯一的一个人（见图 16.1）。

另一方面，如果该波段横跨不同时间和个体而只局限于某种情境，凯利则会进行"情境归因"。例如，一个测验（高区别性）每年都在施测，学生们总能取得好成绩（高普遍性和高一致性），人们就会将考试高分归结为测验本身（情境），而不是参加测验的个人（见表 16.1 和图 16.2）。

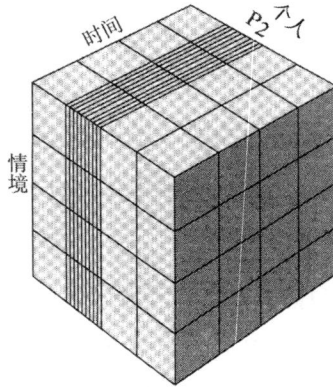

图 16.1 根据凯利的ANOVA模型，这种信息模式应当会导致个人归因（基于个人特有的因素进行解释）。（Kelley，1973.）

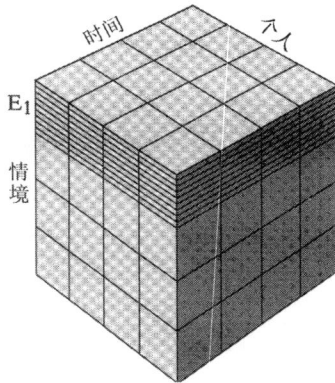

图 16.2 根据凯利的ANOVA模型，这种信息模式会导致情境归因（基于情境或刺激独特的因素进行解释）。（Kelley，1973.）

　　根据凯利的理论，因果归因的基础是对协变关系的判断（第 15 章已详述）。这种关联体现在凯利（Kelley，1973）的"协变原则"（covariation principle）上，该原则主张"某种效应可以归因于与其随着时间共同变化的一个因素之上"。

　　凯利意识到该原则过于简单化，但是它为我们思考人们如何进行因果归因提供了一项基本准则。自归因理论首次提出以来，引发了成百上千的研究来证实凯利的理论是否正确。事实上，仅在归因理论（Kelley & Michela，

1980）提出的十年之内，就有 900 多篇学术论文与归因理论有关。这些论文对原创理论进行了若干引人注目的修正和拓展（Cheng & Novick，1990；Försterling，1989；Hewstone & Jaspars，1987；Hilton & Slugoski，1986；Orvis，Cunningham，& Kelley，1975）。

归因理论能否描绘人们如何解释自己及他人的行为？对于大多数行为而言，该理论是正确的；但是也存在着几个重要的例外。

普遍性缺乏

在某些情况下，人们并不考虑普遍性信息，因而偏离了归因理论的预测（Nisbett，Borgida，Crandall，& Reed，1976）。对普遍性信息利用不足本质上是忽视行为的基本比率，因为在既定情境下，普遍性信息就等同于行为的基本比率。例如，在著名的有关服从权威的研究中，米尔格拉姆（Milgram，1963）发现，有 65% 的"普遍性"被试都完全服从实验者。但是，比尔布劳尔（Bierbrauer，1973）在观察者面前重复了米尔格拉姆的实验，这一基本比率几乎同样被忽视了。观察者将被试的服从行为主要归结为其个人因素，而不是实验中所有被试都面临的情境因素。

尼斯贝特和博吉达（Nisbett & Borgida，1975）也认为，人们进行因果归因通常会忽视这样的基本比率。他们注意到，虽然有大量的研究证明，一致性的信息和区别性的信息可以影响因果归因，但是很少有证据表明普遍性的信息在其中也起着重要的作用。在验证凯利的 ANOVA 模型的最早的一个实验中，麦克阿瑟（McArthur，1972）的研究支持了上述说法。他发现，一致性信息和区别性信息对因果归因造成的影响是普遍性信息的若干倍。

对这一观点的支持证据还来自尼斯贝特和博吉达（Nisbett & Borgida，1975）所做的两个实验。在这些实验中，研究者告诉大学生们两个以前发表的研究——其中一个研究是由尼斯贝特和沙克特（Nisbett & Schachter，1966）完成的，而另一个研究是由达利和拉坦（Darley & Latané，1968）完成的。一部分学生得到了普遍性信息，即描述了在更早的研究中被试是如何表现的；而另一部分学生则没有得到这样的信息。

之所以选取这两项研究是因为它们都得出了令人惊讶的普遍性信息。尼斯贝特和沙克特（Darley & Latané，1966）发现，34 名被试中有 32 名愿意接受电击，因为实验者告诉他们实验的目的是测量"皮肤敏感性"（近一半的被试承受的电击太强烈，手臂都出现了痉挛）。更加令人吃惊的是，达利和拉坦（Darley & Latané，1968）发现，15 名被试中有 11 人未对出现明显癫痫症状的病人伸出援手，直到这位病人出现窒息症状（其中有 6 名被试自始至终都没有提供任何帮助）。根据 ANOVA 模型，这类普遍性的信息应该引导人们进行情境归因，因为以前的研究中被试遇到相同的情境时，大多数人的行动也都是一样的。

尼斯贝特和博吉达（Nisbett & Borgida，1975）向其学生询问了各种问题，其中两个问题特别值得关注。第一个问题是，要求学生评价一名具体被试比尔的行为，在电击实验中，他愿意承受最极端的电击强度；还有一位被试格雷格，在拯救癫痫人的实验中，他完全没有提供帮助。这种情况在多大程度上可归因于被试的个性（相对的是情境特征）。第二个问题是，要求这些学生猜测一下，假设他们成为该实验的被试，他们会如何表现？

尼斯贝特和博吉达发现，普遍性信息并不能"真正产生作用"。有些学生被告知之前实验的大多数被试的行为反应是类似的，但这样的信息并不能显著地使他们对比尔和格雷格的行为更多地做情境归因。在学生判断自己在该原创研究中的表现时，普遍性信息也没能产生作用。他人怎样行动根本不重要。

尽管有一些研究者对尼斯贝特和博吉达的研究结论提出了异议（如 Ruble & Feldman，1976；Wells & Harvey，1977），但是他们基本的观察结果还是得到了其他研究者的重复验证。当某些行为趋势以一种统计的基线值呈现时，人们往往会忽视或者低估普遍性的信息（Fiske & Taylor，1991；Kassin，1979；Nisbett，Borgida，Crandall，& Reed，1976）。尼斯贝特和博吉达（Nisbett & Borgida，1975）把这种倾向解释为基线值信息本身具有抽象、乏味、生僻的属性。根据他们的解释，相对于普遍性信息，一致性信息和区别性信息看起来更加容易进行因果归因，因为后两类信息通常更为具体、生动和突出。正如下一节所示，突出的因素，也就是能够引起注意的因素，比不太突出的因素往往更容易引起因果归因。

突出性

在许多方面，突出性（salience）与易得性及生动性类似。相对而言，突出、易得、生动的信息一般更有影响力。用更通俗的话来讲：（1）如果一个事件更易得，那么它似乎更频繁或更可能发生；（2）信息越生动，就越容易被回忆起来，也越可信；（3）事物越突出，看起来就越可能具有因果关系。因果知觉部分地由个体在环境中的注意指向所决定，而注意转而又是突出性的结果。

突出性与因果归因之间的关联首先由海德（Heider，1958）提出，随后谢利·泰勒和苏珊·菲斯克（Taylor & Fiske，1978）又对其进行了非常重要的总结。泰勒和菲斯克讨论了大量的证据，包括她们自己的若干研究结果。例如，泰勒和菲斯克（Taylor & Fiske，1975）进行了一项研究，让6名观察者从三个不同角度观察两个人的对话：其中两名观察者坐在一个发言者的后面，另两名观察者坐在另一个发言者的后面，而剩余的两名观察者坐在两个发言者等距的外侧（见图16.3）。所有的观察者同时观看双方的对话，因此观察者之间唯一的系统性差异就是他们观察发言者的角度（发言者的突出性）。然而，泰勒和菲斯克发现，观察者往往倾向于认为在他们视野中的发言者掌握着对话的基调，决定着交流信息的类型以及引导对方像自己一样做出反应（两侧的观察者倾向于认为两个发言者的影响力相当）。

在另一项研究中，研究者向被试呈现的是幻灯片以及配套的录音，主题是六位男性就一场宣传活动展开头脑风暴（Taylor，Fiske，Close，Anderson，& Ruderman，1977）。在一种实验条件下，与录音中每一种声音相配的都是白人男性照片；在第二种实验条件下，三种声音配的是白人照片，三种声音配的是黑人照片；在第三种实验条件下，五种声音配的是白人照片，一种声音配的是黑人照片（这三种实验条件使用的录音都是相同的）。研究的假设是，被试会

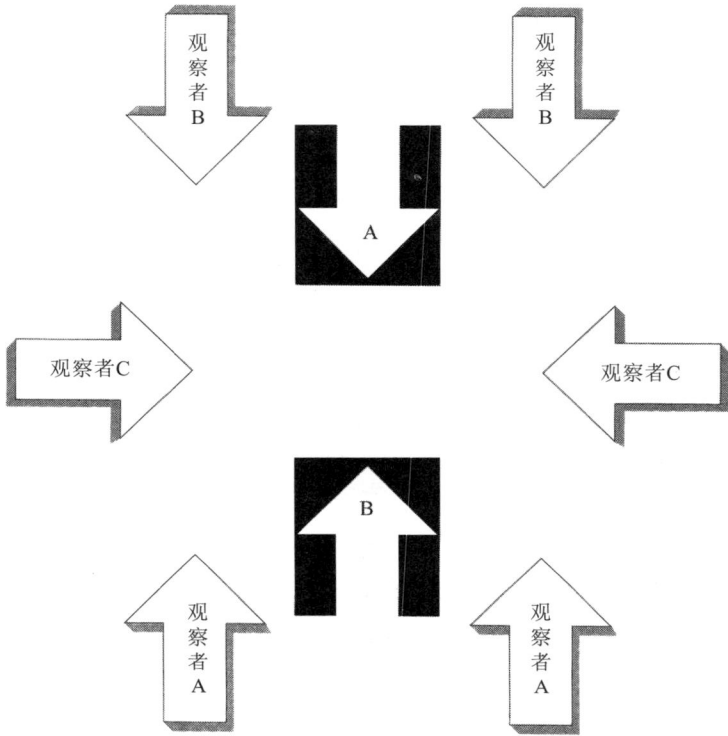

图 16.3   上图展示了泰勒与菲斯克（Taylor & Fiske，1975）的实验中的座位安排情况。两名观察者面对发言者A，两名观察者面对发言者B，而控制组的两名观察者坐在发言者A和发言者B等距的外侧。泰勒与菲斯克发现，观察者认为他们面对的发言者最有影响力。

认为突出的个体更有影响力。与研究假设一致，泰勒及其同事发现，被试认为第三种条件中唯一的黑人比其在其他黑人在场的情况下（彼时他不太突出），说得更多，更有影响力，给人留下更深的印象。因此，同一个人说同样的话，当他是小组中唯一的黑人时，会被认为更为健谈和更有影响力。

其他研究使用了另外一些方法操纵被观测者的突出性，比如让一部分人穿着色彩显眼的衬衫，而另一部分人穿着灰色的衬衫；或者一部分人坐在摇椅上不停地摇晃，而另一部分人则安静地坐着；或者让一部分人坐在明亮的灯光下，而另一部分人坐在昏暗的灯光下，各种方法得到的实验结果倾向于一致

（McAuther & Post，1977）。突出的个体相对更容易被进行因果归因。事实上，一项研究甚至发现，当人们坐在一面大镜子前时，他们会倾向于认为自己比平时更有影响力了（Duval & Wicklund，1973）。

基本归因错误

海德（Heider，1958）在其具有里程碑意义的著作——《人际关系心理学》（*The Psychology of Interpersonal Relations*）中指出，"行为席卷了观察者的场域"。这句话的意思就是，社会情境中最突出的事物是行为（同样也暗含发起行动的"行动者"）。情境因素，例如房间的温度、具体的日期一般都是次要的。情境中的人处于前台，而其他的事物都处于背景之中。

罗斯则认为这种对行动者及其行为的过分关注，会导致观察者将行为过度地归因于个性因素——如能力、特质和动机——而低估环境因素的影响（Ross，1977）。事实上，罗斯主张，这样一种将行为过多地归因于个性因素的现象是如此普遍，因此应该将之称作"基本归因错误"。之所以将这一现象称为"错误"，而不是简单地归结为一种归因偏差或者观点差异，是因为这种个性归因通常明显是不正确的（Reeder，1982）。例如，米勒和他的同事（Miller et al.，1973）发现，人们判断米尔格拉姆（Milgram，1963）研究中极为顺从的被试相对地冷酷、适应不良和具有攻击性，尽管事实显然并非如此。

过度归因的另一证据来自已发表的首次关于态度归因的研究。在这个由琼斯和哈里斯（Jones & Harris，1967）完成的实验中，研究者呈现给被试一篇论文，作者要么明显被迫采取某种立场；要么"自由选择"某种立场。即使实验者明确告诉被试，论文作者乃被迫采取这样的立场，被试还是倾向于将该立场归因于作者本身。这个研究结果非常可靠，在许多不同的研究中都得到重复验证（Jones，1979；Snyder & Jones，1974）。

基本归因错误极其顽固，正如皮尔托莫纳科和尼斯贝特（Pietromonaco & Nisbett，1982）的研究"迎着基本归因错误逆流而上"所示。在这个实验中，研究者向约一半被试呈现了达利和巴特森（Darley & Batson，1973）所做神学院学生研究的一个简短版本，这些学生没有帮助一个需要帮助的人，因为他们要赶去讲一则有关"善良的撒玛利亚人"的寓言，而当时他们已经迟到了（见第 5 章的相关讨论）。在该研究中，帮助行为取决于"匆忙"这样的情境因素，而不是宗教虔诚这样的个性因素（在没有时间压力的情况下，63% 的学生提供了帮助，而在他们非常匆忙的情况下，只有 10% 的学生提供了帮助）。剩余的被试并没有被告知达利和巴特森实验的结果。所有被试都将面临两种与达利和巴特森研究类似的实验场景，要求他们估计每种场景下愿意停下来帮助弱者的人数百分比。

皮尔托莫纳科和尼斯贝特（Pietromonaco & Nisbett，1982）发现，并不知道达利和巴特森研究结果的被试会犯基本归因错误。他们一般会根据宗教虔诚（事实上与帮助行为无关的个性因素）来预测助人行为。如果实验的结果仅限于此，这并不奇怪，因为被试并不知道达利和巴特森的研究结果，大多数人都会认为帮助行为是个性因素的结果。但令人吃惊的研究结果是，对于那些已经了解达利和巴特森研究结果的被试，他们同样根据宗教虔诚来预测帮助行为。的确，他们与那些不知道达利和巴特森研究结果的被试相比，并没有显著地减少对个性因素的倚重。

这些结果又一次表明基线值信息通常易被人忽视，同时基本归因错误也很顽固，不容易改变。即使明确地告诉人们在某一情境中存在外在的压力，他们也会对相关情境中的行为进行个性归因。虽然一些研究者认为，基本归因错误并非起初认为的那般"基本"（Harvey，Town，& Yarkin，1981；Quattrone，1982；Tetlock，1985a），但是毫无疑问，观察者经常将行为过度归因于个性因素。

我的情境是你的个性

如果行动者的行为席卷了观察者的场域，那么什么又席卷了行动者的场域呢？答案似乎是行动者所关注的当下情境。只有在很少的情况下，行动者才会以与观察者相同的方式看待他们自己的行为。

正是因为这种关注点的差异，行动者比观察者更倾向于将其行为解释为情境因素的结果。琼斯和尼斯贝特（Jones & Nisbett，1971）首先指出行动者和观察者之间的这种差异："行动者看待自己的行为时，看重的是行动的那一刻环境条件的作用。而观察者的视角则看重行动者稳定的个性特征的因果作用。因此我们认为存在一种普遍的倾向，行动者倾向于对自己的行为做情境归因，而观察者倾向于对相同的行为做稳定的个性归因。"

关于行动者与观察者归因差异的最著名研究之一是由尼斯贝特等人（Nisbett，Caputo，Legant，& Marecek，1973）完成的。尼斯贝特及其同事们做了三个独立的实验，每一个实验都发现，行动者和观察者之间存在显著的归因差异。例如，在其中的一个实验中，尼斯贝特及其同事请男大学生写四段短文解释：（1）在过去的一年中，他们为什么喜欢自己最经常约会的女孩？（2）他们为什么选择现在的专业？（3）在过去的一年中，他们最好的男性朋友为什么喜欢他最经常约会的女孩？（4）他们最好的朋友为什么选择现在的专业？研究者对这些解释的短文进行了编码记分，以确定他们有多强调情境因素或者个性因素。例如，有些表述是"她是一个令人放松的人"或者"化学是一门高收入的行业"，这样的解释被编码为情境理由；而"我需要一个能够与我轻松相处的人"或者"我希望挣很多钱"，这样的解释被编码为个性理由。

尼斯贝特及其同事发现，学生们在解释为什么喜欢自己的女朋友时，他们给出的情境理由（指女孩各方面特征的原因）是个性理由（指他们自己的需要、兴趣和特质方面的原因）的两倍。另一方面，他们在解释为什么最好的朋友喜欢他的女朋友时，他们给出的情境理由与个性理由的数量大致相等。同样，学生们在解释为什么选择自己的专业时，所列的情境理由和个性理由的数量大致相等；但是，当解释他们最好的朋友为什么选择其专业时，他们给出的个性理由的数量几乎是情境理由的4倍。

综合考虑约会问题和选择专业问题，我们可以发现，学生们解释自己的行为时，一般给出更多的情境理由而非个性理由；但是在解释他人的行为时，他们一般给出更多的个性理由而非情境理由。或者，换一种方法表述这个实验结果就是：对于自己和他人的行为，做出个性归因的数量几乎一样；但是对自己行为做出情境归因的数量几乎是他人行为的两倍。尼斯贝特及其同事主要根据行动者和观察者所获信息突出性的差异来解释这种归因分歧。

沃森（Watson，1982）发表了一篇综述，深入地考察了这个问题。沃森想知道，行动者—观察者差异主要起因于做个性归因的差异，还是做情境归因的差异，或者两者兼有。他发现，在大多数研究中，行动者和观察者都更多地进行个性归因而非情境归因。正如尼斯贝特等人（Nisbett et al.，1973）的研究所示，尽管行动者和观察者在进行情境归因的倾向上存在差异，相对于他人的行为，人们更加愿意对自己的行为进行情境方面的解释。

交换位置

如果行动者—观察者归因差异主要是视角不同的结果，那么交换两者的视角是否会反转这些差异呢？这就是斯托姆斯（Storms，1973）所做研究背后的逻辑，该研究的行动者和观察者有机会相互交换位置。斯托姆斯录制了一段录像，其中有两名"行动者被试"来完成一段初次见面谈话，而两名"观察者被试"在镜头外进行观察。每一名观察者被指派观察不同的行动者，同时拍摄两段视频——一段视频基本上从行动者 1 的角度观察行动者 2，而另一段视频从行动者 2 的角度观察行动者 1。4 人一组，共 30 组，总共 120 位被试参加了这个实验。

在被试完成了初次见面谈话后，研究者将被试分配到三种实验条件下：（1）相同观察角度组，该组的观察者所看录像是他们先前观察的同一个行动者，而行动者所看录像是其谈话的同伴；（2）全新观察角度组，该组的观察者所看录像是他们先前并没有看过的行动者（因而采取了他们被指派的行动者的视角），而行动者观看的是他们自己的视频（采取了他们观察者的视角）；（3）无录像组，该组的被试并未观看谈话视频。

接着，斯托姆斯要求被试评价行动者行为的各个方面归因于其个人特点或者情境特点的程度。其中行动者评价自己的行为，而观察者评价他们被指派在初次见面交谈时观察的行动者。斯托姆斯发现，从相同观察角度观看录像的被

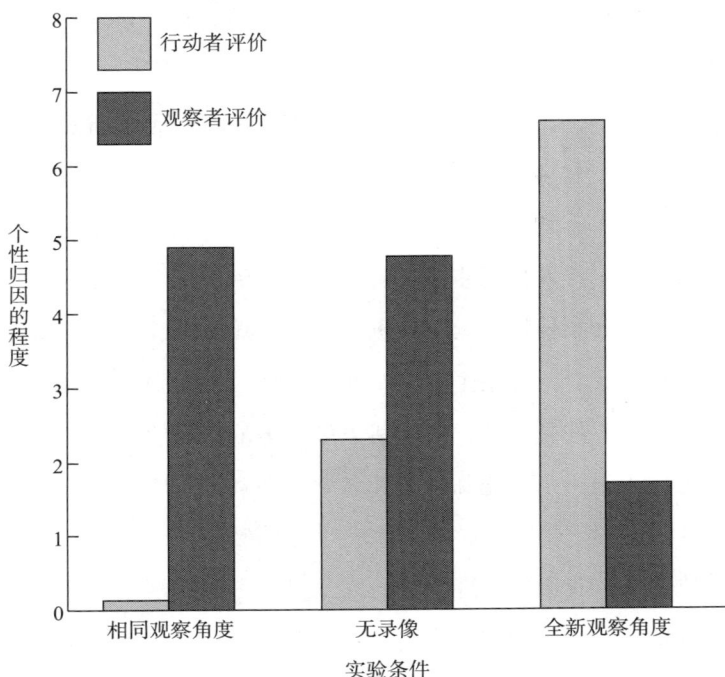

图 16.4　当行动者和观察者交换各自的视角时，归因差异出现了反转。（资料来源：Michael Storms，1973.）

试，或者根本没有观看录像的被试，均表现出归因的行动者—观察者差异；而从相反角度观看录像的被试却表现出归因的行动者—观察者差异的反转（见图16.4）。根据这些实验结果，斯托姆斯得出结论，视觉的观察角度会强烈地影响人们的因果归因。

临床启示

　　目前回顾的大多数研究都得出了一个相同的结论：当对行为的原因进行解释时，人们颇为倚重当时突出的因素。对于观察者而言，行动者最为突出；而对于行动者而言，情境要求最为突出。这样一个看似细微的差异却具有重大的影响。在许多社会判断中，将行为归因于情境因素还是个性因素至关重要，包括陪审团和假释官的决策，对受虐待妻子的认知以及对学业失败的解释（Frieze，Bar-Tal，& Carroll，1979）。

在心理治疗领域，因果归因显得尤为重要（Baston & Marz，1979；Ross，Rodin，& Zimbardo，1969；Shenkel，Snyder，Batson，& Clark，1979；Snyder，1977；Valins & Nisbett，1971）。心理治疗之所以成为大家关注的特别主题，是因为治疗建议往往直接取决于将来访者的问题归因于情境因素还是其个性因素（Batson，1975）。如果情境因素是问题的症结，那么治疗师的目标将更多地指向努力改变环境。或者，如果主要应归咎于个性因素，则努力的对象往往是改变来访者个人。不幸的是，这样的判断更多地与治疗师的视角和接受的训练有关，而较少考虑上述情形。正如本书作者普劳斯和菲利普•津巴多曾做过的一项研究所示，归因偏差强烈地影响了治疗师的判断。

在这项研究中，我们用信件调查的方式对杰出的精神分析师、行为治疗师以及非治疗师的控制组的归因方式进行了调查。要求受访者解释三个假设的问题，分别是他们自己、他们最亲近的同性朋友或者来访者所经历的。例如，要求受访者解释出现睡眠障碍及反复发生的梦魇症状的原因。受访者的回答随后在诸如情境—个性及生理—心理的维度上进行评价。

实验的结果出现了很多有趣的现象。第一，精神分析师倾向于将问题归因于患者的个性，而行为治疗师和非治疗师的被试则倾向于将问题归因于环境因素，或者情境和个性原因共同起作用。第二，假设的问题如果是自己的朋友或者来访者所经历的，精神分析师倾向于将问题视为心理上的问题，但是如果是自己遇到相同的问题，精神分析师则倾向于认为是躯体（生理）上的问题。行为治疗师和非治疗师的被试则没有表现出这种倾向。最后，与没有医学学位的治疗师相比，拥有医学学位的治疗师会更多地进行躯体归因，而更少进行心理归因。根据这样的结果，我们得出了如下结论："就判断疾病的起因和推荐治疗方案而言，选择什么样的治疗师才是关键，而与实际的问题无关"（Plous & Zimbardo，1986）。

其他归因偏差

除了行动者—观察者归因差异、基本归因错误以及忽视普遍性信息以外，还存在许多其他的归因偏差，影响着社会决策。例如，个体更容易接受成功的荣誉，而不愿意承担失败的责任（Miller，1976；Mullen & Riordan，1988；Schlenker & Miller，1977）。米勒和罗斯（Miller & Ross，1975）将这样一种倾向称为归因中的自我服务偏差（self-serving bias），同时，研究表明，认知因素和动机因素的复杂结合（如错误的期望、对表现良好的渴望以及保护自尊的需要）导致了这一偏差的出现。

与之有关的另一类偏差被称为归因中的"自我中心"偏差（egocentric bias），也得到了大量研究的证实。自我中心归因偏差主要指人们对于与他人共同完成的成果，认为自己比其他贡献者承担了更多的责任。罗斯和西科里（Ross & Sicoly，1979）针对自我中心偏差进行了首次实证研究。在这项研究中，他们要求 37 对已婚夫妇完成一份关于双方关系的调查问卷，要求双方评估在 20 项活动中各自所承担的责任，比如做早饭、洗碗、表现关爱，等等。研究结果发现，在其中的 16 项活动中，自我中心归因偏差都显而易见（即将夫妻双方各自对一项活动的责任评分比例相加，总分超过了 100%）。

尽管自我中心偏差有时仅仅是因为人们声称自己对于积极的结果和行为有过多的功劳，但是罗斯和西科里也发现，对于不合意的行为同样存在自我中心偏差。例如，他们发现，夫妻双方倾向于报告自己造成并解决了他们关系中的大多数冲突。这些研究结果表明，自我中心偏差的产生并不仅仅是人们为了提升自我。在某些情况下，其产生的原因可能是个体自身的行动比其他人的行动更加易得（更容易从记忆中提取）（Thompson & Kelley，1981）。

另一个关联密切的偏差是泰勒和科伊武马基（Taylor & Koivumaki，1976）提出的"正性效应"（positivity effect）。正性效应是指将积极行为归因于个性因素，而将消极行为归因于情境因素的一种倾向。在泰勒和科伊武马基的研究中，他们向已婚夫妇呈现了一系列积极和消极的行为列表，这些行为是由他们自己、配偶、朋友或者熟人实施的。例如，积极行为包括赞扬他人、与他人畅谈或者玩得很开心。消极行为包括与他人激烈争论、粗鲁地对待他人或者忘记去做某件事。泰勒和科伊武马基要求被试评估这些行为归因于个性因素或情境因素的程度。他们发现，无论是谁表现出这样的行为，积极行为主要归因于个性因素，而消极行为则主要归因于情境因素。

当然，泰勒和科伊武马基并没有要求被试解释他们所讨厌之人的行为；如果要求他们这样做，就可能发现相反的"负性效应"（negativity effect）（Regan，Straus，& Fazio，1974）。事实上，佩蒂格鲁（Pettigrew，1979）将这种讨厌他人的负性效应称为"终极归因错误"（ultimate attribution error）。佩蒂格鲁是一位广受尊重的种族歧视研究专家，他警告说："如果将种族和族裔的因素考虑进来，这些归因方式就有可能使我们认为消极行为结果完全是被贬低之人不可改变的、基本的个性特点的结果——这就是种族主义立论的根基。"

佩蒂格鲁的警告并非空穴来风。1976年，伯特·邓肯（Birt Duncan）将归因偏差与种族歧视联系起来。在他的实验中，实验者要求白人大学生观看一段录像，录像中的两个人由平静讨论发展到激烈争吵，在录像的最后，其中的一个人还推搡了对方一下。实验有四种条件：（1）推人者是黑人，而对方是白人；（2）推人者是白人，而对方是黑人；（3）双方都是白人；（4）双方都是黑人。实验结果表明，被试不仅认为黑人推人者比白人推人者更加暴力，而且他们倾向于对黑人的推人行为做个性归因，而对白人的推人行为做情境归因。

还有一种形式的归因偏差，这种偏差经常会强化有偏见的判断，即认为他人的可变性并不如自己多。这种偏差首先由德国的研究人员卡默（Kammer，1982）提出，紧接着美国的研究人员巴克斯特和戈德堡（Baxter & Goldberg，1987）重复验证了这种偏差。卡默给被试呈现20对不同的双极特质，例如安静—健谈，谨慎—冒失，等等。研究者要求被试判断在不同的情境中，自己与自己的朋友在这些维度上变化的程度。卡默发现，人们认为自己的行为在不同的情境中更多变，而朋友的行为则不然。其他的研究也表明，人们认为自己比他人更富于变化，更难预测（Sande，Goethals，& Radloff，1988）；同时他们更加愿意将一些暂时的状态——心境、想法和感觉——归于自己而非他人（White & Younger，1988）。因此，这种相对无差别的看法，助长了对他人、种族、民族和性别刻板印象的形成。

结　论

你如何解释发生在你身上的事情？你经常将它们归因于自己的个人能力、兴趣和特质，还是归因于外部的因素？原因一般针对某种特定的情境，还是普遍存在、历时不息？

本章开头描述了三种简单的场景：（1）你遇到一位称赞你外貌的朋友；（2）你去参加一个约会，但是结果很糟糕；（3）你作了一个非常重要的报告，但是听众的反应比较负面。这些场景都选自马丁·塞利格曼及其同事（Peterson，Semmel，von Baeyer，Abramson，Metalsky，& Seligman，1982）开发的《归因风格问卷》。塞利格曼及其同事使用这一问卷来判断抑郁之人的归因风格是否异于不抑郁之人。在较早的一篇文章中，艾布拉姆森等人（Abramson，Seligman，& Teasdale，1978）假设抑郁的人倾向于将消极事件归因于稳定的、普遍的和内在的原因（例如，"像往常一样，约会结果糟糕是因为我就是一个倒霉蛋"）。塞利格曼及其同事的研究支持了这一假设（Seligman，Abramson，Semmel，& von Baeyer，1979）。基于100多项研究的元分析（Sweeney，Anderson，& Bailey，1986）统计结果也得出了相同的结论。归因风格与心理健康和幸福感存在直接的关联。

幸运的是，本章中所谈到的很多归因陷阱都是可以避免的。例如，减少基本归因错误的一种方法就是密切关注普遍性信息。如果面临相同的情境，大多数人的行为都是类似的，这时做出个性的解释就可能没有多少根据。相反，观察者应该从情境因素中寻找行为的解释。

另一种"消除偏差"的方法是反问自己，如果身处相同的环境，你将如何行动。研究结果表明，这种观点采择的方法可以反转行动者—观察者的归因差异（Galper，1976；Regan & Totten，1975）。我们将在后记中进一步讨论这种方法。

由于因果归因往往取决于事件发生时最为突出的因素，因此寻找隐藏的原因也相当重要。普赖尔和克里斯（Pryor & Kriss，1977）发现，即使是措辞方面的细微变化都会影响信息的突出性，转而改变因果归因。例如，"弗雷德喜欢这辆车"这样的表述就比"这辆车弗雷德喜欢"这句话更可能引起个性方面的解释，因为前一个句子的"弗雷德"更为突出。这种对问题措辞的敏感性与第 5 章和第 6 章回顾的研究结果是一致的，这就意味着因果归因和其他许多判断一样，都具有"可塑性"。

第五编

决策与判断的社会方面

本书前面几编关注的主要是单个决策者的行为。但是在许多情况下，决策者会受到其他人的强烈影响。这一编将涉及社会因素影响人们决策和判断的某些方式（第17章），比较群体行为和个体行为的异同（第18章）。

17

社 会 影 响

————— ❖ —————

如别人看待我们那样看待我们自己，可能会证实我们对别人最坏的猜忌。

——富兰克林·琼斯（引自Peter，1977）

正如第 16 章所述，人们做归因时经常会轻视或忽略普遍性信息。那么这是否意味着决策者不在乎他人的行为和态度呢？正好相反，即使是最独立的决策者也会受到社会因素的强烈影响。

的确，泰特洛克（Tetlock，1985b）已经指出，社会因素在决策和判断中起着关键作用。泰特洛克说："决策和判断的认知实验研究所关注的主题过于狭窄而容易误导人，必须进行扩展，兼顾社会的和组织的背景。"泰特洛克建议，研究者把决策者视为"政治家"，他必须对自己的"选民"（如朋友、家人和同事）负责，并且总是关注诸如"如果我这样做别人会有什么反应"和"如果别人质疑我的观点，我应该怎样证明我的观点合理"之类的问题。外部评价的重要性以及它们影响人们如何行动的能力，正是实验社会心理学最早的研究成果之一。

社会助长

在讲述社会心理学的历史时，奥尔波特（Allport，1954）指出："第一个实验研究的问题——实际上也是实验研究头三十年唯一的问题——明确地表述如下：当其他人在场时，个体正常的单独作业或表现会有怎样的改变？"虽然对这个问题的研究始于 19 世纪下半叶，但是直到 1965 年才有一个完整的答案。那一年，扎荣茨（Zajonc，1965）发现，对于那些简单的、熟练的反应，旁观者在场通常能提升人的表现；但是对于那些复杂的、还没有掌握好的技能，他人在场则一般会妨碍人的表现。这种效应被称为"社会助长"（social facilitation），扎荣茨猜测它至少部分地因为客观上的他人在场引起了唤醒。后来的研究则显示，即使他人并没有实际在场，只要个体预期自己的行为会受到他人的评价，这种促进或损害的效应也会发生（Henchy & Glass，1968）。

尽管研究者在各种言语和数学任务中都发现了社会助长效应，但最直接的证据来自一项大学台球室里的研究（Michaels，Blommel，Brocato，Linkous，& Rowe，1982）。在这项研究中，一些不显眼的观察者把玩台球的人分成能力在平均水平之上和之下两组，然后记录这些球手在有无观众两种条件下的击球成功率。结果如图 17.1 所示，观众在场促进了平均水平之上球手的表现，却损害了平均水平之下球手的表现。邦德和泰特斯（Bond & Titus，1983）在对涉及 20 000 名被试的 200 多项研究的元分析中也发现了类似的（尽管没有那么明显）结果。观众在场有损复杂任务的正确率，而简单任务的正确率则会稍有提高。

社会懈怠

社会助长并非他人在场影响人们表现的唯一形式。在社会助长效应首次被记录约 30 年后，莫德（Moede，1927）做了一个实验发现，群体中的人并不如其单独工作时卖力。这是莫德的一个名叫 Ringelmann 的学生所做的实验，他发现，与参与两人组、三人组或八人组拔河时相比，人们独自一人拔河时更为卖力。平均而言，两人组中单个被试努力拉的程度只有单人拔河的 93％，三人

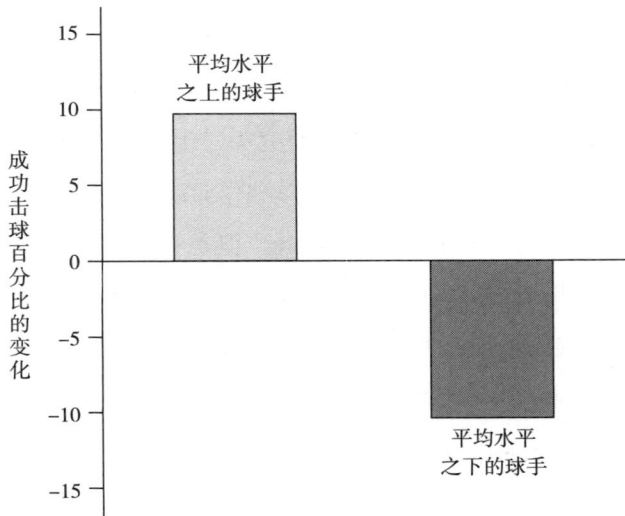

图 17.1 观众在场会促进平均水平之上台球手的表现，却会妨碍平均水平之下台球手的表现（改编自Michaels et al.，1982）。

组中单个被试努力拉的程度只有85％，而八人组中单个被试努力拉的程度则只有49％。英厄姆等人（Ingham，Levinger，Graves，& Peckham，1974）巧妙地重复了这个实验，研究者发现，即使人们独自一人拔河，但被蒙上双眼，并使他们相信其他人正与自己一起努力拉绳，其努力程度也会同样减小。比布·拉坦等人（Latané，Williams，& Harkins，1979）将这种效应称为"社会懈怠"（social loafing），而且他们还发现，当要求人们尽可能地大声呼喊或鼓掌时也会出现这种社会懈怠现象（见图17.2）。

　　造成社会懈怠的原因是什么？目前还没有明确的答案。拉坦、威廉斯和哈金斯认为，社会懈怠效应的出现是因为群体中的人不会像独自工作的人那样能直接感受到自己的努力与最终结果之间的关联。与这一差异有关的是，对最终结果所担负的责任会在群体成员之间分散，而个体单独工作时则要对结果负全部的责任。责任分散（diffusion of responsibility）会对决策和判断产生强烈的影响。下面三个事件就是这种影响力的体现。

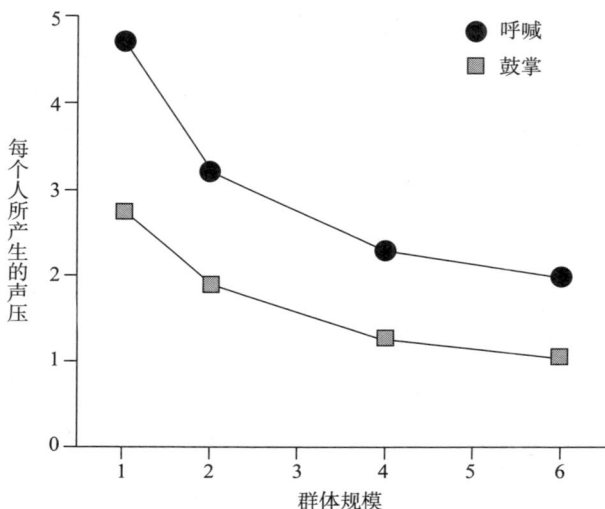

图 17.2 本图表现了社会懈怠效应。平均而言，随着群体规模的增大，每个个体的贡献减小。单个个体独自呼喊或鼓掌时发出的平均声响（每平方厘米的达因数）约是六人组中单个个体的2倍。（改编自Latané，Williams & Harkins，1979.）

事件1："放开那个女孩!"

1964 年 3 月 13 日凌晨 3 点 20 分，邻近纽约火车站的停车场，一位 28 岁的酒吧经理基蒂·吉诺维斯刚刚下班回家。她把自己那辆红色的菲亚特汽车停好，关了车灯，锁上车门，然后向着 30 米外自己的公寓走去。

突然，她发现停车场的另一边有一个男人。

基蒂转头就向附近林荫道的一个报警亭跑过去，但是还没有来得及跑到那里，就在一盏路灯下被那个男人抓住了。基蒂尖叫着，马路对面一幢 10 层的公寓楼里亮起了不少灯，有些窗户打开了，基蒂大声喊："噢，天啊，他用刀刺我！救命啊！救命啊！"

其中一间公寓的男人往下喊："放开那个女孩！"

攻击者畏缩了，扔下基蒂跑了，基蒂在流血。很快公寓楼里的灯又熄灭了。基蒂努力想回自己的公寓，但是行凶的那个人转了回来，又用刀刺她。这一次基蒂发出了惨叫："我要死了！我要死了！"公寓楼里的灯再次亮了起来，邻居们打开了窗户，那个男人钻进自己的轿车，开车离去。

过了一会儿，基蒂挣扎着站了起来。一辆开往肯尼迪机场的公共汽车开了过去。时间是凌晨 3 点 35 分。

最后基蒂总算挣扎着走到她的公寓门口，却在楼梯上跌倒，昏了过去。随后那个行凶的男人又折返回来，第三次用刀刺她——这一次是致命的。

这个故事令人心寒的尾声是：当这桩谋杀刚刚发生时，《纽约时代》杂志对它的报道在第 26 页上只有短短的 5 句话。可是两个星期后，这一事件却出现在头版头条的长篇报道中。为什么？因为警方的调查发现，至少 38 名"值得尊敬的、遵纪守法的市民"目睹了这次杀人事件，却"没有一个人在袭击的过程中打电话报警"（Gansberg，1964）。警方在基蒂遭袭后的 30 分钟才接到第一个报警电话。也就是说，行凶者在半个小时的时间里断断续续多次袭击基蒂，基蒂也不断呼救，但这 38 名目击的邻居却没有一个人出来帮她，甚至没有从自己家打电话报警。

事件2：隧道里的故事

1990 年 7 月 14 日，星期六，在意大利佛罗伦萨附近的一条公路上，马可•莫雷蒂正开着车带他 6 岁大的女儿范尼莎到海滨去。正当他驶入一条隧道的时候，马可突发严重的心脏病。马可挣扎着把车停在一边，告诉范尼莎自己设法回家。随后，33 岁的马可不幸身亡。

范尼莎挪到车外，四周是川流不息的汽车，她不断求救。飞驰的汽车速度太快，卷起的狂风把范尼莎撞倒在地上。但是她仍然在求救——她滚爬着、流着血、哭喊着——绝望地向过往车辆求救。在接下来的 30 分钟里，范尼莎步行了一公里多的路，数百辆车从她身边飞驰而过，却没有一个人停下来帮助她。最终有一位驾车者靠边停车帮助她，很快警察也赶到了。

就像基蒂•吉诺维斯的故事那样，这个故事也上了整个意大利报纸的头条。意大利人扪心自问，为什么连这样的事都能发生？他们都把它视为一种信号，代表着意大利不再是那个充满关爱、富有同情心的地方了。例如，一位意大利社会学家下面的话就被广泛引用，他说，范尼莎事件"代表了一个我们倾向于看不起的意大利——那个冷酷无情的、正处于冰河期的意大利，大部分时候每个人都只会想着自己，以及与自己多多少少有着密切关系的那么少数几个人"（Haberman，1990）。

事件3：几人会捡起这些东西

时间回到20世纪70年代早期，在美国哥伦布、西雅图或亚特兰大其中一座城市的一部电梯里。就在电梯门关上以后，电梯里的黑衣人"一不小心"掉落了8～10支铅笔（或者有些情况下是一些硬币——具体物件并不重要）。

作为拉坦和达布斯（Latané & Dabbs，1975）现场实验的一部分，上述事件重复出现在1 497个不同的场合，有145人在合计4 813名旁观者面前掉落各种物件。拉坦和达布斯感兴趣的问题是："谁会帮掉落东西的人捡起这些东西？"他们的发现之一是，随着电梯里人数的增加，伸出援助之手的人越来越少。

旁观者干预

贯穿前面每个事件的共同主线是：在相对较大的群体中，帮助行为的责任会被分散。当个人面临着是否干预某件事的决策时，就会受到他人在场的影响。干预与责任分散之间的这种关系最初是由拉坦和达利（Latané & Darley，1969，1970）在一系列关于旁观者干预的精彩实验中提出的。

在其中一个实验中，拉坦和达利邀请一些学生面谈关于"城区大学生活会遇到的一些问题"。学生到达后坐在休息室里等候的情形有三种：独自一人等候；还有两位研究助手假扮的参与者一起等候（这两位助手要保持被动）；还有两位真正的参与者一起等候。然后，当被试坐在休息室时，一股白烟开始从墙上的一个通风孔里冒出来。拉坦和达利想知道，他人在场是否比独自等候导致这些学生更不倾向于报告冒烟一事?

结果拉坦和达利发现,独自等候时有 3/4 的学生被试报告了冒烟一事,其中一半人在 2 分钟内报告。相反,当与两位不采取任何行动的消极助手在一起时,只有 1/10 的学生被试报告了冒烟一事。尽管他们咳嗽、揉眼睛甚至打开窗户,但就是不去报告!

至于三名真正的学生被试一起等候的情形,直接将他们与独自等候的学生被试做比较的确不恰当。如果独自等候时有 75% 的次数报告了冒烟一事,那么对于三个独立的被试一起等待的情况,相应的比例就应该是 98%(因为所有三个学生都不报告的概率是 $0.25 \times 0.25 \times 0.25 = 0.02$,所以 $1.00 - 0.02 = 0.98$)。但实际情况相反,三人组时只有 38% 的次数报告了冒烟一事。

为了确保这些结果不是由一些无关的外部因素(如独自一人与在群体中对火灾的恐惧感不同)造成的,拉坦和达利决定在一种不同的背景下重复这个实验。在一个表面上的"市场调查"实验中,研究者将学生等候的情形分为四种:独自等候;与一位朋友一起等候;与一位陌生人一起等候;与一位不采取任何行动的消极助手一起等候。然后在他们等候期间,研究者让他们相信隔壁房间有个人跌倒并且摔伤了。这是通过播放一段高保真的碰撞声录音实现的,接着是一个女人的呼喊声:"噢,我的天啊,我的脚⋯⋯它⋯⋯它⋯⋯动不了⋯⋯噢,我的脚踝!我⋯⋯不能⋯⋯不能⋯⋯挪开这些东西。"

听到她的呼喊声后,独自等候的学生有 70% 的人会提供帮助。这意味着如果小组中两个人的行动相互独立,那么至少一个人帮助那位女性的可能性为 91%(也是因为每个人都不提供帮助的可能性是 $0.30 \times 0.30 = 0.09$,这样 $1.00 - 0.09 = 0.91$)。实验结果相反,不认识的两名被试一起等候时,帮助的次数只有 40%;而两位朋友一起等候时帮助的次数也只有 70%。因此,尽管两位朋友比两位陌生人更可能采取干预行为,但是与独自一人相比,他们还是会受到彼此抑制效应的影响。将独自等候的被试与伴有消极助手一起等候的被试相比时,这种来自他人的抑制效应同样清晰可见。在后一种情况下,只有 7% 的被试采取了干预行为。

　　拉坦和达利在其他几项研究中也发现了类似的结果。而且自他们最初的研究工作以来，已经有很多其他研究者也证明了他人在场会抑制帮助行为。实际上，自拉坦和达利首项研究完成后的十年来，研究者做的 56 个实验中有 48 个实验发现，他人在场会使旁观者更少地进行帮助（Latané & Nida，1981）。综合考虑这 56 项研究，人们独自旁观时干预的次数达到了 75%，而处于群体中时帮助的次数则只有 53%。

　　是否有某类人群能免受旁观者抑制效应的影响？从拉坦和奈达（Latané & Nida，1981）所做的文献综述的结果来看，在美国社会中只有一类人能有这样的免疫力：9 岁以下的儿童。此阶段后干预决策都会受到他人在场的强烈影响。

社会比较理论

　　关于社会助长、社会懈怠和责任分散的研究都倾向于支持泰特洛克关于决策者是精明的政治家的观点。人们经常从他人身上直接获取线索，而且非常关注他人对自己的看法。研究也表明，人们通过把自己与他人做比较来评价自己的观点和能力（Suls & Miller，1977）。描述人们如何进行这些决策判断的最精细的理论就是"社会比较理论"（social comparison theory）。

　　费斯汀格在 1954 年提出了社会比较理论，他也是认知失调理论的创立者。费斯汀格认为，人们具有评价自身能力水平及其观点恰当性的需要，那么在缺乏客观的、非社会性的标准时，人们就会把自己与其他人做比较。费斯汀格在定义社会比较理论时力求详细和严格。该理论包括 9 条假设、8 条推论和 8 个衍生观点，或者说一共有 25 条主要命题。

　　大致来看，这些命题中最重要的是如下三条：

假设I：人们具有评价自己的观点和能力的自然倾向。

假设II：在客观的、非社会性信息不易得时，人们会通过将自己的观点和能力与他人的做比较，进而评价自己。

推论IIIA：在面临选择时，人们更愿意与那些观点及能力和自己相近的人做比较。

最后一个命题已经成为大量研究详细考察的主题，而且大部分研究都支持费斯汀格（Festinger，1954）的主张。人们通常会与那些和自己相似的人做比较，而不与那些和自己不相似的人相比。例如，如果你是一名本科生，你很可能会把自己的学业成就与其他本科生做比较，而不是与研究生或者教授相比。同样，助理教授一般会与其他助理教授做比较，而不会与资深教授相比。

从类似之人身上获取线索

在霍恩斯坦、菲什和霍姆斯（Hornstein，Fisch，& Holmes，1968）的一个有趣的现场实验里，社会比较中相似性的作用得到了很好的体现。在这项研究中，在曼哈顿中心区有 100 多名行人无意中发现路上有一张写着地址却没有贴邮票的信封，信封里有一个遗失的钱包和一封写给钱包主人的信。钱包里有 2 美元现金，一张签给 E.M.H 公司（这几名研究者名字的首字母组合！）的支票，一张写着某人电话号码的纸条，以及钱包主人的身份证，上面有钱包主人的姓名、电话号码和地址，钱包里还有其他一些东西。钱包主人名叫迈克尔·欧文——这个名字是经过仔细挑选的，以避免含有任何种族或宗教暗示——而且在所有情况下，钱包及里面的东西都是一样的。

有变化的是写给钱包主人的信。在某些实验条件下，写信者与这些路人被试相似（即一位英语流利、像是本地人的写信者）；而在其他条件下，写信者则是一位与路人不相似的人（即一位几乎不懂英语的外国人）。另一个实验条件是不同的写信语气，1/3 的信件是积极语气，1/3 的信件是中性语气，而剩下 1/3 的信件则是消极语气。例如，一位英语流利的人（"相似的他人"）的消极语气信件是这样的：

> 亲爱的欧文先生：
>   我捡到了您的钱包，如今物归原主。所有东西都在里面。
>   我必须说的是，照看这个钱包和不得不把它归还，确实是一件很不方便的事。归还钱包的整个过程实在是很麻烦，我真的很生气。我希望您会为我付出的努力而心存感激。

另一方面，一位不相似人的消极语气信件是这样的：

亲爱的欧文先生：

我正在你们国家旅行，并不熟悉你们的行为方式。但是我捡到了你的钱包并还给你，东西都在里面。

对钱包负责并将它归还是一件很费劲的事情。其中的过程实在是烦琐，希望你能够对我有所感激。

研究者所提出的假设是，当写信者与自己相似时，人们受到信件语气的影响会大于当写信者与自己不相似的情况（也就是说，研究者预测当写信者与被试相似时，积极信件会比消极的信件导致更高的归还率，可是当写信者与被试不相似时，信件的语气就不会产生影响）。正如图 17.3 所示，实际的结果符合

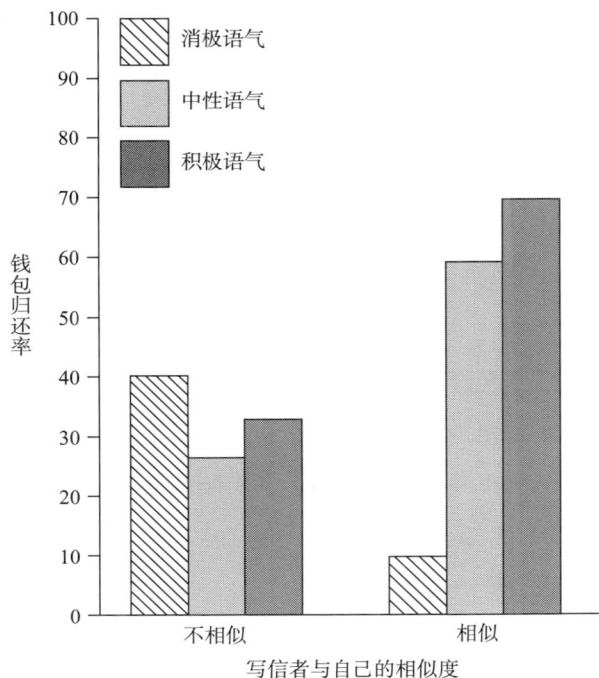

图 17.3 霍恩斯坦、菲什和霍姆斯（Hornstein，Fisch，& Holmes,1968）进行的研究，各种实验条件下归还丢失钱包的人数百分比。

研究者的预测。当写信者是本地人时，积极信件使人们归还钱包的次数是消极信件的 7 倍。相形之下，当写信者是一名外国人时，积极、消极和中性信件的归还率实际上是差不多的。尽管这些结果本身不能说是定论，但它们的确支持了费斯汀格（Festinger，1954）的推测：人们会从相似之人身上获取线索。

社会性镇痛

肯尼思·克雷格和肯尼思·普克钦（Craig & Prkachin，1978）的研究显示出，社会比较对知觉的影响有多强烈。这些研究者发现，当人们把自己与一位疼痛耐受性很强的人做社会比较时，实际上会导致人们体验到的疼痛感减小。

在这个研究中，研究者对被试的左前臂进行电击。起初电击轻微得几乎觉察不到，但随着实验的进行，电击强度逐渐加大（每次增强 0.25 毫安）。每次电击后，被试要在 0 ~ 100 的数值范围上表明自己觉得不舒服的程度，当他们对电击强度的评价为 100 时，实验就会结束。

该研究共有两种实验条件：忍耐模仿条件和控制条件。在忍耐模仿条件下，每个被试都配有一名假扮成被试的研究助手，后者的疼痛评价总是比真正的被试低 25%（真被试总是先评价）。在控制条件下，研究助手假扮的被试只是在一旁观察被试，只有真被试才会评价电击引起的疼痛程度（这控制了他人在场的影响）。

克雷格和普克钦发现，当被试配有忍耐力强的假被试（研究助手）时，他们不仅评价受到的疼痛电击较小，而且他们真的似乎体验到较小的疼痛。在忍耐模仿条件下，虽然电击强度增大了，但与控制条件下相比，他们的心率反应和前臂皮肤电压（这是测量生理唤醒的两种指标）反而更小。因此，社会比较既会影响疼痛评价也会影响躯体反应。

从 众

请仔细看看"读者调查"第 28 题的线段 1、2、3。哪条线段的长度与线段

A等长？如果你与大多数人一样，你会认为线段3和线段A一样长，而且你几乎毫无疑问地相信自己是对的。

可是如果你在一个房间里和其他7个人一起判断，而这7个人都一致声称线段1与线段A一样长，你又会如何反应呢？你会坚持自己的判断，还是会屈从于大多数人的一致意见？

实际上这就是所罗门•阿施（Asch，1951；1955；1956）在其关于从众的经典实验中设计的基本情境。在他的多数实验里，有7～9名男大学生围坐在桌子旁，然后研究者要求他们根据一张卡片上的"标准"线段长度，从另一张卡片上的三条"比较"线段中找出与"标准"线段等长的线段。实验有18个试次，每一个试次的判断问题都非常简单。控制组由单个的独立判断者组成，平均的判断正确率高达99％以上。被试不知道的是，和其坐在一起的其他人实际上是假扮成被试的研究助手。在大多数实验中，7～9名男大学生小组中只有一名真正的被试。

在实验的第一个试次，标准线段长25.4厘米，三条比较线段分别长22.2厘米、25.4厘米和20.3厘米。沿着桌子按顺时针的顺序，每名学生都要给出自己的判断，每个人都指出25.4厘米长的比较线段与标准线段一样长。到这里为止一切都正常。

在实验的第二个试次，学生看到的标准线段长5厘米，而比较线段分别长5厘米、2.5厘米和3.8厘米。这次学生们也是毫不费劲地找出了等长的线段。

可是到了实验的第三个试次，一些奇怪的事情发生了。这一次的标准线段长7.6厘米，但是假扮成被试的研究助手并没有选7.6厘米长的比较线段，而是一致认为9.5厘米长的比较线段与标准线段一样长。那名真被试（他总是坐在接近最后发言的某个位置）不知道的是，阿施让研究助手们在18个试次的实验中有12个试次都一致地给出了错误回答。阿施想看看真正的被试是否会屈服于这种从众的压力。

阿施发现在这12个试次的实验中，约有1/3的试次被试会从众，即遵从大多数人都一致赞同的错误答案。3/4的被试至少有一个试次从众，而1/3的被试在 12 个关键试次中有一半或一半以上的试次选择了从众。也就是说，大多数人做出了与自己的常识判断相反的选择，而且很多人在大多数试次中都有从众的表现。

阿施对这个实验还做了若干调整。例如，在一组研究中，他改变了小组的人数（见图 17.4）。当被试只与一名研究助手一起判断时，他们几乎完全不受助手错误答案的影响。大多数被试几乎在所有试次中都回答正确。当被试的判断与 2 名助手相左时，被试从众的次数有 13%。当被试的判断与 3 名助手的意见相左时，被试从众的次数有 33%。阿施发现过了这个点以后，从众效应并不会增加，尽管后来其他研究者的研究结果显示，持相左意见的多数人超过 3 人以后，从众效应有所增加（Latané & Wolf，1981）。不管这个问题的最终结果如何，一个非常明确的结论就是，即使小组人数较少，多数人的意见也足以引

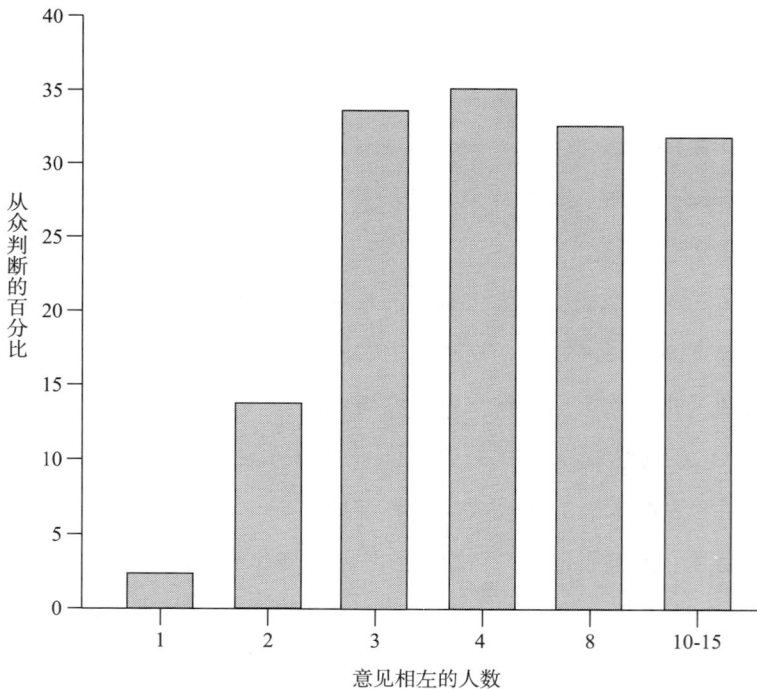

图 17.4 在阿施的从众实验中，他发现3人组的多数意见所导致的从众效果与5倍的15人组的多数意见几乎一样（Asch，1951）。

起较大的从众效应。

在另一组实验中，阿施让另一名真正且一般会给出正确判断的被试坐在第四位发言人的位置上，或者授意让一名给出正确答案的研究助手坐在第四位发言人的位置上，从而打破了多数人一致意见的条件。阿施想看看多数人的意见不再一致时会发生些什么。

结果他发现，这种做法对被试的反应有很大影响，从众效应变成只有原来的 1/4。也就是说，当多数人的意见并不一致时，被试从众的次数只是多数人意见一致条件下的约 1/4。实际上，阿施发现，3 名意见一致的多数派对被试判断的影响力远强于 8 个多数派加上 1 个异议者。这些结果显示，如果情境存在强大的从众压力，单个不同意见者具有重大的影响。

少数派影响

1969 年，瑟奇·莫斯科维奇及其两名同事把阿施的实验范式反转，以此来研究少数人对多数人的影响（Moscovici，Lage，& Naffrechoux，1969）。与阿施观察多数派的研究助手对一两名真正被试的影响不同，莫斯科维奇考察了少数几名研究助手对作为多数派的真被试的影响。他们发现，即使少数派并不强大或者没什么名望，意见一致的少数派也能产生显著的影响力。

在莫斯科维奇最初完成的一组实验中，每个小组包括 2 名研究助手和 4 名真被试。每个人都坐在空白屏幕前，研究者告诉他们这个实验要研究颜色知觉。然后屏幕上呈现一系列的幻灯片。在每个试次中，小组成员要说出他们对幻灯片颜色和光强度的看法。所有的幻灯片都是不同强度的蓝色，但是研究者要求研究助手在某些关键试次中却把它判断为绿色。莫斯科维奇及其同事发现，被试在 8％的关键试次中做出了与研究助手相同的判断，32％的被试至少一次把幻灯片的颜色判断为绿色。相反，控制组未受影响的被试在 792 次判断中只有 2 次错误地判断为绿色。

因此，莫斯科维奇及其同事证明了少数人能对多数人产生显著的影响。但是存在一个前提，即少数人的意见必须保持一致和稳定。如果两名研究助手随

机地把幻灯片判断为蓝色或者绿色（其中 1/3 次的判断是蓝色），那么被试只有
1％的试次把幻灯片判断为绿色。只有在研究助手坚持一致立场的前提下，少
数人才会有显著影响（关于这方面研究的回顾与扩展，可参见 Maass & Clark，
1984；Nemeth，1986；Nemeth & Chiles，1988）。

群体思维

当群体具有凝聚力且相对不受外界影响时，群体忠诚和从众压力就会导致
贾尼斯（Janis，1982）所说的"群体思维"（groupthink，又译作群体盲思）。
贾尼斯对群体思维的定义是，群体思维"是指心理活动的效率、对现实的检
验以及道德判断因内群体压力而退化"。群体思维导致错误决策的最著名的例
子就是美国的猪湾事件，在这一事件中，约翰·肯尼迪总统的内阁提出了一个
入侵古巴的拙劣建议。再后来，詹姆斯·埃瑟和乔安妮·林多尔夫（Esser &
Lindoerfer，1989）的研究发现，1986 年美国在不安全的天气条件下发射挑战
者号航天飞机的致命决策中就存在群体思维的情况。

根据贾尼斯的观点，群体思维有 8 个普遍的特征：

- 群体中大多数或所有成员都抱有一种"无懈可击"的错觉，从而导致过
  分乐观以及过度冒险。
- 集体努力忽视警报信号或者对其进行合理化。
- 对群体固有的道德观抱有不容置疑的信仰。
- 对敌手充满刻板印象，认为他们都太邪恶而不值得与之谈判，或者认为
  其太软弱或太愚蠢而不会构成严重威胁。
- 任何不赞同多数人意见的群体成员都会感受到压力。
- 共同持有全体意见一致的错觉。
- 对偏离群体共识进行自我校正。
- 自封的"心灵卫士"，保护群体远离那些可能破坏群体自豪感的信息。

如果一个群体表现出这些危险的信号，那么它就很有可能受到了群体思维
的影响。为防患群体思维，贾尼斯推荐了几条预防措施。第一条也是最重要的

一条：群体领导者应该明确鼓励不同的意见和批评，包括对他们自己立场的批评。第二条，群体领导者应该避免在一开始就亮出自己的个人偏好。研究者（Russo & Schoemaker，1989）观察发现，一些日本企业正是这样做的，他们开会时由职位最低的成员首先发言，然后是职位次低的成员，以此类推。这样一来，群体成员就不必担心自己的观点与上层的意见不一致。

第三条预防措施是在群体中设立其他群体，并分派其他领导者一起考虑同一个问题（这样就可以比较不同的答案）。第四条，群体成员应该定期与受信赖的同事对群体决策进行审议，并且向群体报告讨论的结果。第五条，群体应该邀请群体外的专家或者资深同事参加群体会议，鼓励他们挑战群体的一致意见。事实上，贾尼斯指出，避免群体思维最好的方法之一就是正式任命某位群体成员担当批评者的角色。以上每条措施都是使不同的意见能够得到合理对待，都是在利用有异议的少数人来减少群体思维。

结　论

本章的主题很简单：因为人类本质上是社会性的，所以他们的判断和决策都会受到社会因素的影响。即使人们独自决策，他们也常常根据他人会做何评判的预期来决定自己的行为。因此，任何时候要对人们的决策和判断做出全面的解释，都必须考虑社会因素。

在某些情况下，这些因素虽然能影响决策，但却没有影响决策背后的判断。例如，很多人会迫于从众压力和群体思维而支持某个选择，但他们自己私底下并不赞同这一选择。在另外一些情况下，判断本身也被歪曲了。例如阿施发现，在他的实验中有少数被试的知觉的确被扭曲了，而且他们并没有意识到多数人的意见影响了自己的判断。类似地，拉坦和达利也发现，很多没有做出反应的旁观者，在责任分散的条件下也改变了自己对情境的认知。正如拉坦和达利（Latané & Darley，1970）所说的："（这些）被试几乎无一例外地都声称，如果遇到'真正'的紧急情况，他们一定会第一个去帮助受害者。"

本章所讨论的社会影响因素只是支配着我们日常生活的诸多社会因素中的一小部分。这里只是举例说明，并没有罗列所有的影响因素。而且，就像论述社会懈怠效应时所表明的，社会因素既可能妨碍决策与判断，也可能改善决策与判断。第 18 章将通过比较群体表现和个体表现，继续讨论这一问题。

18

群体决策与判断

———————— ❖ ————————

如果一个群体成功地避免了群体思维，那么是否意味着它能比个体做出更好的决策和判断？群体也会与个体一样使用启发式思维并出现偏差吗？

相对而言，在个体和群体水平上比较启发式及偏差的研究很少，所以没有这方面的重要综述。然而，在已发表的研究中，大多数研究都显示，在归因和判断的偏差上，个体和群体类似。本章第一节要讨论几种类似的情况，第二节侧重群体和个体在决策和判断上的差异。

群体错误和偏差

如第 16 章所述，基本归因错误是一种过度将个体的行为归因于个性原因的倾向。例如，人们通常认为论文反映了作者本人的立场，即使他们被告知作者是被迫采取这一立场也是如此（Jones & Harris, 1967）。群体归因错误（group attribution error）是一种对群体做出无根据的内在个性归因的倾向。首先提出群体归因错误这一概念的是斯科特·艾利森和戴维·梅西克（Allison & Messick, 1985），他们认为，"基本归因错误和群体归因错误有一个共同的基础，那就是我们倾向于忽视行为的外部决定因素，并且想当然地认为行为和某些潜在的态度存在对应关系。"他们在研究中发现，被试推断，当一位城市管理者颁布节水措施时，公众会比没有采取该项措施时更加支持节约用水，尽管几乎没有什么理由可以认为，民意反映了单个政府官员的决定。麦凯和艾利森（Mackie & Allison，1987）也报告了类似的研究结果。

"自我服务"偏差和"群体服务"偏差之间也存在相似的归因。前者指个体对自己的成功做内在的个性归因，而对自己的失败做情境归因。后者指群体成员对群体的成功做内部归因，而对群体的失败做外部归因。泰勒和多里亚（Taylor & Doria，1981）比较了校际运动员的自我服务偏差和群体服务偏差，发现群体服务偏差至少与自我服务偏差一样强。详言之，运动员的群体服务偏差表现为，他们更多地将自己校队的成功归因于出色的团队合作，而较少将失败归因于糟糕的团队合作。

另一种群体水平的归因偏差是"外群体同质性偏差"（outgroup homogeneity bias）。正如个体认为自己比别人更灵活一样，群体也认为他们自己的成员比其他群体的成员更灵活（Mullen & Hu，1989）。例如，在一个实验中，普林斯顿大学4个学生俱乐部的成员要在人格维度上为自己群体的成员和其他3个群体的成员打分，例如内向/外向、傲慢/谦逊、悠闲/紧张（Jones，Wood，& Quattrone，1981）。结果表明，无论学生在哪个俱乐部，他们都认为自己群体的成员在人格上比外群体成员更灵活。

你可能会说："他们肯定认为自己的群体更灵活——因为他们认识自己俱乐部更多的成员。"但研究结果表明，外群体同质性偏差与学生认识的内群体和外群体成员数量无关。而且，外群体同质性偏差也发生在那些彼此有较多接触的群体之间，比如女性和男性（Park & Rothbart，1982）。所以，外群体同质性偏差并不仅仅是熟悉度差异的结果。

外群体同质性偏差的一个严重结果是加剧了刻板印象。因为外群体成员被认为是相对同质的，所以他们的个体性往往被低估了。不幸的是，这种认为外人更同质的倾向在国际关系中尤为普遍。例如，苏联领导人安德罗波夫上台时，美国前国家安全顾问布热津斯基写道："把这些人分为保守派或自由派、鹰派或鸽派、斯大林主义者或非斯大林主义者都是错误的，关键在于他们都是野蛮而且粗暴的"（Schmemann，1985）。不久以后发生的事件就证明布热津斯基犯了多么严重的错误。

很少有研究探讨诸如易得性和代表性这类启发式是否也在群体判断中起作用。而阿戈特等人（Argote，Seabright，& Dyer，1986）就对此进行了研究，他们给个体被试和由五人一组的被试呈现律师—工程师问题的各种变式（见第10章）。研究者发现，群体比个体更加倚重代表性启发式。廷代尔等人（Tindale，Sheffey，& Filkins，1990）也发现，当面对类似于"读者调查"第1题这种问题时，四人小组群体比个体更可能犯合取谬误（代表性规则的另一个结果）。

所有上述结果意味着什么呢？显然，尽管我们还需要做更多的研究，但这些初步的发现表明，个体水平的启发式和偏差在群体决策和判断中仍然存在。的确，群体中的这些偏差有时比个体还要强烈。以代表性启发式为例，阿戈尔特等人（Argote，Seabright，& Dyer，1986）总结道："当评价类别群体成员时，群体讨论似乎增强了个体代表性判断的倾向。"

群体极化

群体讨论容易增强群体成员判断的倾向被称为"群体极化"（group polarization）现象（Moscovici & Zavalloni，1969）。首先发文阐述这一现象的研究者是詹姆斯·斯托纳（Stoner，1961），他发现，被试在参加群体讨论之后，更愿意提倡和支持冒险行动。斯托纳将这一变化称为"风险转移"（risky shift）。在他最初的实验之后，很多研究也随之对此进行了探索。毕竟，如果群体极化使得群体比个体采取更冒险的行动，那么斯托纳的发现，上至对国家的安全，下至对商业的往来，以及对其他由群体做出重大决策的领域，都将具有深远的意义。

大概有4/5的风险转移实验程序是这样进行的：首先，被试要完成一份问卷，用于评估他们冒险的倾向。问卷通常选用由科根和沃勒克（Kogan &

甲先生是一位45岁的会计师，最近医生发现他患上了一种严重的心脏病。这种疾病迫使甲先生改变很多重要的生活习惯，例如减少工作量，彻底改变饮食，以及放弃最喜欢的休闲嗜好。医生建议他尝试外科手术，如果手术成功，就可以完全治愈心脏病，但手术也可能失败导致死亡。

假定你为甲先生提供建议。手术成功的概率有如下几种。

请选择你所能接受的最低的手术成功概率，并在相应横线上打勾。

_____无论手术成功的概率多大，甲先生都不应接受手术。

_____手术成功的概率是90%。

_____手术成功的概率是70%。

_____手术成功的概率是50%。

_____手术成功的概率是30%。

_____手术成功的概率是10%。

图 18.1　科根和沃勒克（Kogan & Wallach，1964）编制的两难选择问卷中的一道题目。

Wallach，1964）编制的"两难选择"问题，其中描述了 12 种假设的情境，情境中的个体必须在冒险行动和保守行动之间做出选择。例如，在一道题目中，一位 45 岁的会计师要决定是冒风险做心脏手术，还是让其心脏病继续恶化（见图 18.1）。

在两难选择调查中，被试需要决定当成功概率达到多少时，他们将建议当事人选择冒险行为。这次测量称为前测。然后，大约 5 名被试组成一个小组，讨论这 12 个问题，并就每种假设情境的行动风险水平达成一致意见。这一阶段称为操作测验。操作测验的平均分与前测平均分之差就是风险转移的测量值。

虽然这一主题有很多变式，但研究结果相当一致。群体讨论通常使人们提倡和支持更冒险的行为，比个体独自决策时更为激进。然而如果群体最初倾向于保守，群体讨论有时会引起"保守转移"（cautious shift）。因此，很多研究者现在采用"选择转移"（choice shift）这一更加宽泛的词语来描述这一基本现象。

正如选择转移研究一样广泛，群体极化研究也延伸到了冒险以外的问题。例如，戴维·迈尔斯和马丁·毕晓普（Myers & Bishop，1970）发现，对种族问题怀有强烈偏见的学生在互相讨论了这一话题之后，偏见变得更为强烈；而相对没有太多偏见的学生在相互讨论以后偏见更少了。类似地，迈尔斯（Myers，1975）还发现，"沙文主义者"和"女性主义者"在各自群体内讨论了女性问题以后，两个群体之间的分歧扩大了。这类研究基于"群体构成"（group composition）范式，即群体由具有相同倾向的人构成（这一倾向在群体讨论后得到增强）。

另一类群体极化研究使用这样的范式：问题本身带有某种倾向，群体讨论使这一倾向极端化。例如，戴维·迈尔斯和马丁·卡普兰（Myers & Kaplan，1976）发现，当模拟陪审团仅得到较弱的犯罪证据时，群体讨论后判决变得更轻；而当陪审团得到确凿的证据时，群体讨论后判决变得更重。因此，基于法律证据的初始倾向在经过群体讨论后变得极端化了（关于群体极化及其原因的综述见 Myers，1982；Myers & Lamm，1976）。

卖马问题

"有人以 60 美元买了一匹马，并以 70 美元卖出。然后，他又花 80 美元钱买回了这匹马，再以 90 美元卖出。在这匹马的交易中，他共赚了多少钱？"

"读者调查"第 16 题最早出现在梅尔和索利姆（Maier & Solem，1952）的经典研究中。梅尔和索利姆发现，只有45%的大学生被试能独自解决这个问题。但当学生们组成 5 人或 6 人小组时，他们的表现大有改善。在领导者不活跃的学生群体中（领导者仅仅观察成员们的讨论），回答正确的次数占72%；而在鼓励型领导者的群体中（领导者鼓励所有成员表达想法），回答正确的次数则达84%。

若要了解一个有效的群体可能如何解决这一问题，让我们来听听发生在梅尔和索利姆实验室中的一次假想的群体讨论吧：

温迪［群体领导者］：我怀疑这个问题可能有些迷惑性，也许不像表面看来这么简单，而且我不信任心理学家。我们每个人都来讲讲自己想到的答案吧，再说说为什么这个答案是对的。

贝内特：我非常肯定答案是 10 美元。我解决这个问题的方法是，假定这是
　　　　股票交易。如果我以 60 美元买进一股股票并以 70 美元卖出，那我就
　　　　赚了 10 美元。然后，如果我改变了主意，以 80 美元的股价买进了同
　　　　一种股票，我就比卖出时的 70 美元多花了 10 美元，把先前赚的钱亏
　　　　掉了。再以 90 美元售出让我又赚了 10 美元，所以我得到这个答案。

吉尔：我的答案是 20 美元，因为这个人第一次卖马赚了 10 美元，第二次
　　　又赚了 10 美元。但听了贝内特的解释，我不敢肯定我的答案是对的。

温迪：不必担心你是不是对的，我们只是希望听到所有可能的答案。你呢，
　　　史蒂文？

史蒂文：我认为正确的答案是 30 美元。他开始时花 60 美元买进，最后以
　　　　90 美元卖出，那他的利润不是 30 美元还会是多少呢？

埃米：如果他不需要借钱的话就确实赚了 30 美元，但他卖马得到 70 美元
　　　以后，要花 80 美元买回这匹马，就需要额外的 10 美元。这样剩下了
　　　20 美元利润——30 美元减去他额外借的 10 美元。

温迪：这么说你同意吉尔的答案？

埃米：是的。实际上，我想这个问题之所以让人困惑，是因为两次交易用
　　　的是同一匹马。如果这道题里有两匹马，答案就很明显了。

贝内特：你的意思是？

埃米：是这样，假设他以 60 美元买进了第一匹马，又以 70 美元卖出，他
　　　赚了多少钱？

贝内特：10 美元。

埃米：现在假设他又买了第二匹马，花了 80 美元，再以 90 美元的价格卖
　　　出，他赚了多少钱？

贝内特：又是 10 美元。

埃米：对，所以他最后一共赚了 20 美元。他的利润与交易的是一匹马还是
　　　两匹马无关，无论怎样他都赚了 20 美元。如果你喜欢用股票交易来想
　　　这个问题，那就假定交易的是两种股票而不是一种。不应该认为买进
　　　第二种股票花 80 美元意味着亏掉 10 美元——卖出比买进的价钱低才
　　　是亏了钱。

我们先听到这儿，现在请想象你就是这个群体的一员。埃米总结了她的发言以后，轮到你解释你的答案。你发言结束后，整个小组花几分钟来讨论这个问题。然后实验者请每一名小组成员记录下最终的答案。你可以选择保留做"读者调查"第 20 题时的回答或者改变回答。你会怎样做呢？

大多数人在这样的情况下都能给出正确的答案——20 美元。那些在一开始就得出正确答案的成员在后来的讨论中很少改变答案，而其他人通常在群体讨论后给出了正确的答案。虽然梅尔和索利姆（Maier & Solem，1952）发现，无论群体领导者不活跃还是具有鼓励性，群体的表现都胜过个体；但当群体领导者积极地鼓励所有成员与大家分享他们的观点时，正确率最高。

当讨论开始时群体里只有一名成员知道正确答案时，鼓励型领导者的好处尤其明显。在这样的情况下，鼓励型群体中有 76% 的学生回答正确，而不活跃群体中答对的学生只有 36%。这一发现与上一章的两个观点一致：（1）避免群体思维的最好方法是明确地鼓励成员发表异议（Janis，1982），以及（2）在少数人的见解正确的情况下，少数人可显著地提高群体判断的正确率（Nemeth，1986）。

梅尔和索利姆（Maier & Solem，1952）的研究表明，开放的讨论可大幅度提高正确率。在他们的实验中，尽管群体讨论具有优势，但值得注意的是，并非所有的小组成员都解决了这个问题。即使开始时，在参加实验的 67 个小组中，有 63 个群体内至少有一名成员知道正确答案，但大概有五分之一的被试在群体讨论后仍然回答错误。托马斯和芬克（Thomas & Fink，1961）用同样的"卖马问题"做实验也得到了一样的结果。在他们的研究中，群体讨论前，44 个小组中有 29 个小组至少有一位成员知道正确答案，但只有 15 个小组在讨论后全体成员给出了一致的正确回答。所以，群体讨论可以显著地提高正确率，但并不能保证所有群体成员都回答正确。

人多力量大吗

群体判断在某种程度上往往比个体判断更为准确，尽管并非一贯如此。群体判断的准确性取决于很多因素，包括任务的性质和难度、群体成员的能力以及成员间的互动方式等等。里德·黑斯蒂（Hastie，1986）发表了一篇综述，探讨了很多影响群体判断的因素，并比较了群体和个体在3种不同类型判断任务上的表现：（1）判断数量和大小，例如罐中豆子的数量；（2）判断逻辑问题，例如卖马问题；（3）判断一般知识性问题，例如"苦艾是一种酒还是一种宝石？"

黑斯蒂总结认为，对于数量判断，群体通常比个体稍微准确一点（黑斯蒂估计这一差别大约是1/8个标准差）。斯尼泽克和亨利（Sniezek & Henry，1989，1990）的研究显示，在某些情况下，群体判断的这一优势可能比黑斯蒂的估计数要大。他们运用了"标准化偏差"的测量方法，发现3人群体比个体数量判断的准确性高23%～32%——是黑斯蒂总结的研究中差别的2～3倍。

对于逻辑问题，黑斯蒂发现，群体通常比个体表现更好，但是群体中最优秀的成员如果独自解决问题，其结果往往好于整个群体。同样，他总结认为，在回答一般知识性问题时，群体通常比普通的个体表现更好，但群体中最优秀的成员往往超过群体的表现或至少与之相当。通过总结这3种判断任务，黑斯蒂发现，群体比普通个体做出的判断更为准确，但群体中最优秀的个体经常胜过整个群体。

盖尔·希尔（Hill，1982）在其一篇题为《群体与个体表现：$N + 1$ 是否大于1》的重要综述中，也得出了类似的结论。在这篇文章里，希尔总结了50年来关于个体和群体表现的研究。她不仅探讨了判断与决策之外的诸多作业的表现，综述甚至还涉及创造力和问题解决。她发现，群体通常胜过其中一般的个体，但是群体表现通常不如统计数量上等量人群（没有关联和互动的一群人）中最优秀的个体。希尔还发现，对于容易的任务，增加群体的人数只能增加至少有一个人能独立解决问题的可能性；而对于困难的任务，群体合作的主要优势似乎在于，群体成员能够汇聚所有人的资源并纠正彼此的错误。

希尔还考察了头脑风暴法。详而言之，她比较了群体讨论中产生的创意数量与同样多的人独自进行头脑风暴想到的创意数量之和。希尔发现，单独想出创意后再汇总要比群体会议的头脑风暴法更加有效。* 她总结认为，群体表现的优势主要在于汇总的作用（也就是仅仅让更多的人来解决问题），而不是群体互动本身的结果。从实际的角度来看，这意味着解决难题的最好方法是，让几个人独立思考问题后再汇总并分享他们的创意。

独裁的益处

虽然群体判断往往比个体判断准确，但这种准确性部分地取决于群体成员如何汇总他们的回答（Davis，1973）。斯尼泽克的一项研究（Sniezek，1989）对此进行了探讨，并发表了相关的研究报告，斯尼泽克比较了5种群体决策技术：（1）"共识"技术，即进行面对面的讨论，直到某种判断为群体所有成员接受；（2）"辩证法"技术，即要求群体成员讨论可能导致判断偏差的因素；（3）"独裁者"技术（也称最佳成员技术），即进行面对面的讨论并选出一位成员，他的判断代表了整个群体；（4）"德尔菲"技术，即群体成员不直接见面，而是以某种顺序循环匿名提出各自的答案，直到形成一致的意见或稳定的判断（这一技术的优势是可以让群体免受个别垄断讨论或者对自己的判断过分自信成员的影响）；（5）"汇总"技术，即禁止群体成员之间有任何形式的互动，只是把成员们的个人判断平均化，得到"群体"判断（在斯尼泽克的研究中，汇总技术仅是在没有社会互动的条件下，确定加总的准确性基线水平）。

每个群体或小组由5名大学生组成，而且每个小组都使用全部5种决策技术。群体从汇总技术开始，然后以不同顺序采用其他决策技术。学生们的判断任务是估计一家校园商店下个月将售出多少商品，即服装、杂志、贺卡礼品和

---

* 尽管希尔没有明确指出可能的原因，但社会性懈怠可能部分地导致了这一结果。韦尔登和加格诺（Weldon & Gargano，1985，1988）发现，当人们一起解决复杂的判断任务时，会出现社会懈怠现象。

健康美容用品的营业额各是多少。斯尼泽克用判断值与实际销售额之差的"绝对百分数误差"来衡量判断的准确性。

她发现，前4种技术（共识、辩证法、独裁者、德尔菲）的判断准确性都比简单的汇总技术更高，其中独裁者技术的准确性最高，这一技术减少的绝对百分数误差是其他技术的3倍。有趣的是，在每个小组中，"独裁者"最后都改变了自己的判断，使其更接近集体的平均数，因而使偏差值增大。也就是说，群体能够选出一个判断非常准确的独裁者，但这位独裁者总是试图变得更加民主，结果反而降低了最终判断的准确性。

当然，斯尼泽克的研究结果仅是基于来自特定总体（大学生）的特定人数（5人）的群体解决特定的判断任务（销量预测），将独裁者技术最优的结论推广到所有情境是不适合的。然而，斯尼泽克的实验表明，群体判断的准确性部分取决于群体采用的决策规则。她的研究结果也证明，在某些情况下，互动的群体的表现胜过没有互动的等数量的一群人。所以，至少在某些情境中，群体表现的优势不仅在于有"更多的人"，而且更在于"群策群力"。

结 论

因为群体表现取决于如此诸多不同的因素，所以难以进行高度的概括（Tindale，1989）。出于同一原因，这些不一致甚至相反的群体研究结果难以统一。哪些因素引发了这些矛盾？是任务差异、群体人数，还是所运用的决策规则？讽刺的是，丰富的群体研究反而使研究结果的解释变得更加复杂。

另外的问题是，群体决策和判断没有得到像个体决策和判断那样多的重视，尽管委员会、专家小组、董事会、陪审团和其他决策群体无处不在。而且，个体和群体研究之间的界限常常模糊不清，因为群体毕竟是由个体组成的。例如，研究群体归因错误实质上是探讨个体如何对群体进行归因。类似地，选择转移也以比较群体决策和个体决策的差别来测量，或者通过比较群体讨论前后的个体决策。只有前一个例子才是真正的群体决策。

尽管如此复杂，群体决策和判断的研究暂有如下初步的结论：

- 很多个体水平上的启发式和偏差在群体中发挥了同样的效力。
- 群体讨论通常会增强已有的倾向。
- 群体表现通常好于一般个体，尤其是在一名指定的领导者鼓励全体成员发表意见的情况下。
- 群体中最优秀的成员通常比整个群体的表现更好（有时可使用独裁者决策技术来利用这一点）。
- 几个人独自使用头脑风暴法比群体会议更为有效。

上述结论均得到了大量实证研究的支持，但由于群体表现受如此之多因素的影响，在特定情境中应用这些一般性结论仍需谨慎行事。尽管决策者通过轮番讨论经常能变得更好，但合作并不能保证一定有一个有成功的结果。

第六编

常见陷阱

　　本书的这一编主要论述困扰决策者的三个常见问题。第19章探讨过度自信的问题，第20章讨论自我实现的预言，而第21章考察一种被称作"行为陷阱"的特殊情境。同时每一章还提供了如何避免出现这些问题的实用技巧。

19

过 度 自 信

———— ❖ ————

这里发生核泄漏的概率是一万年都难遇的。

——乌克兰能源与电气大臣在切尔诺贝利核事故

发生前两个月如此说道（引自Rylsky，1986）

在人们的决策和判断中，没有任何问题比过度自信（overconfidence）更为普遍，更具有潜在的破坏性。正如欧文·贾尼斯（Janis，1982）在其群体思维研究工作中所述，美国人的过度自信使日本人在第二次世界大战中成功偷袭了珍珠港。同样，在美国的挑战者号航天飞机失事的灾难决策中，过度自信也起着重要的作用。在挑战者号航天飞机第 25 次发射之前，美国宇航局（NASA）的官员对飞行器发射风险的估计是十万分之一（Feynman，1998）。这样的风险估计大致等于航天飞机在三百年的时间内每天发射，也只可能发生一次事故。

约瑟夫·基德的例子

美国宇航局果真对成功发射过度自信？抑或只是需要显得很自信？因为在

这样的情境中，真实的自信程度是很难测量的，所以有关过度自信的最具说服力的证据来自严格控制的实验。

最早也是最著名的此类研究是由斯图尔特·奥斯坎普（Oskamp，1965）完成的。奥斯坎普要求 8 位临床心理学家、18 位心理学专业的研究生以及 6 位心理学专业的本科生阅读一项有关"约瑟夫·基德"的个案研究。约瑟夫·基德是一位 29 岁的男子，他经历过"青春期失调综合征"。该个案研究被分成四个部分。第一部分介绍了基德是一名退伍的老兵，现在在一个花艺工作室做业务助理；第二部分介绍了基德 12 岁以前的童年时代；第三部分介绍了基德的中学和大学生涯；第四部分按时间顺序介绍了他服役的经历以及退伍后的生活。

参与实验的人在读完每一部分的个案研究之后都要回答一系列相同的问题，共回答四次。这些问题都来自个案中的事实材料，但是要求被试基于基德人格的基本印象而得出临床判断。每个问题都有五个迫选的备选项，并且在每个项目之后，被试要估计他们回答正确的可能性。这些信心的评分从 20%（对准确性的确信程度低于机遇水平）到 100%（完全肯定）。

有些令人惊奇的是，心理学家、研究生和本科生之间的评分并没有显著差异，所以奥斯坎普将三组的结果合并分析。他发现信心随着被试阅读的信息量的增多而增加，但是准确度却并非如此。

在阅读完个案研究的第一部分之后，被试正确回答了 26% 的题目（稍高于机遇水平的期望值），并且他们的平均信心的评分为 33%。这些数字显示出了较好的一致性。然而，随着被试阅读了更多的信息，信心与准确性之间的差距增大了（见图 19.1）。被试阅读的材料越多，他们就会变得越自信——即使准确性并没有随着增加的信息而显著提高。在他们读完个案研究的第四部分之后，在奥斯坎普的被试中，逾 90% 的人对于他们的回答过于自信。

该实验之后的若干年里，已经有一系列研究发现，人们往往对自己的判断过于自信，特别是当他们难于做出准确判断时。比如，利希滕斯坦和菲什霍夫（Lichtenstein & Fischhoff，1977）进行了一系列实验，发现人们对自己判断的正确性有 65% ～ 70% 的信心，但实际上他们只有 50% 的时候是正确的。

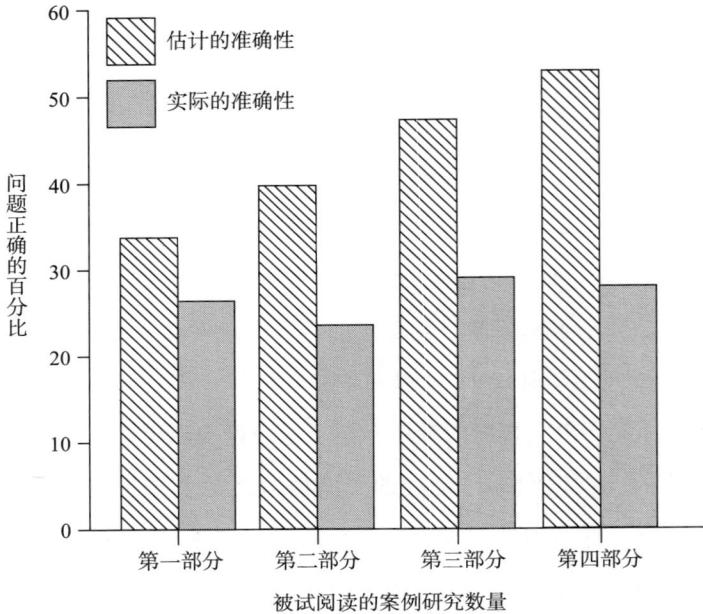

图 19.1 奥斯坎普（Oskamp，1965）发现随着被试阅读了案例研究中更多的信息，他们估计的准确性（自信程度）与实际的准确性之间的差距增大。

在第一个实验中，利希滕斯坦和菲什霍夫要求人们判断 12 张儿童的图画来自欧洲还是亚洲，并且估计每一次判断正确的可能性。尽管只有 53% 的判断正确（非常接近机遇水平），可是平均的信心评分却达到了 68%。

在另一个实验中，利希滕斯坦和菲什霍夫给人们呈现了 12 只股票的市场报告，并请他们来预测既定时间段内这些股票的涨跌。他们再一次发现，尽管这些预测只有 47% 是正确的（稍低于预期的机遇水平），但平均的信心评分却达到了 65%。

又完成了几个研究之后，考虑到双选项判断中准确性和信心之间的这种对应关系，利希滕斯坦和菲什霍夫得出了如下结论：

- 当准确性接近机遇水平时过度自信达到最大。
- 当准确性从50%增加到80%时，过度自信会随之减少；而准确性一旦超过80%时，人们通常会变得信心不足。换句话讲，在准确性达到80%左右

时，准确性和信心之间的差距最小，当准确性偏离这一水平时差距会逐渐
变大。

● 准确性与信心之间的差距与决策者的智力无关。

虽然对于该研究的早期批评指出，这些结果很大程度源于实验者总是询问
人们一些晦涩或琐碎的问题，但近期的研究已经在一些更为普通的判断上重复
出利希滕斯坦和菲什霍夫的研究结果。举例来说，在一系列包含 10 000 多个
独立判断的实验中，李·罗斯及其同事发现，当要求被试对自己及他人的行为
进行各种预测时，他们表现出了 10% ～ 15% 的过度自信（Dunning，Griffin，
Milojkovic，& Ross，1990；Vallone，Griffin，Lin，& Ross，1990）。

这并不是说人们总是过度自信。罗尼斯和耶茨（Ronis & Yates，1987）发现，
过度自信部分地取决于信心评分是如何引出的以及所做的判断是何种类型（一
般知识性判断似乎会导致相对较高的过度自信）。同样有一些证据表明，桥牌
高手、职业出盘者以及国家气象台预报员——他们在做出判断后都会收到有规
律的反馈——表现出很少的或根本没有过度自信（Keren，1987；Lichtenstein，
Fischhoff，& Phillips，1982；Murphy & Brown，1984；Murphy & Winkler，
1984）。不过，研究结果表明，就大部分人而言，过度自信现象普遍存在。

极度自信

如果人们事实上确信答案正确又会怎样？在这种情况下他们正确的概率有
多大？ 1977 年，菲什霍夫、斯洛维奇和利希滕斯坦进行了一系列的实验来考
察这个问题。在第一个实验中，被试回答了数百个一般知识性问题，并且估计
回答正确的概率。比如，他们要回答苦艾（Absinthe）是一种利口酒还是一种
宝石，并且要在一个 0.50 ～ 1.00 的数值范围上估计信心程度（该问题见"读
者调查"第 17 题）。然后，实验者只考察那些被试完全确信是正确回答的准确性。

他们发现，当被试报告 100% 确信自己的回答正确时，其正确率往往只有
70% ～ 85%。你对自己第 17 题的回答有多大信心？正确答案为苦艾是一种利

口酒，然而很多人将它与一种被称作紫水晶（amethyst）的宝石相混淆。

为了确保实验结果不是由于对概率的误解所致，菲什霍夫、斯洛维奇和利希滕斯坦（Fischhoff，Slovic，& Lichtenstein，1977）进行了第二个实验，其中信心大小表述为回答正确与否的比率。研究者给实验的被试呈现100多道题，均列出了两种死因，比如白血病和溺亡。被试要指出哪种死因在美国更高发，并估计其回答正确与否的比率（比如2：1，3：1等）。这样，被试可以采用3：1的正确可能性来表达自己的信心，而无需借助概率形式的75%。

菲什霍夫、斯洛维奇和利希滕斯坦（Fischhoff，Slovic，& Lichtenstein，1977）发现，当信心估计大约为3：1时，信心与准确性相当一致，但是随着信心从3：1提高到100：1时，准确性却没有明显提高。当人们将正确的比率设为100：1时，他们实际回答正确的次数只有73%。即使当人们将正确的比率设为（10 000：1）～（1 000 000：1）时——表示完全确信——他们正确的次数也仅有85%～90%，对应的信心比率评分应为（6：1）～（9：1）之间。*

最后，菲什霍夫、斯洛维奇和利希滕斯坦（Fischhoff，Slovic，& Lichtenstein，1977）将实验重复了三次，将其作为一项补充检验以确保被试理解并且认真执行了任务。在一次重复实验中，研究者用了20分钟详细解释了比率与概率的关系。同时给了被试一张图表，说明各种比率估计与概率的对应关系，并且告诉他们把不确定性表示为比率评价的微妙之处（特别强调了如何使用1：1和2：1之间的比率来表达不确定性）。然而，即便如此，被试还是对他们的回答表现出了没有根据的信心。当实际比率大约为4：1时，他们至少给出了50：1的比率；当他们应该给出5：1的比率时，他们却给出了1000：1的比率。

---

* 尽管这些结果似乎与利希滕斯坦和菲什霍夫早期的结论（被试达到80%的准确性时过度自信最低）相矛盾，但事实上并非如此。被试非常自信时他们的平均准确性只有70%～90%，这一事实并不意味着准确性在70%～90%时他们总是非常自信。

在另一次重复实验中，研究者询问被试是否愿意接受一次金钱赌注，根据他们评价其回答的正确比率为 50∶1 或更高进行投注。42 名被试中有 39 名愿意投注，尽管他们的过度自信将导致总共 140 多美元的损失。在最后一次重复实验中，菲什霍夫、斯洛维奇和利希滕斯坦（Fischhoff，Slovic，& Lichtenstein，1977）实际上参加了被试们的赌注。在该研究中，19 名被试中有 13 名同意以他们回答的准确性来进行赌注，即使他们认为正确比率为 50∶1 或更高的那些问题，12% 的回答都是错误的（并且如果研究者不退还他们输掉的钱，所有人都会损失 1 美元至 11 美元不等）。这些结果表明：（1）即使人们真正确信自己正确，他们仍然存在过度自信；（2）过度自信并不完全是由于执行任务时掉以轻心或误解如何评价信心程度所致。的确，西伯（Sieber，1974）发现，希望表现出色的动机越强烈，过度自信也会随之增强。

当过度自信攸关生死

当赌注不止几美元时人们还会过度自信吗？尽管道德上的考量明显限制了实验室研究的范围，但至少有一条证据提醒我们，即使在人们处在生死悬于一线的关键时刻，过度自信依然存在。这一证据来自对死刑的研究。

在一次对错误判决的全面回顾中，贝多和拉德莱（Bedau & Radelet，1987）找到了 350 份审判卷宗，这些无辜的被告在美国被判死刑或可能被判死刑，即使被告明显被判断为"罪行在合理怀疑范围之外"。其中 5 宗案件在判决之前及时发现了错误。但其他的被告就没有这么幸运了：67 人被判处 25 年以下的监禁，139 人被判处终身监禁（25 年或更长），还有 139 人被判处死刑。在贝多和拉德莱发表这篇研究综述时，已经有 23 人被执行死刑。

校 准

"校准"（calibration）是指信心与准确性匹配的程度。在既定的置信水平上，所有判断中正确判断的比例与预期正确的概率相等时，决策者就获得了最佳的校准。换言之，认为正确概率为 0.90 的判断中恰好有 90% 的判断是正确的，认为正确概率为 0.80 的判断中恰好有 80% 的判断是正确的，以此类推。

当单一的判断被单独考虑时，就无所谓校准了。在"读者调查"第 17 题回答"0.70"的决策者如何进行好的校准？可靠地评估校准的唯一方法是，在成百上千的判断中比较准确性和信心（Lichtenstein，Fischhoff，& Phillips，1982）。

正如测量信心的方法很多，评估校准的技术也有若干种。一种方法就是简单地计算平均信心评分与正确判断所占比例之差。举例来说，决策者可能在一组一般知识条目上平均有 80% 的信心，但是他在这些条目上的正确率只有 60%，则该决策者就过度自信了 20%。

尽管这种校准的测量方法很方便，但它有时却是错误的。比如，一位决策者的整体正确率和平均信心得分都是 80%。这个人是否达到了完美的校准呢？未必。这个人可能在一半题目的判断上抱有 60% 的信心，而在其他题目上则抱有 100% 的信心（平均起来达到了 80% 的信心），但是他在两种置信水平上达到了 80% 的正确率。这样的人在有 60% 信心的时候实际上信心不足，而在有 100% 信心的时候又显得过度自信。

一个更为精确的方法是在不同置信水平上考察准确性。如果在不同的置信水平上单独计算正确率，就可以绘制一条"校准曲线"，其横轴代表信心，纵轴代表正确率。图 19.2 包含了两条校准曲线——一条表示天气预报对降雨量的预测，另一条表示医生对肺炎的诊断。正如你所看到的，天气预报几乎完美地实现了校准；总的看来天气预报非常接近实际的天气（与人们通常的看法恰恰相反！）。而医生的校准则很糟糕；他们大多数的预测都在对角线之下，说明他们存在明显的过度自信。

还有其他评估校准的方法，其中一些涉及复杂的数学计算。比如，最常用的方法之一是计算一个叫作"布莱尔分数"（以统计学家 Glenn Brier 的名字命名）的数值。布莱尔分数可以被分割为三部分，其中之一就对应于校准。布莱尔分数中的校准部分是每个类别下正确比例与该类别相关的概率之间的均方

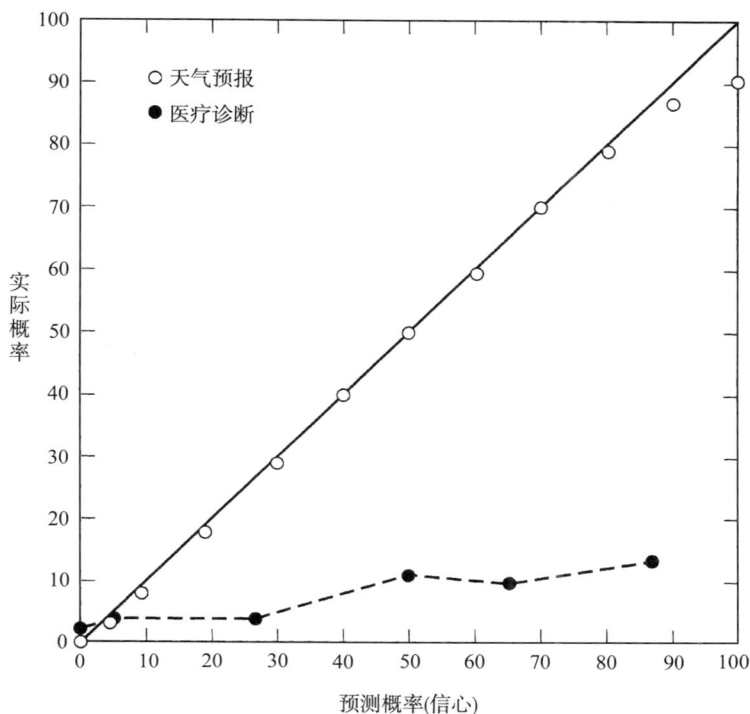

图 19.2 本图包含了天气预报对降雨量预测的校准曲线（空心圆），以及医生对肺炎诊断的校准曲线（实心圆）。虽然天气预报几乎完美地实现了校准，但是医生却表现出了明显的过度自信（缺乏根据地确定病人得了肺炎）。天气预报的数据来自墨菲和温克勒（Murphy & Winkler，1984）的一份报告，医生的数据来自舒兰斯基和布希赫德（Szalanski & Bushyhead，1981）的一项研究。

差的加权平均值（关于该方法校准方面的详细介绍详见 Yates，1990）。

一种最有意思的校准测量方法被称作"惊奇指数"（surprise index）。惊奇指数用于对未知数量进行区间判断。比如，假定你对"读者调查"第 9 题的回答在几厘米和 1 公里之间，并对此抱有90%的信心（看看"读者调查"第 9b 题中你真正90%的置信区间）。因为正确答案实际上大于 1 公里，所以这个答案被记作"一个惊奇"。惊奇指数其实就是置信区间之外正确判断所占的百分比。

在一篇关于校准研究的重要论述中，利希滕斯坦、菲什霍夫和菲利普斯（Lichtenstein，Fischhoff，& Phillips，1982）考察了若干项研究，这些研究要求被试给出 98% 的置信区间（即有 98% 的可能性包含正确答案的区间）。每项研究的惊奇指数都超过了 2%。将所有实验可用的信息加以平均——总共接近 15 000 次判断——惊奇指数达到了 32%。换言之，当被试有 98% 的置信水平确定某个区间包含了正确答案时，实际上他们只有 68% 的次数正确。过度自信再一次被证明是一种普遍规律而非特例。

你过度自信吗？拉索和休梅克（Russo & Schoemaker，1989）开发了一套简易的自我测验来测量一般知识问题上的过度自信（见图 19.3）。尽管一次全面的校准评估需要数百次的判断，但该测验能够让你粗略地了解，你对一般知识问题在某个置信水平上的惊奇指数。拉索和休梅克对 1000 多个人实施了该测验，发现正确回答了 9 道题或更多题的人不到 1%。大多数人答错了 4 ～ 7 道题（惊奇指数为 40% ～ 70%），反映了过度自信的严重程度。

过度自信的自我测验

对于以下10道题，请你给出较高和较低的估计，使得你有90%的把握确信正确答案落在你所选区间。你的挑战是，你设定的区间既不能过窄（即过度自信），也不能过宽（即缺乏自信）。如果你挑战成功，应该只错10%，也就是只能错1道题。

	90%的置信区间	
	低	高
1. 马丁·路德·金去世时的年龄	———	———
2. 尼罗河的长度	———	———
3. OPEC（石油输出国组织）成员国的数量	———	———
4. 基督教《旧约全书》的册数	———	———
5. 月球直径的英里数	———	———
6. 一架波音747飞机的重量（磅）	———	———
7. 莫扎特是哪一年出生的	———	———
8. 一头亚洲象妊娠的时间（天）	———	———
9. 伦敦到东京的飞行距离	———	———
10.（已知的）最深的海洋深度（英尺）	———	———

答案：（1）39岁；（2）4 187英里；（3）13个国家；（4）39册；（5）2 160英里；（6）390 000磅；（7）1756年；（8）645天；（9）5 959英里；（10）36 198英尺。

图 19.3 本测验将让你了解自己对于一般性知识是否存在过度自信的情况（资料来源：Russo & Schoemaker，1989）。

信心与准确性之间的相关

尽管过度自信现象普遍存在，但信心与准确性还是有可能存在相关的。举一个例子，假定一名决策者在 70% 自信的情况下具有 50% 的正确率，在 80% 自信的情况下具有 60% 的正确率，在 90% 自信的情况下具有 70% 的正确率。在这种情况下，信心与准确性之间存在着完全的相关，尽管这名决策者一直表现出 20% 的过度自信。

那么问题来了，信心是否与准确性相关——暂不考虑决策者是否过度自信。假如准确性提高，信心评分也增加，准确性就能通过决策者感觉的自信程度而加以预测。如果不是这样，信心就是准确性的一个错误指标。

如前所述，许多其他的研究都发现，信心与准确性之间只有很小的相关或根本无相关（Paese & Sniezek，1991；Ryback，1967；Sniezek & Henry，1989，1990；Sniezek，Paese，& Switzer，1990）。这种基本模式在目击者证言的研究中表现得尤为明显。总体而言，这些研究表明，目击者对其证言所持的信心与证言实际的准确度关联很小（Brown，Deffenbacher，& Sturgill，1977；Clifford & Scott，1978；Leippe，Wells，& Ostrom，1978）。德芬巴赫（Deffenbacher，1980）曾经发表了一篇包含 43 项独立研究结果的综述，这些研究考察了目击者的准确度与信心的关系，他发现在 2/3 的"法庭相关"研究（如并未提前告知这些研究的被试观看一宗策划好的模拟犯罪）中，信心与准确度并没有显著的正相关。这类研究结果使得《目击者证言》一书的作者伊丽莎白·洛夫特斯（Loftus，1979）发出警告："一个人不应该过于自信地为任何事物提供任何绝对的担保。"

在临床研究中也发现了类似的结果。在最初一项探讨该主题的实验中，刘易斯·戈德堡（Goldberg，1959）在临床诊断中评估了信心与准确度的相关。戈德堡感兴趣的是，临床医生能否通过 Bender-Gestalt 测验（一份广泛用于诊断脑损伤的测验）的基本程序来准确地探测出器质性的脑损伤。他给 4 名经验丰富的临床心理学家、10 名临床实习生、8 名非心理学家的教学秘书呈现了 30

种不同的测验结果。其中一半来自脑损伤病人，另一半来自无器质性问题的精神科病人。被试要判断每个病人是"器质性的"还是"非器质性的"，并在标有"断定""相当确定""可有这么认为""可能"或"瞎猜"的评价量表上指出他们的自信程度。

戈德堡发现了两个令人惊讶的结果。第一，全部三组判断者——经验丰富的临床医生、临床实习生以及非心理学者的教学秘书——都正确地对65% ~ 70% 的病人进行了分类。不存在基于临床经验的差别；秘书们的表现与那些具有 4 ~ 10 年临床经验的心理学家们一样好。第二，单个的诊断正确率与信心程度之间并没有显著的关系。误诊病例判断的信心与正确诊断病例的判断信心一样强。后续研究也发现在癌症、肺炎的诊断过程中同样存在错误的校准（见图 19.2），还包括其他一些严重的疾病（Centor，Dalton，& Yates，1984；Christensen-Szalanski & Bushyhead，1981；Wallsten，1981）。

如何减少过度自信

在两个考察如何改进校准的实验中，利希滕斯坦和菲什霍夫（Lichtenstein，Fischhoff，1980）发现，在进行 200 次判断并得到大量成绩反馈之后，一开始过度自信的人能够学会更好地校准。同样，哈尔·阿克斯及其助手们发现，在呈现 5 个欺骗性的难题之后，通过给被试提供反馈可以消除过度自信（Arkes，Christensen，Lai，& Blumer，1987）。这些研究表明，过度自信可以经学习而消除，尽管研究的应用价值还有一定的限制。很少有人会为了更好地校准而接受特殊训练。

要是有这么一种技术，使得决策者能得心应手地将之运用到不同的判断中，既轻便、耐用，又易于运用于各种情境下，那该是多么实用啊。的确，我们好像有这样一种技术。改进校准最有效的方法看起来非常简单：

停下来思考一下为什么你的判断可能是错的。

科莱特、利希滕斯坦和菲什霍夫（Koriat，Lichtenstein，& Fischhoff，1980）最先证明了该技术的价值。在他们的研究中，被试要回答两组二选一的一般知识性问题，第一组呈现控制条件的指导语，第二组呈现原因条件的指导语。在控制指导语条件下，被试选择一个选项并估计答对的可能性（在 0.50 和 1.00 之间）。在原因指导语条件下，被试选择一个选项之前需要为每个备选项列出支持及反对的理由。

科莱特、利希滕斯坦及菲什霍夫发现，在控制指导语条件下，被试表现出了典型的过度自信，但是在列出正反两方面的理由之后，他们表现出了非常好的校准（与利希滕斯坦和菲什霍夫研究中那些被给予大量反馈信息的被试大致相当）。在为每个备选项列出支持及反对的理由之后，被试变得不太自信了（主要是因为他们更多地使用 0.50 而较少使用 1.00 了），并且更加正确（大概是因为他们对自己的回答进行了更多的思考）。

在后续实验里，科莱特、利希滕斯坦和菲什霍夫发现，校准的改善并不是因为提出支持理由本身所致；而是反对的理由使然。当被试列出支持其偏好的回答的理由之后，过度自信并没有减弱。而只有当被试思考为何他们偏好的回答可能错误的理由时，校准才会改善。尽管这些研究结果可能部分地是"社会需求特征"的结果（即被试觉得指导语暗示他们降低置信水平），但其他研究也证实了反对的理由能改善校准（如 Hoch，1985）。

这些结果让人想起第 3 章讨论过的斯洛维奇和菲什霍夫（Slovic & Fischhoff，1977）的研究，当该研究的被试思考为什么某些实验结果被证明与其起初所设想的不一样时，后见之明偏差就减弱了。从斯洛维奇和菲什霍夫的研究开始，有若干个实验都已经解释了如何通过考虑其他结果或答案的可能性来减少各种判断上的偏差（Griffin，Dunning，& Ross，1990；Hoch，1985；Lord，Lepper，& Preston，1984）。

正如查尔斯·洛德等人（Lord，Lepper，& Preston，1984）所指出的："人们对于相反情况的可能性存在盲点，这早已不是什么新鲜的观点。在 1620 年，培根曾经写道：'肯定比否定能令人们更为感动和兴奋，这是人类智力独有且恒久的错误。'"在第 20 章，我们将详细考虑这个盲点，以及由此带来的某些后果。

图 19.4 从多个视角考虑问题的困难性

结 论

辩证地审视过度自信研究非常重要。在大多数研究中，平均置信水平并没有超过准确性的 10% ~ 20%。因此，除非决策者近乎百分之百确信自己的判断正确，否则过度自信不可能造成灾难性的后果。正如航天飞机的爆炸所示，最具破坏性的错误校准形式是不恰当的确信。

总而言之，本章的研究为我们提出了若干条应对错误校准的策略：

√ 首先，你可能会希望标记出那些需要特别思考的判断。当判断难于做出或极端自信时，过度自信最强。在这样的情况下，三思而后行非常必要。

√ 其次，你可能会希望"重新校准"你的信心判断以及其他人的判断。正如利希滕斯坦和菲什霍夫（Lichtenstein，Fischhoff，1977）所观察到的，如果一名决策者抱有90%的信心而只有70%～75%的准确率，最好的办法可能就是将"90%的信心"视为"70%～75%的信心"。

√ 同样，你可能会希望将具有"百分百信心"的判断自动转变为自信程度较弱的判断。百分之百的信心在预测人们将如何行动时尤其没有根据（Dunning，Griffin，Milojkovic，& Ross，1990）。

√ 最重要的是，如果你对某个答案感到极度自信，请思考一下另一个答案可能正确的原因。尽管你可能不会改变想法，但是你的判断却可能会得到更好的校准。

20

自我实现的预言

❖

假设图 20.1 的每张卡片一面是字母而另一面是数字，某个人告诉你："如果卡片的一面是元音字母，另一面就是偶数数字。"你想翻开哪张（或哪些）卡片以判断此人是否在撒谎？（见你对"读者调查"第 35 题的回答。）

当沃森和约翰森 - 莱尔德（Wason & Johnson-Laird，1972）将这类问题[*]呈现给 128 名大学生时，他们发现"E 和 4"是最为普遍的回答（59 名学生这样选择），而"E"是次普遍的回答（42 名学生这样选择）。换言之，大多数学生选择了那些翻过来就能够证实该陈述的卡片。仅有 5 名学生给出了正确答案："E 和 7"。

如果这个答案看起来难以理解，请试着这样思考这一问题。要检验的规则是"如果出现元音字母，那么会出现偶数数字"，或者更基本地表述为，"如果 X，那么 Y"。证明"如果……那么"陈述错误的唯一方法是寻找一个"出现 X 而没有 Y"的例子（即元音字母和奇数数字）。因此，能证明这条规则不成立

---

[*] 该问题的变式有些使用了符号，而不是 E、K、4 和 7，但是问题的逻辑结构都是一样的。

图 20.1

的卡片只有那些有元音字母或奇数数字的卡片（"E 和 7"）。而有偶数数字或辅音字母的卡片根本与此无关。

尽管看起来简单，这个问题对于大多数人都极其困难。道斯（Dawes，1975）甚至发现，5 位"颇受敬重的"的研究数学计算的心理学家中有 4 位都未能解决这一问题。本章将着重探讨为什么这样的问题如此困难，以及它能给决策者带来怎样的启示。

再次猜猜看

"我将给你三个数字，它们符合我心中的一条简单规则。这条规则与任意三个数字之间的关系有关，而与数字本身的绝对大小无关，也就是说它不同于'所有数字都大于（或小于）50'之类的规则。

你的目标是写出若干组的三个数字，从而发现这条规则……在你写下每组数字之后，我会告诉你这些数字是否符合该规则……没有时间限制，但你应该通过尽量少的数字组来发现它。

记住：你的目标不仅仅是找出符合该规则的数字，而是要发现规则本身。当你非常自信地认为自己发现了这条规则时，不要过于匆忙，将它写下来……还有什么问题吗？"

在检验假设的实验中，沃森（Wason，1960）将这些指导语——以及一组样本数字 2，4，6——呈现给 29 名大学生。他心中的规则一直是"三个数字按照从小到大的顺序排列"。但是他发现，只有 6 名被试第一次回答就正确地说出了这条规则。一名被试推测规则的典型过程粗略地描述如下：

被试 4（一名 19 岁的女性）：8，10，12。

主试：这些数字符合规则。

被试：14，16，18。

主试：这些数字符合规则。

被试：20，22，24。

主试：这些数字符合规则。

被试：1，3，5。

主试：这些数字符合规则。

被试：规则就是以任意一个数字开头，然后每次加上 2 得到下一个数字。

主试：那不是正确的规则。请继续……

与前述卡片问题一样，沃森发现，被试更多地试图证实规则（如 8，10，12）而不是证伪规则（如 12，10，8）。这种倾向被称为"证实偏差"（confirmation bias）。尽管"证实偏差"这个词曾用来指代各种心理偏差（Fischhoff & Beyth-Marom，1983），但它一般还是指决策者偏好与假设一致的信息，而不是那些相反的信息。

在一项关于人们如何检验假设（预感、规则、理论等等）的深入分析中，有学者（Klayman & Ha，1987）认为，证实偏差是"正性检验策略"（positive test strategy）的结果，这是一种有用的启发式，但是它"就像任何通用启发式一样……并不总是最优的，在某些情况下会导致非常严重的问题。"在第 15 章已经讨论了一组难题，即当决策者主要关注正性或积极的共生事件时，在协变评估中就会出现一些问题（比如对护士的研究，Smedslund，1963）。下一节将给出另外一个例子。

自身永存的社会信念

斯奈德和坎托（Snyder & Cantor，1979）曾发表了三个关于社会知觉中证实偏差的实验。第一个实验中，给所有被试都呈现一位名叫简的女子同样的描述——她在某些情况下显得外向而在另一些情况下则显得内向。举例来说，简在慢跑的时候会与陌生人轻松自由地交谈，但在超市里面她会感到害羞和胆怯。读完这一描述两天后，被试会被要求评估两个命题：（1）简很适合性格外向的工作（如房地产销售），或者（2）简很适合性格内向的工作（如图书馆研究）。一些被试被告知简正在申请这份工作，而另一些被告知她已经在做这份工作。为简便起见，我们将关注那些认为她正在申请这份工作的被试。

研究者要求被试列出这段描述中与简是否很适合这份工作有关的所有事实，并判断简适合这份工作的程度。斯奈德和坎托发现，那些认为简在申请房地产销售工作的被试往往列出她的外向证据作为相关依据，而那些认为简在申请图书馆研究工作的被试则往往列出她的内向证据作为相关依据。换言之，两种条件的被试都认为"证实"证据比"证伪"证据更有关联性。此外，这种证实偏差与被试对于简适合这份工作程度的判断存在相关。被试越喜欢证实证据而非证伪证据，他们就判断简越适合该工作——无论她申请什么职业。

第二个实验基本重复了第一个实验，但是有几处小变化（如：将"很适合"一词改为"适合性"来避免过于强调证实性）。而在第三个实验中，被试仅仅列出他们想要了解一名求职者的哪些方面，以便评估这个人有多适合做房地产销售或图书馆研究工作。与前面一样，被试列出的证实信息比证伪信息更多。比如，当考虑那些房地产销售的求职者时，被试问"这名求职者有多外向呢？"比问"这名求职者有多害羞呢？"多得多。斯奈德和斯旺（Snyder & Swann，1978）所做的几个实验也得到了类似的研究结果。

这些结果带给我们的启示远超职业领域。正如斯奈德和斯旺（Snyder & Swann，1978）所观察到的：

【人们】可以为自己创造一个这样的世界，那里假设会变成自我证实的假设，信念会变成自身永存的信念……准此而论，就很容易理解为什么如此多的关于他人的流行信念（具体而言指明显错误的社会及文化刻板印象）会如此顽固，难以改变。即使一个人对这些信念产生足够的怀疑，要主动地对它们进行检验，他仍然可能会"找到"证实及坚持这些信念所需的全部证据。这样，最终这个人将会持有一种安全的（但是毫无根据的）感觉，觉得这些信念一定是正确的，因为它们通过了（尽管是个人的）十分恰当甚至相当严格的评估程序。

皮格马利翁效应

按照人们应该成为的样子去对待他们，并且你要帮助他们变成他们能够成为的那个人。

——歌德（引自Peter，1977）

"自我实现的预言"（self-fulfilling prophecy）一词在 1948 年由罗伯特·默顿（Robert Merton）提出。用默顿的话说（Merton，1948）："起初，自我实现的预言是对现实情况的错误定义引发了一种新行为，这种新行为使得最初错误的想法成为真实。自我实现的预言这种貌似的正确使得错误的统治得以延续。因为预言者会引用真实的事件进程来证明他一开始就是正确的……这就是社会逻辑的荒谬之处。"简言之，自我实现的预言是错误的观念，但它们是那种最终被证明正确的错误观念。

1968 年，罗森塔尔和雅各布森（Rosenthal & Jacobson，1968）发表了自我实现的预言方面最为著名的研究。在该研究中，小学教师得到了自己学生的一些诊断信息，预示约 20% 的学生将在下一学年的学业中"大放异彩"。在 8 个月后的 IQ 测试中，这些学生确实比其他学生进步更大。

这一研究结果值得关注的是，这些"诊断"出的好苗子是随机选出的。显然，教师给予了这些"好苗子"更多的赞扬和关注，因此这些学生确实比其他人进步更大。罗森塔尔和雅各布森将这种现象称为"皮格马利翁效应"（Pygmalion effect，取自萧伯纳的戏剧《皮格马利翁》，剧中希金斯教授以人们认可的淑女的样子，教一个卖花姑娘如何穿着和说话，结果她真的变成了一位真正的"淑女"）。

从罗森塔尔和雅各布森的研究开始，已经有 400 多个实验对人际期望的自我实现特性进行了研究，并有 100 多个实验专门考察了教师期望的效应（Brophy，1983；Jussim，1986；Rosenthal，1987）。整体而言，这些研究表明，尽管期望效应通常是中等强度的，但教师的期望能显著地影响学生的表现（Brophy，1983）。有趣的是，有证据表明，同样存在"学生皮格马利翁效应"。罗伯特·费尔德曼及其同事发现，学生的期望——既有对他们自己表现的期望也有对老师表现的期望——能够影响师生关系和学生的表现，且影响程度不亚于教师的期望（Feldman & Prohaska，1979；Feldman & Theiss，1982）。

在男人的心目中

尽管罗森塔尔和雅各布森（Rosenthal & Jacobson，1968）研究的是师生之间的互动，但皮格马利翁效应却并不仅仅局限于教室。皮格马利翁效应最引人注目的又一例证就是斯奈德等人（Snyder，Tanke & Berscheid，1977）所做的研究，该研究探讨了男性对女性吸引力的刻板印象是如何做到自我实现的。

实验的第一部分，在通过电话相互认识的过程中，随机配对的男性和女性被录下了十分钟的对话。然而，女性被试所不知道的是，研究者已经事先告知男性被试"其他参加实验的人已经告诉我们，当他们有了交谈者的心理图像时会感觉更舒服。"于是用一次性成像的相机给每位男士拍了一张照片。每位男士也得到了一张女性的快照（宣称是他们通话的同伴）。事实上，这些快照是从事先准备好的 8 张照片中随机选择的。这些照片中有 4 张被评定为很有吸引力，有 4 张被评定为没有吸引力。以这样一种方式，这些男性被试被引导相信电话那头的女性外表吸引人或者不吸引人。男性被试的快照被丢弃在了一旁，女性被试根本没有被告知任何心理图像的信息。

在一番相互熟悉的谈话之后，每名男性被试需完成一份问卷，内容涉及他对那位电话交谈女性的印象。问卷包括了很多与有吸引力之人有关的刻板印象特征，如善于交际、镇定、幽默，等等。结果不出意料，与那些相信交谈女伴没有吸引力的男性相比，那些相信交谈女伴有吸引力的男性在随后的判断中，认为其交谈女伴更善于交际，更镇定、幽默和友善。这是在第 4 章所讨论过的晕轮效应的一个例子。

更重要的是几名独立评价者所做出的判断，他们倾听了谈话录音的剪辑。一组评价者在每段谈话中只听了男性的声音，而另一组评价者只听了女性的声音（每组评价者都既有男性又有女性，尽管在评价过程中并没有显著的性别差异）。这些评价者既不知道实验假设，也不知道被试实际的外表吸引力，根据他们的判断得出这样的结果：与以为交谈女伴没有吸引力的男性相比，那些认为自己正在与一位有吸引力的女性互动的男性被试，其声音听起来更加友善、温情、宽容、有趣、大胆、外向、幽默，也更善于交际。并且从反应可推测，与起初被认为没有吸引力的女被试相比，那些一开始被认为有吸引力的女被试，其声音的确听起来也更有吸引力（比如善于交际、镇定，等等）。尽管这些被试是被随机地分配到各种实验条件下的，而且男性的先入之见与女性实际的外表吸引力也没有任何关系。

正如斯奈德、塔克和伯奇德（Snyder，Tanke & Berscheid，1977）所指出的："起初在男人心目中形成的事实，现在已经在与他们互动的女人的行为中变成了真正的事实，这种行为事实甚至连不知情的旁观者也能辨别出来，这些旁观者只是听了那些参与电话交谈女性的录音……知觉者最初的错误归因已经成真：刻板印象作为一种自我实现的预言真地产生了作用。"

自我实现的种族刻板印象

这种自我实现的预言，即持续存在的刻板印象，在种族歧视中也起着关键的作用。沃德等人（Word，Zanna，& Cooper，1974）发表了一项关于这个问题的研究。

沃德、赞纳和库珀在研究报告的导言部分指出，人们往往通过非言语线索，不自觉地透露着他们对他人的态度。一方面，比如，当人们对某人持有积极态度时，他们一般会与那个人靠得相当近，表现出较多的目光接触、更为直接的肩部相向，身体也更为前倾。另一方面，人们往往避开那些臭名远扬的人。比如，他们会很快中止与这种人的会面，并且与他们保持更远的身体距离。沃德、赞纳和库珀用两个实验考察了这种偏见：在一个实验中，白人被试面试白人和黑人研究助手；在另一个实验中，白人研究助手面试白人被试。所有的被试和助手都是男性。

第一个实验，被试会在实验室里遇到两名表面看来也是被试的人（但实际上是研究助手）。然后另外一名助手出现，不久之后主试走了进来。主试告诉这四名"被试"，他们将与四个其他团队在一场营销活动中进行较量。但主试解释说，他们的团队还需要一个人，团队中的一员将要对四名申请者进行面试以挑选出第五位成员。然后暗中操纵抽签，使真正的被试成为面试官。

安排四次面试的原因在于隐瞒真正的研究目的（即直接比较白人面试官对待白人和黑人申请者有何区别）。第一次面试（总是白人申请者）只是面试的热身，而最后一次面试根本没有进行（告知被试申请者已经打电话取消约定）。沃德、赞纳和库珀（Word，Zanna，& Cooper，1974）感兴趣的是第二次和第三次面试。一半被试先面试一名白人申请者，再面试一名黑人申请者；另一半被试先面试一名黑人申请者，再面试一名白人申请者（尽管后来发现顺序并没有差异）。在这些面试中，申请者——同样是研究助手——接受过训练以保证行动合乎规范，研究者并未告诉他们任何实验测试的目的。

沃德、赞纳和库珀（Word，Zanna，& Cooper，1974）测量了面试过程的几个特征，包括：（1）面试时长，（2）面试官语误的次数（假定该指标反映了不适感），以及（3）面试官与申请者相隔的身体距离。第一个变量由主试测量。第二个变量由独立的评估者打分，这些评估者边听面试录音边对诸如发言结巴、词语重复此类的内容做记录。第三个变量即身体距离的测量特别巧妙。当被试进入面试房间时，申请者已经坐下，而主试假装发现没有面试官的椅子了。然后主试会要求被试去隔壁房间拿一把椅子，被试放置椅子的位置提供了其与申请者身体距离的测量指标。

沃德、赞纳和库珀（Word，Zanna，& Cooper，1974）发现，被试面试白人所花的时间比黑人长 35%，面试黑人所犯的语误比白人多 50%，并且椅子放置的位置距黑人比白人远 7%。所有的差异在统计上都是显著的。

但这还不是全部。在证明了这些差异之后，沃德、赞纳和库珀又进行了第二个实验，评估这种求职面试表现中的歧视效应。第二个实验的白人被试由一名白人研究助手来面试，该助手采用第一个实验对待黑人的方式来对待其中一部分白人被试，也就是说，像前一种实验条件下那样，面试官坐得离申请者更远，犯更多的语误，并且更早地结束面试；对待另一部分白人被试如同第一个实验中曾经对待白人的方式。

沃德、赞纳和库珀（Word，Zanna，& Cooper，1974）发现，像在第一个实验中面试黑人被试那样被对待的被试，其在本次面试中的表现更差（由观看面试录像的独立评判人进行评估），他们犯的语误多出 50%，面试后认为面试官也更加不够友好。因此，第一个实验中黑人被试所遭遇的对待方式，也同样使得白人被试在第二个实验中表现得很差——这有力地证明了种族刻板印象是如何成为自我现实的。

结　论

尽管关于自我实现刻板印象的研究大多使用的是男性被试（Christensen & Rosenthal，1982），但是其他自我实现的预言和证实偏差已经在男性和女性被试身上都得到了充分的证明（见三篇精彩的综述，Darley & Fazio，1980；Miller & Turnbull，1986；Snyder，1984）。人们寻求证实性证据的倾向——不管是在逻辑的问题解决任务、求职面试、课堂背景，还是其他方面——是普遍存在且已确证的。

此外，迈纳特等人（Mynatt，Doherty，& Tweney，1977）所做的两个实验表明，证实偏差可能很难消除。第一个实验中，迈纳特、多尔蒂和特韦尼创造了一种模拟的研究环境，其中被试必须发现计算机屏幕上支配"粒子运动"的某种规律。被试随机得到三种指导语中的一种：（1）证实性指导语，他们被告知一名科学家的基本工作就是证实理论和假设；（2）证伪性指导语，他们被告知一名科学家的基本工作就是推翻或反驳理论和假设；（3）检验性指导语，他们仅被告知一名科学家的工作就是对理论和假设进行检验。

迈纳特及其同事发现，证伪性指导语实际上对证实偏差没有任何影响。如果不考虑被试接受的是哪一种指导语，他们在全部实验中约有70%的试次会寻找证实性证据。

在第二个实验中，迈纳特、多尔蒂和特韦尼（Mynatt，Doherty，& Tweney，1978）扩展了证伪性指导语。采用与第一个实验相同的步骤，他们将被试随机分配到两种条件下：（1）没有指导语的控制组，或者（2）强推理组，该组被试会得到详尽的指导语，强调证伪和多假设检验的价值。然而，结果仍然发现，这类证伪性指导语的作用甚微，甚或没有什么作用。

如何才能避免证实偏差以及自我实现的预言？尽管针对这一问题的研究很少，但有一种策略可能是关注动机因素。比如，斯奈德、坎贝尔和普莱斯顿（Snyder，Campbell，& Preston，1982）通过警告面试官，他们面试的人可能会把某些提问视为思想封闭或偏见（如指向证实性刻板印象的提问），从而消除了证实偏差。一旦该研究中的面试官对这种可能性变得敏感起来，他们就会大致等量地援引证实性证据和证伪性证据。

另外一个有价值的策略可能就是以鼓励证伪性回答的方式去框定问题。决策研究者拉索和休梅克（Russo & Schoemaker，1989）讲述了他们从前的一个学生的故事，他采用这一策略取得了巨大成功。这位学生名叫杰伊·弗里德曼，是三家投资公司的顶级分析师，他在制定财务建议之前都会征求证伪性证据。拉索和休梅克（Russo & Schoemaker，1989）这样描述了弗里德曼的方法：

> 在收集一家公司的信息时他会故意问一些设计好的问题来"证伪"他认为真实的信息。如果弗里德曼认为一次性尿布生意正在价格上变得没有竞争力，他会问高管们一个相反的问题，如"一次性尿布的价格竞争正在变得更有优势是真的吗？"这类问题使他比其他分析师更容易了解真实情况。

正如第 19 章所述，通过思考为何自己的判断可能出错，决策者能够减少过度自信并提高他们的决策质量（Koriat，Lichtenstein，& Fischhoff，1980；Lord，Lepper，& Preston，1984）。这样一种方法或许也可以减少自我实现的预言和自我实现的刻板印象。但是就目前而言，这种可能性还是猜测性的，还需要通过进一步的心理学研究来证实或证伪。

21

行为陷阱

———— ❖ ————

"感谢您致电。目前我们的接线员很忙。请别挂机，您的电话会按顺序接听。"

一分钟过去了，两分钟过去了，你开始考虑是继续等待接听还是过会儿再拨。可能你被转到了无人接听的线路上，好像电话在森林里空响，无人接听……

另一方面，挂断可能意味着重新开始。那些本来在你后面的人将排到你前面，你将失去原有的优先权。还是继续等吧，谁知道呢，可能下一个就是你了。

你又等了一会儿，三分钟，四分钟。谁打了那么久啊？你在想。

最后你做出了决定。如果下个 60 秒仍然没有接线员接听，你就挂断。30 秒过去了，40 秒过去了，50 秒了，仍然没有应答。当最后期限到来时，你犹豫了一下，却仍抱有希望，但最后还是在沮丧中狠狠挂了电话。

这类情形是不是很熟悉？上述情境具备"行为陷阱"的所有特征。行为陷阱（behavioral trap）指这样一种情境：个体或者群体采取一系列很有希望的行动，后来却变得不如人愿并且难以脱身。这个定义类似于普拉特（Platt，1973）在关于社会陷阱的开创性工作中所提出的定义。本章主要借鉴普拉特和他的同事克罗斯和盖耶（Platt, Cross, & Guyer, 1980）所做的分析。因为陷阱既有非社会性的也有社会性的，所以我们将使用更加宽泛的"行为陷阱"一词，而不用传统意义上的"社会陷阱"。

陷阱的分类

1980 年，克罗斯和盖耶发文介绍了陷阱和反陷阱的分类方法。用克罗斯和盖耶（Cross & Guyer，1980）的话说："当我们避免可能有利的行为时反陷阱（疏忽之罪，sins of omission）就发生了，而当我们采取可能有害的行动时则出现陷阱（蓄犯之罪，sins of commission）。"如上所述，一个普遍的陷阱就是等待接线员。常见的反陷阱则包括令人厌恶的清理工作（随着时间的推移情况将变得越来越乱），以及逾期的回信（这种情况下拖延的时间越长越令人尴尬）。

我们要介绍几种独特的陷阱，每一种都有相应的反陷阱。根据克罗斯和盖耶的分类方法，我们把陷阱主要分为五大类：

- 延期陷阱
- 无知陷阱
- 投入陷阱
- 恶化陷阱
- 集体陷阱

尽管这些陷阱常常结合在一起形成混合陷阱，但是每一种陷阱起作用的原理都有一定的差异。因此，以下部分将分别讨论这些陷阱。

延期陷阱

如果你发现有规律地节食或者锻炼有些困难，那么你应该了解延期陷阱（time delay trap）的力量。在延期陷阱中，暂时的满足与长期的后果产生冲突。开始时只是无知地贪食喜爱的甜品或者抽几根香烟，多年后可能导致肥胖或者肺癌。或者，在反陷阱中，逃避当下不甚愉快的事情——对某些人可能是有氧运动，对另一些人可能是牙科检查，最终可能导致心肌梗塞或者牙周炎。这类陷阱和反陷阱的惊人之处在于，短期相对小的痛苦和愉快足以在长期产生灾难性的甚至致命的行为后果。

任何短期后果与长期后果背道而驰的情况都可能成为一个延期陷阱。典型的冲突包括：喝酒的快感与第二天的宿醉，无保护性行为的短暂快感与延期感染艾滋病或者意外怀孕的可能性，一次性产品的便捷性与长期的环境污染，受到信用卡影响的"先买后付"选择与预付定金购货法（余额结清后取货），以及体罚的短期效果与最终适得其反的糟糕结果。甚至伊甸园里的苹果也可以视为延期陷阱的一种诱饵——诱惑的终极象征与其潜在的陷入其中的后果。

无知陷阱

人们在延期陷阱中通常能意识到其行为的长期后果。暴饮暴食者通常非常清楚体重增加这一后果，吸烟者有时甚至把香烟称为"癌症小棒"。相对延期陷阱来说，体重增加或者癌症这样的警告很少会有什么效果。

无知陷阱（ignorance trap）则与此不同。在无知陷阱中，一开始行为的消极后果并未被人认识或预见。例如，在 19 世纪，吸烟者并没有意识到吸烟与肺癌有关，如果当时人们知道这一点，很多人可能根本不会开始吸烟（当然，吸烟仍然具有延期陷阱的特征，数百万人即使知道吸烟与肺癌有关却仍然深陷其中）。

当开启一段新生活时，无知陷阱则较为普遍。例如，大学生有时会最终选修一门起初并不怎么感兴趣的专业，工作人员有时发现他们在做一份与其期望大相径庭的工作，恋人们有时会发现当前的伴侣不如原先的那样吸引人。这些陷阱是人生不可避免的组成部分，尽管有一些方法可以降低掉入陷阱的可能性（降低或者避免掉入陷阱的技巧会在本章稍后部分讨论）。

一个特别悲惨的无知陷阱是美国农业曾经对杀虫剂的依赖。当合成的有机杀虫剂如 DDT 在 1940 年代被推出时，似乎被认为是保护农作物免受虫害的有效方法。不久之后，这些产品就被投放市场，于是美国农民就将杀虫剂作为控制虫害的手段。

接下来，两件始料未及的事情发生了：（1）鸟类及其他害虫的天敌开始相继死去，（2）害虫对那些使用过的农药也渐渐产生了抗药性。虫害又开始加重了。于是人们又发明了新型杀虫剂，但再次出现了具有抗药性的害虫。经历了四亿年进化而来的这些害虫，不经历一场战斗它们是不会投降的。

数十年来，这场战斗一直在美国农场进行着，但是每一轮新的"化学武器"出现只会引起更加严重的虫灾。美国农作物由于虫害而遭受的损失在 1950～1974 年间翻了一番（Robbins，1987），根据加州大学的昆虫学家统计，加州 25 种危害最严重的农业害虫中有 24 种是由杀虫剂导致或加重的（Luck，van den Bosch，& Garcia，1977）。美国每年使用的杀虫剂超过 1 亿磅，对野生动植物、水域及人类生命安全造成了极大的危害。

投入陷阱

克罗斯和盖耶（Cross & Guyer，1980）在他们的分类中并没有明确地提及投入陷阱（investment trap），但是这类陷阱已成为很多研究的课题。当以前花费的时间、金钱或者其他资源让人们做出了他们原本不会做出的选择时，投入陷阱就出现了。用决策理论的术语来说，这些陷阱导致了"沉没成本效应"（sunk cost effect）。

阿克斯和布卢默（Arkes & Blumer，1985）在 10 个不同的小型实验中说明了沉没成本效应。在其中的一个实验中，要求一群被试解决以下的问题：

> 作为一家飞机制造企业的总裁，你已经投入了 1000 万美元的公司资金用于研发一个项目。目的是制造一种不会被传统雷达探测到的飞机，也就是隐形飞机。当该项目完成 90% 时，另外一家公司已经开始销售他们的一种雷达无法探测到的飞机。并且，很明显，与你们正在制造的飞机相比，他们的飞机速度快得多、也经济得多。问题是：你应该把剩余 10% 的研发资金用来完成你们的隐形飞机项目吗？

你可以查看"读者调查"第 6 题，检查一下你的回答。阿克斯和布卢默发现 85% 的被试建议完成该项目，尽管这种飞机不如面市的另一种飞机。当给予另外一组被试该问题的一种变式时，即并未提及之前的投资额，结果只有 17% 的人支持继续在该项目上投资。正是 1000 万美元的沉没成本造成了这种差异。

在另外一个实验中，阿克斯和布卢默（Arkes & Blumer，1985）发现沉没成本可能具有持续效应。该研究的被试是 60 位剧院的老顾客，他们到售票口去买俄亥俄大学剧院的季票。这些人所不知道的是，他们随机买到了下面三种票中的一种：（1）15 美元的普通票，（2）优惠 2 美元的折扣票，（3）优惠 7 美元的折扣票。有幸买到折扣票的被试被告知，折扣是剧院促销活动的一部分。

每种票的颜色都不同，于是阿克斯和布卢默能够收集每场演出的票根，从而确定每场演出有多少被试观看。为便于分析，剧院的演出季分为两半，每半个演出季持续 6 个月，有 5 部剧目。虽然阿克斯和布卢默在第二个半演出季中并没有发现显著差异，但在前 6 个月中，他们发现那些买了全价票的被试比那些买了折扣票的被试（不管折扣大小）观看的演出更多。所以，甚至微不足道的 2 美元投入的差异也会持续影响行为长达 6 个月。

这个研究重要的原因有两点。第一，它表明沉没成本效应并不局限于纸笔测量；第二，它还显示了投入的差异可以对行为产生相对持久的影响。正如菲施霍夫及其同事（Fischhoff et al.，1981）在他们《可承受的风险》（*Acceptable Risk*）一书中所述："美国任何一座大型水坝只要开工就不会半途而废，这一事实表明，一点点的水泥就能在限定问题中起着多么重要的作用。"

恶化陷阱

恶化陷阱（deterioration trap）类似于投入陷阱，只是其行为的成本与收益会随着时间而变化。这些陷阱——克罗斯和盖耶（Cross & Guyer，1980）称之为"可变强化物陷阱"——出现在原先具有奖赏性的措施逐渐变得不那么有强化作用甚或变得更具有惩罚性之时。

恶化陷阱的典型例子是海洛因成瘾（尽管海洛因成瘾也可以被视为延期陷阱或者无知陷阱）。一开始，海洛因使用者发现这种药物令人欣快。但是，随着时间的推移，他们对其产生了耐受性，因而需要更大的剂量才能获得同样的体验。最终，海洛因成瘾者持续使用该药物只是为了避免戒断症状而非体验欣快感。起先的愉悦体验最终竟成了摆脱不掉的噩梦。

同样的过程也出现在"杀虫剂成瘾"之中。尽管杀虫剂的使用可能在一开始表现为无知陷阱，但它渐渐地在某种程度上转变为恶化陷阱。据《生物科学》（*BioScience*）杂志的一篇报告，杀虫剂依赖的过程如下：

> 起初的一段时间或长或短，虫害所致的农作物损失大为减少……但是最终，某种主要的、个别的或者杀虫剂针对的害虫产生了抗药性。这个问题是通过增加杀虫剂（添加混合药剂）和改变杀虫剂来解决的，但是替代品的有效时间一般更短暂，因此需要更加频繁地替代才能达到同样程度的控制目的。此时，种植者要想从这种策略中解脱出来，即便不是不可能，也已经变得十分困难了。随着他们继续使用杀虫剂，他们的问题也变得越来越严重了（Luck, van den Bosch, & Garcia, 1977）。

旁观者如果没有看到这一过程是如何发展的，恶化陷阱和反陷阱常常会引发一种看似荒唐或自我毁灭的行为。斯金纳（Skinner, 1980）在其回忆录《笔记》（*Notebooks*）中描述了这种行为的一个例子：

> 比尔的卡车是他唯一的谋生手段，就像渔夫的船或者农民的奶牛与拉犁的马一样。岛上咸湿的海风、缺乏养护的道路以及醉酒司机的虐待，致使那辆卡车几近报废。挡风玻璃上布满了放射状的裂纹；挡泥板已经被腐蚀成薄片，弯折着，破裂开；只有一块块的垫料还残存在座椅的弹簧中。
> 我曾经请比尔帮忙把我们的船运下山。卡车停在一家乡村商店前面的下坡路上。我上了车，坐到了残缺不全的座位右边。比尔推了一下卡车，跳上了车，抓住挡把，借助仅有的一点速度挂上了挡。一阵剧烈的震动后，马达开始咆哮。比尔……拼命地踩下油门，一只手始终放在阻气门上。看到汽车发动了，他感到非常满意，于是快速地向那家商店倒车以便掉头。

可是卡车熄火了，横在了路上。我们三四个人一起推，其中有两位是从一辆轿车里出来的年轻人，卡车堵住了他们的路……我们回到了那个坡上，再一次将车发动起来，可结果又熄火了。比尔不时地跳出来，打开发动机盖，用扳手调整着什么。我们朝相反的方向又前进了大约 160 米，发动机轰鸣着，比尔踩下油门可还是没能提速。最后他解释道，他的发动机启动装置被送去修理了，可能会被游船送回来。如果他花几个小时去游船那里把发动机取回来，情况会怎样呢？可他却没去取。48 小时后他的车仍然停在下坡路上。没人愿意雇他的车了。

为什么他还要这样继续下去？从某种意义上讲他别无选择。他喝酒花光了他的收入……但是他别无选择并不是这个故事的全部。那辆卡车太让他揪心了，也是对他所付努力得到的强化不断降低的结果。比尔不能接受他的卡车一无是处。假如那是一匹马，他也许早就把它打死了，因为一匹不断衰老的马也是对主人长期日复一日的工作强化行为的全部。比尔的卡车也正被他往死里打呢。

对于一个不了解比尔以前经历的旁观者而言，他的行为可能显得荒诞可笑。但是同样的动力过程照例运行在不断恶化的社会与恋爱关系之中。当人际关系随着时间推移而逐渐变坏时，它们就构建了一个非常难以逃遁的反陷阱。

集体陷阱

与前述陷阱不同的是，集体陷阱（collective trap）涉及不止一方的主体。在集体陷阱中，对个人利益的追逐导致了对集体不利的后果。一个简单的例子是高峰期的交通堵塞。成百上千的人都喜欢在同一时间开车，但是，假如每个人都按照自利的原则行事，那么大家都会遭殃。

集体陷阱与数学博弈论中的社会困境（social dilemma）近似（Dawes，1980），其受到研究的关注比其他所有陷阱加在一起还要多。最著名的集体陷阱的例子是囚徒困境（prisoner's dilemma），在囚徒困境下，两名囚犯被关押在单独的牢房里，检察官给他们提供了如下的交易：

地方检察官: 听着,比尔小子。如果你们两个人都不认罪,我们有足够的证据让你与同伙都入狱 1 年。我们真正想要的是,你们当中至少有一人认罪。如果你认罪但你的同伙不认罪,我们将判处你的同伙 10 年徒刑,而你将被释放。然而,如果你不认罪但你的同伙认罪了,你就会被关押 10 年。

野蛮比尔: 如果我们都认罪呢,我俩都会被判 10 年吗?

地方检察官: 不。那样的话,我们会基于你们的诚实把每人的徒刑降为 5 年。

在一个标准的囚徒困境中,两名囚犯都面临着同样的选择:无论同伙选择什么,另一方最好是选择认罪。假如同伙拒绝认罪,那么另一方会被释放;假如同伙认罪,两人起码不会被判 10 年徒刑。困境就在于,如果两名囚犯都追求他们的个人利益而认罪,他们每个人就会分别受到 5 年徒刑的惩罚,而这是两人都不认罪的惩罚的 5 倍(见图 21.1)。

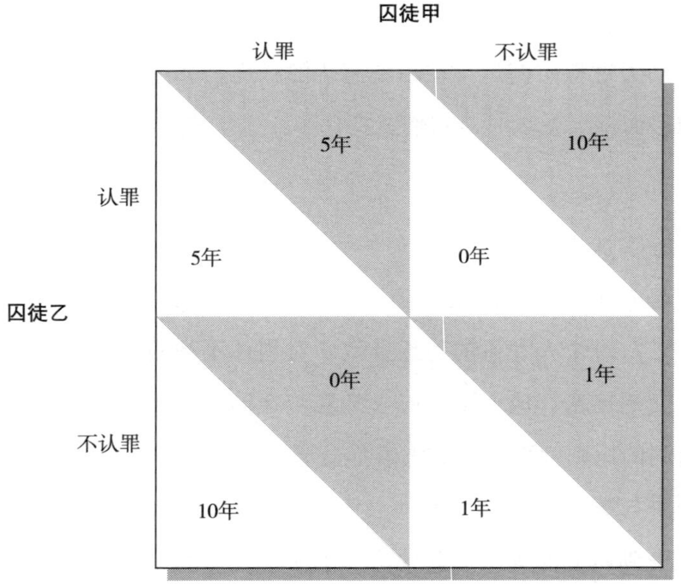

图 21.1 囚徒困境问题。每一格对角线右上方为对囚徒甲的判决,对角线左下方为对囚徒乙的判决。

另一个著名的集体困境是生物学家哈丁（Hardin，1968）命名的"公地悲剧"（the tragedy of the commons）。在这个陷阱的经典版本中，一个放牧部落使用公共牧场来放养牲口。起初没有问题，但牲口的数量逐渐达到了土地承载能力的极限。此刻，增加一头牲口对放牧人的效用就有了两个方面，即正面效用和负面效用。正面效用为增加一头动物所带来的收益。此收益完全归属于增加牲口的放牧人。负面效用则是增加一头牲口所导致的过度放牧。此成本由该部落所有的放牧人共同承担，并且对任何一位放牧人来说几乎可以忽略不计。结果就产生了两难困境：每个人增加一头牲口都能从中获益，但是个体对个人利益的追求却导致不尽如人意的结果。哈丁认为这种公地悲剧与另一些问题类似，比如人口膨胀、环境污染、全球资源枯竭以及核武器扩散。

公地悲剧在很多方面类似于臭名昭著的"床垫问题"（mattress problem），这是由谢林（Schelling，1971）最先描述的一种集体反陷阱。在床垫问题中，周末的返程中成千上万辆汽车行驶在科德角的一条双车道高速公路上，就在此时，一块床垫从货车顶端不为人注意地掉在向北行驶的车道上。问题来了：谁会停下来移开这个床垫呢？

答案通常是谁也不会。车流中较远的人不知道问题出在哪儿，无法提供帮助。正在绕过床垫的人们已经等了如此之久，以至于他们只想着如何绕过它。在漫长的等待之后，他们最不情愿做的就是再花几分钟时间把床垫搬离车道。而已经绕过床垫的人们不再有直接的动力挪开它了。

床垫问题与紧急情况下的集体反陷阱类似（后者责任分散了，旁观者迟于干涉）。这也可能部分地解释了政治"冷漠"为何在美国如此普遍。不幸的是，正如霍夫施泰特（Hofstadter，1985）一语中的的评论："个体水平的冷漠会导致社会大众丧失理智。"

你愿意为一美元付多少钱

心理学研究中最著名的行为陷阱之一是美元拍卖的游戏，这个游戏兼有集体陷阱、投入陷阱和无知陷阱的特征。该游戏由舒比克（Shubik，1971）发明，游戏有 1 美元要拍卖给出价最高的竞价者。普拉特（Platt，1973）列出了美元拍卖游戏的四条简单规则：

1. 拍卖进行时竞价者之间不得有任何交流。
2. 出价由5美分开始，每次只能加5美分。
3. 出价不能超过50美元（为防止竞价者疯狂地出价）。
4. 出价最高的前两名都必须付出他们所出的价格，即使这1美元只能给予出价最高的那个人（最终，拍卖商要以某种方式弥补损失）。

尽管这个游戏看似非常简单，但有两个"无回报的点"值得注意。第一个是当两个最高的出价之和超过 1 美元时，那么能保证拍卖商获利（例如，一个人出价 50 美分而另一个人出价 55 美分）。此时，拍卖在单个竞价者看来还是有吸引力的（即 1 美元只要出价 55 美分就能到手），但是，个人利益的追求已经导致了竞价者集体的损失。

第二个要当心的地方是出价第一次超过 1 美元时。为了弄清为何人们出价 1 美元以上来获取 1 美元，请思考某个人刚好出价 95 美分，只能让其他人出价 1 美元时此人面临的困境。此情此景，你会怎么做？如果你此刻放弃，必定损失 95 美分。另一方面，如果你出价 1.05 美元，你就赢得了 1 美元，而损失仅为 5 美分。问题是，你的竞争对手也面临着同样的状况。

结果是，拍卖常常会出现几美元的竞价。

一美元拍卖游戏广受关注的一个原因是，它跟核武器竞赛以及其他的国际冲突很相像（Costanza，1984）。1980 年，特格（Teger，1980）出版了《投资过多，无法退出》（*Too Much Invested to Quit*）一书，整本书探讨的都是有关一美元拍卖游戏的研究，并且很多结论可以直接应用到军事冲突上。据特格称，被试们起先是被自己的个人利益所激励，但是渐渐地他们的动机变了。随着竞价的持续，被试们开始关注赢得竞争、保住面子、使损失最小化以及惩罚竞争对手，因为正是对手使他们陷入了困境（通常，只有两名竞价者在陷阱的最后阶段还保持活跃）。特格发现，当出价接近 1 美元时，出价双方都觉得他们受对方逼迫才继续出价，并且很多被试都认为对方继续出价是不理智的，可是他们并没有认识到同样的力量作用于双方的参与者。这个"镜像"酷似核武器竞赛。

深陷泥潭

一旦竞价者在一美元拍卖游戏中被套，斯塔（Staw，1976）将之形容为"深陷泥潭"，他们通常会继续打击彼此，直到有一方最终放弃为止。布罗克纳和鲁宾（Brockner & Rubin，1985）把这种动态过程称作"诱捕"（entrapment），并给出定义："为了使之前的投入兑现或显得合理，人们持续升级对先前选择（虽然错误）的承诺，这一决策过程就是诱捕。"

对诱捕的早期研究之一是由斯塔（Staw，1976）完成的。斯塔呈现给商学院学生们一个假设而又非常详细的场景，即有一家高科技公司开始亏损，他让学生假设自己是公司的财务副总监。鉴于此，公司的董事们决定额外投资1 000万美元的研发资金给两个最大部门——消费品部或工业品部——其中的一个。在研究的第一部分，一半学生被问及哪个部门应该得到这笔追加投资（即要为自己的决策高度负责）；而另一半学生则被告知公司的另一位财务主管已经决定哪个部门将获得这笔资金（即不需要为该决策负责）。然后约一半的学生被告知在接下来的5年里得到资金的部门的确比未得到资金的部门表现得更好（即这一决策带来了积极结果），而约半数的学生则被告知出现相反的结果（即这一决策带来了消极后果）。

在该实验的第二部分，学生们得知，公司管理层重新评估后，决定再分配另外2 000万美元的研发资金，并且要求学生们在消费品部和工业品部之间以任何他们认为合适的比例分配这笔资金。斯塔（Staw，1976）发现了"诱捕"现象，即对一个错误行为升级的承诺。如图21.2所示，开始选择不成功并且要担负个人责任的学生平均分配了约1 300万美元到以前选择的部门，即比其他学生多分配约400万美元。当责任重大时，失误导致了更多的投入，而非更少。

斯塔（Staw，1976）的实验激发了很多后续的研究，并且在他的研究之后，出现了几种对诱捕现象的理论分析（其中最优的两种是Brockner & Rubin，1985；Staw & Ross，1987）。尽管对诱捕现象的研究起步相对较晚，但已经

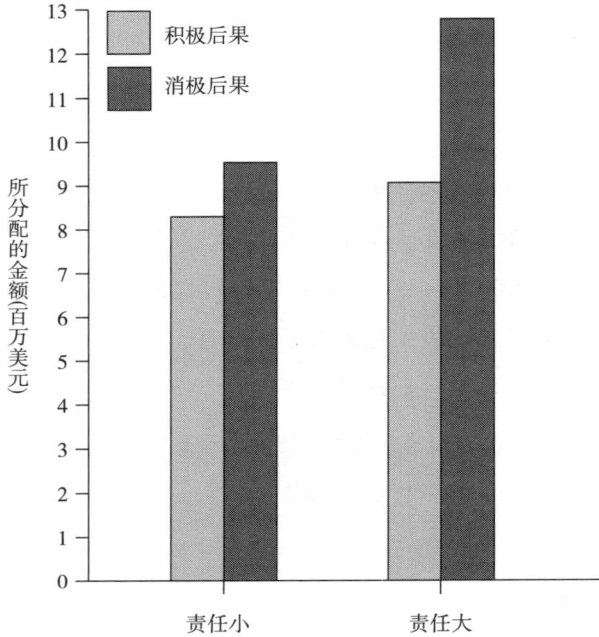

图 21.2 该图展示了诱捕的一个例子。斯塔（Staw，1976）发现，相对于不必对先前追加研发投资负责的学生以及先前追加研发投资决策获得积极结果的学生，起初决定追加投资失败的学生在后来的投资中会投入更多的资金在先前失败的部门上。

有实验证据表明：（1）被动地维持现状的情境（例如自动的再投入计划）比必须主动做出继续投入决策的情境更加具有诱捕倾向（Brokner，Shaw，& Rubin，1979）；（2）诱捕在竞争的社会情境下比非竞争的社会情境下更为明显，至少对男性而言是这样（Rubin，Brockner，Small-Weil，& Nathanson，1980）；（3）诱捕在群体中与在个体中一样容易出现（Bazerman，Giuliano，& Appelman，1984），尽管这可能仅对女性成立（Brockner & Rubin，1985）。

资料表明，恋爱关系中也存在诱捕现象。拉斯布尔特（Rusbult，1980）发现大学生在角色扮演的实验中更加忠实于恋爱伴侣，并且较少可能与其他人约会，前提是他们的关系持续了一年而非一个月。因此，在其他条件相同的情况下，学生在恋爱关系中投入的时间与他们未来的忠诚度有着直接的关联。

胜利逃离

尽管陷阱难以逃离，但它们很少能持续永远。最终，等待接听的人们挂断了电话。公司领导停止把钱投入到经营不善的部门。不幸福的恋爱伴侣分手了。通常，问题不在于行为陷阱会永远困住受害者，而是回头看时，人们希望他们可以更早地从陷阱中逃离出来。*

幸运的是，有一些方法可以减少或避免诱捕现象（综述见：Brockner & Rubin，1985；Cross & Guyer，1980；Staw & Ross，1987）。斯塔和罗斯（Staw & Ross，1987）提出的一种技术是在做出承诺之前"就确定结束的成本"，也就是说，在着手一项长期风险投资之前，首先要考虑清楚退出成本。实验证据表明，如果事先就突出投入成本，诱捕现象就能减轻甚或消除（Brockner，Rubin，& Lang，1981；Nathanson et al.，1982）。

布罗克纳和鲁宾（Brockner & Rubin，1985）在其关于诱捕的专著中，建议决策者只要有可能就应事先设定限制，并以下述方法应用这些限制：

> 并不是说达到所设定的极限量就自动放弃投资，明智的决策者应该利用他们所设定的极限点，作为一个**重新衡量**是继续还是退出的时间点，而**与他们先前已经投入多少的事实无关**。也就是说，如果个人决定超过事先设定的极限继续投资，应该以对未来的(而非过去的)成本效益分析为基础。

在商业情境中，斯塔和罗斯（Staw & Ross，1987）建议应该先问这样一个问题："如果今天我是第一次做这项工作，发现这个项目正在进行中，我会支持它还是放弃它？"这个问题很容易运用到其他非商业情境中（比如，"假如今天我是第一次遇到这个人，我会被其吸引吗？"）。

还有一种方法是让不同的人进行最初的和后续的决策（Bazerman，Giuliano，& Appelman，1984；Staw & Ross，1987）。例如，商业贷款可以由

---

* 有些集体陷阱，比如人口膨胀、饥荒、环境恶化以及军事冲突等，可能是这条法则的例外。这些问题具有一种令人不安的持久特征，并且有待时间检验人类是否有能力解决它们。

一位银行职员发放，然后由另一位职员审查可否续约。该方法的优势在于，后来的决定是由不必为先前错误负责的人做出的（因此基本没有升级承诺的理由）。但是，其缺点是连贯性的破坏以及"机制记忆"（institutional memory）的潜在丧失。

结 论

行为陷阱在生活中无处不在，如果不加限制，可能会导致严重的后果。斯塔（Staw，1981）提出，很多最有害的个人决策或者公共政策都源于连续的、不断升级的承诺（比如在越战中所见的那样）。普拉特（Platt，1973）则进一步声称："陷阱代表了我们当今所有最难驾驭的大规模城市、国家以及国际问题。"

但是，陷阱并不总是坏的。正如布罗克纳和鲁宾（Brocker & Rubin，1985）所说，很多情况下，人们刻意让自己掉入陷阱。比如恢复中的酗酒者、戒烟者、节食者常常"鼓起浑身的勇气"，努力使自己"陷入"健康的生活方式里。

当诱捕值得期待时，决策者应该：

√ 回避有关诱捕成本的信息。

√ 克制自己不要设定限制或评估继续投入的成本。

√ 做出公开的承诺宣言。

√ 与那些朝着相同目标努力的人们竞赛。

与本书中讨论的诸多启发式以及偏差一样，行为陷阱并无好坏之分，心理学研究的目的也不是要对这些问题的好坏做出价值判断。相反，研究诱捕行为的目的——以及一般性的决策研究——有着更加严格的界定，旨在让我们更深入地了解决策过程是如何运作的，并且，在实践中让我们的决策质量得以提高。

后记：回顾

—————— ❖ ——————

在读完长达 21 章令人费解的问题以及反直觉的结果之后，是回顾全书并反思这一切的意义所在的时候了。决策者们根本上是非理性的吗？那些用于减少决策和判断偏差的策略是否有什么潜在的共通之处？书中各种结论的局限性如何？而研究决策的学者们又是如何应用书中这些结论的？以下的后记部分将对此一一作答。

偏差未必非理性

正如第 21 章所述，心理学研究的目的不在于判定偏差是好是坏。本书所述的大部分研究结果既有积极的一面也有消极的一面。举例来说，有大量证据表明，一个稍许膨胀的自我形象实际上有益于身心健康（Taylor & Brown，1998）。尽管本书各章的标题反映出"非理性的说辞"在目前的决策研究中占主导地位（Lopes，1991），但仍需强调的是，决策和判断中的偏差未必有害或者非理性。正如洛佩斯（Lopes，1982）所指出的，在大多数时候，理性的含义不止于平时所说的尽可能的"正确"。理性的策略可能得出决策者所期待的结果。

在一些情况下，决策者可能更关注避免灾难而非效用最大化。在另一些情况下，他们可能选择让朋友及家人而非他们自己获益的结果。而在其他情况下，他们会与那些理想化的"理性行动者"一样，根据期望效用理论去追求效用最大化。决策者们可能追求任意数量的目标，那么仅仅依据单一的规范性标准来给理性下定义就是错误的。

此外，即使在期望效用框架里决策者被视为"理性的行动者"，我们也没有理由断定最优的选择总是能够将效用最大化。洛佩斯在探讨基本归因错误时指出了这一点（讨论见第 16 章）。根据洛佩斯（Lopes，1982）的观点，基本归因错误"是这样一种倾向，即大多数人把他人的行为归因于稳定的人格变量，而不是那些短暂且经常模糊的情境因素。但这种倾向可能根本不是一种错误，无论是在客观世界里生存还是在社会世界中安身，我们都需要尽可能好地学会预测和控制他人对我们的影响。因此，如果某些影响是可预测的，哪怕只是通过某个个体的出现而微弱地表现出来，能把它找出来对于我们也很重要。"这种将行为过度地归因于个性原因的倾向因而可能成为因果归因的理性方法。

究其原因，请思考图 A.1 中虚构且极简化的支付矩阵图。如果洛佩斯关于觉察个性原因重要性的推测是正确的，那么正确辨别个性原因将得到较高的回报（即 +3 的效用），而疏忽个性原因将会导致较高的惩罚（-3）。另一方面，情境原因被准确地觉察（+1）或疏忽（-1）所带来的损益差别并不大。

为了讨论的方便，我们假设情境原因发生的次数为 60%，进一步假设决策者不知道应该做出何种归因。那么根据图 A.1 的损益情况，怎样才能做出"理性"的反应呢？

此种情况下，个性归因的平均回报最大。习惯将行为归因于个性因素的决策者将获得平均 +0.60 的效用（有 60% 的时间回报为 -1，但有 40% 的时间回报为 +3）；然而，习惯将行为归因于情境因素的决策者将获得平均 -0.60 的效用（有 60% 的时间回报为 +1，但有 40% 的时间回报为 -3）。即使情境归因正确的次数多于个性归因，但最有奖赏意义的策略还是将行为更多地归因于个性因素（即基本归因错误）。

当然，图 A.1 中的支付矩阵仅仅是假设性的。我们无法确定一生无数次归因中成功与失败的效用，也无法评估情境因素和个性因素出现的相对频次。然而计算机模拟启发式的决策表明，某些偏差所付出的代价往往相当小。例如，

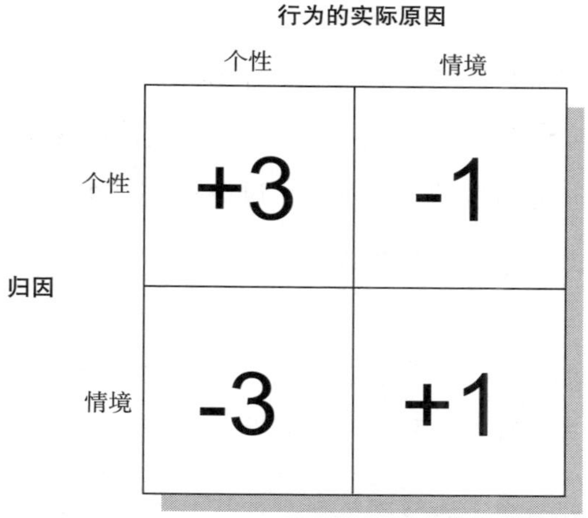

行为的实际原因

　　　　个性　　　　情境

图 A.1　图中的数字代表了四种归因结果假设的回报值。根据这个方案，基本归因错误（右上单元格）所造成的损失并没有疏忽个性归因所造成的损失（左下单元格）大；而正确的个性归因（左上单元格）所带来的回报大于正确的情境归因（右下单元格）。在这些情况下，决策者对行为更多地进行个性归因是有道理的。

索恩盖特（Thorngate，1980）发现，忽视了概率信息的启发式几乎与基于概率规则的决策效果一样好。克莱门茨（Kleinmuntz，1985）发现，在重复的判断任务中提供反馈时，忽视基本比率信息的启发式表现也相当好。因此，在很难获取或理解概率或基本比率信息的情况下，启发式可能带来比规范性决策规则更有吸引力的选择。

　　上述结果未必表明，决策者们发生偏差优于没有偏差。很多事例都可以证明决策和判断中的偏差可能导致重大问题（例如医疗中的误诊）。但是，上述研究结果试图从恰当的角度看待决策和判断中的偏差，并且证明偏差未必意味着非理性。

一个普遍的思路

　　尽管理性的含义大于正确，但在多数情况下，决策者们仍然努力要做出准准的判断。因此，决策研究者们一直致力于找出有效的"消除偏差"的方法（即能够减少判断中的偏差和错误的方法）。在某些场合，只要了解潜在的问题就足以避免上述问题。例如，了解诱捕原理的人们不大可能被诱捕（Nathanson et al.，1982）。但多数情况下，仅凭警告并不足以消除偏差和错误。

本书已就各种消除偏差的方法进行了讨论——减少过度自信、后见之明偏差、框架效应、群体思维、归因偏差，等等。很自然地，我们想知道这些消除偏差的方法是否具有某些共同点。

冒着过分简化的风险，但没有刻意将所有消除偏差的策略缩减为一个普遍的主题，我们发现确实存在一种持续性要素：

多数行之有效的消除偏差的方法都涉及对不同视角的思考。

比如，通过思考为何自己的回答可能错误通常能减少过度自信。通过思考为何可能发生不同结果可以减少甚至消除后见之明偏差。当同样的问题以多种形式框定时，框架效应自然会减轻。如果让群体的其中一员扮演唱反调的角色，群体思维就能够避免。行动者—观察者在归因中的差异能通过交换二者的视角而实现反转。在所有这些例子中，"考虑相反的一面"都能够提高判断的准确性。

与上面的一般主题相一致的是，还有证据表明同理心能够消除社会判断中的某些偏差。斯托姆斯（Storms，1973）的研究表明，行动者—观察者的归因差异能够通过交换二者的视角而反转（见第16章）。两年之后，里甘和托腾（Regan & Totten，1975）发现，要求被试设身处地的指导语也有相同效果。在这项研究中被试的指导语有两种，要么指示被试单纯地观察一场二人结识对话中的一人（名叫玛格丽特的某人），要么指示被试设身处地体会她的感受（想象玛格丽特在对话中的感受）。

里甘和托腾（Regan & Totten，1975）发现，单纯观察组的被试对玛格丽特的行为做出了更多的个性归因而非情境归因，而设身处地体会玛格丽特感受的被试则对她的行为做出了更多的情境归因而非个性归因。换言之，同理心的指导语产生了与之前斯托姆斯得到的结论相同的效果：同理心反转了行动者—观察者的归因差异。

一年后，鲁思·加尔珀发表了类似研究，她也发现了相同的结果。加尔珀（Galper，1976）的研究结果总结如下：

> 未被指导与行动者设身处地的被试表现出典型的"观察者偏差"，认为个人因素比情境因素重要得多。另一方面，"同理心"指导语下的被试上述偏差出现反转，他们认为个人因素远不如情境因素重要。而斯托姆斯的研究（Storms，1973）表明，视角的**实际**改变能够系统地影响行动者和观察者的归因偏差；本研究表明，**假想的**"视角改变"也能引发观察者做出"类似行动者"的归因。

诸如此类的研究表明，在做出最终判断之前，参考其他有分歧的观点是有价值的（Anderson，1982；Lord，Lepper，& Preston，1984）。尽管没有一种消除偏差的方法是万能的，但思考不同的替代观点通常能提高决策和判断的质量。

研究结论的局限性

抛开消除偏差方法和其他主题决策研究的种种有用之处不谈，本书介绍的很多结论仍然存在若干局限性。某些局限源于本书覆盖的主题范围有限，而另外一些局限则反映了决策研究本身的缺陷。

正如序言所述，本书介绍的研究并不代表穷尽所有的决策和判断研究。相反，书中的研究都是特意选取那些奇异、好玩和有趣的研究。很多重要的研究领域仅仅一笔带过，并且限于篇幅，许多非常好的研究根本没有提及。下面举两个例子来说明这些局限是怎样影响研究结论的普遍性的。

第一个例子，第17章简略提过决策受到"责任性"的强烈影响。对自身行动有责任感的决策者不会像没有责任感的人那样过度自信（Tetlock & Kim，1987），并表现出较少的社会懈怠（Weldon & Gargano，1983），以及更强的复杂问题分析能力（Hagafors & Brehmer，1983；Tetlock，1983）。正如泰特洛克等人（Tetlock，Skitka，& Boettger，1989）所指出的："人们如何思考部分取决于他们为何思考。"任何关于决策的全景图画都必须考虑到上述关系，且实验的被试对其行为负责的程度应当成为评价研究结论的一个指标。

第二个例子，决策和判断非常依赖于情境特异性因素，诸如决策者可用的时间长短和决策者当前的心境。当时间紧迫时，决策者往往选用简单的策略，只注意到少量线索，并做出风险较小的选择（Zur & Breznitz，1981；Rothstein，1986；Wright，1974）。而心情好的决策者一般更有创造性（Isen，Daubman，& Nowicki，1987），认为消极事件较少发生或不可能发生（Johnson & Tversky，1983；Salovey & Birnbaum，1989；Wright & Bower，1992），并会冒其他人不乐意接受的低水平风险（Isen & Geva，1987；Isen & Patrick，1983）。这些研究结果再一次说明，我们从决策研究中得到的结论应谨慎对其肯定和推广，以防止过度概括化。

本书很多结论还受限于决策研究本身的特性，这方面的某些局限值得注意。首先，正如从第 4 章到第 6 章所述研究可能做出预期，决策和判断研究的许多研究结果都与具体研究情境有关（Schum，1990）。格里格和考克斯（Griggs & Cox，1982）的研究有力地证明了这种局限性。他们随即分派大学生解决两个问题中的一个：（1）第 20 章所述的标准 4 卡片问题，（2）4 卡片问题的变式，即用短语"DRINKING A BEER"（喝啤酒）、"DRINKING A COKE"（喝可乐）、"22 YEARS OF AGE"（22 岁）和"16 YEARS OF AGE"（16 岁）来代替"E""K""4"和"7"（规则为如果一个人喝啤酒，那么此人一定超过 19 岁）。当使用喝啤酒情境时，大约 3/4 的学生回答正确；而以字母和数字出题时，没有学生能解决这个问题。措辞的改变还会影响协变判断（Crocker，1982）和合取谬误（Fiedler，1988）。

决策与判断研究的另一局限性是其对大学生参与实验室实验的倚重。尽管这些研究颇有价值，但实验室设计的各种任务与自然环境中的决策过程还是经常有出入的。举例而言，研究者（Ebbesen & Konečni，1975）发现，地方法官及高法法官在真实情境和虚拟情境下所做出的保释判决差异极大。正如第 19 章所述，桥牌大师和专业气象预报员对所做判断的校准要比一般人好得多（Keren，

1987；Murphy & Brown，1984；Murphy & Winkler，1984）。另一方面，若干研究发现，专家们表现出与普通大学生大致一样的偏差（Dubé-Rioux & Russo，1988），或者专家偏差的程度略小（Christensen-Szalanski，Beck，Christensen-Szalanski，& Koepsell，1983；Smith & Kida，1991）。很明显，关于专家决策还需要进行更多的研究。

　　决策研究的另一个缺陷是缺乏跨文化取向。大多数的决策研究都局限于北美洲和欧洲，相对很少有研究针对世界其他地区的决策者，因此我们很难确定某些研究结果的普适性如何（Fletcher & Ward，1988）。以下的一些例子说明了得出确凿结论的诸多困难。

- 泰勒和贾格（Taylor & Jaggi，1974）发现，信仰印度教的印度人表现出的归因偏差与美国人相似，但其他学者的研究发现两者的归因风格存在差异。与美国人倾向于出现基本归因错误相比，印度人更经常地将行为归因于情境因素而非个性因素（Miller，1984）。
- 斯托纳（Stoner，1968）认为已经证明了美国、英国和以色列被试存在风险转移，但其他研究者在美国、英国和亚洲被试中发现他们的概率判断存在差异（Wright et al.，1978；Yates et al.，1989）。
- 阿米尔（Amir，1984）发现，科威特人与美国人在阿施范式上的从众程度相当，而其他研究者（Matsuda，1985）发现日本人的从众程度甚于美国人。因而，上一年还似乎具有普遍意义的研究结果，下一年就变得有文化性差异。
- 还有研究表明，日本被试在归因中并未表现出自我服务偏差，这与美国、印度、南非和南斯拉夫的被试不一样（Chandler，Shama，Wolf，& Planchard，1981）。

　　上述研究结果对于跨文化决策研究的复杂性只是管中窥豹。在建立一个庞大的研究体系前，将决策研究的结果应用于非西方的文化都需要非常谨慎。

决策研究者易犯的错误

决策与判断研究受到另一个问题的困扰——这个问题虽然很少被人提及，但却有着深刻的影响。

决策与判断的研究人员与实验中的被试一样容易出现各种偏差和错误。

这一无法回避的事实导致的结果是，决策与判断研究的结论——毕竟这些无非也是一系列的决策和判断——都容易出现各种偏差和错误。

例如，正如被试可能对他们的回答过分自信，决策研究者也可能对他们的理论过度自信。同理，研究者易受认知失调和投入陷阱的影响，并且有理由断定，很多情况下正是前期工作的沉没成本诱使研究者进入陷阱。正如布罗克纳和鲁宾（Brockner & Rubin，1985）在其关于诱捕的著作中的结束语所警告的："优秀的诱捕研究者——与恰好成为我们实验研究对象的决策者一样——必须了解如何在一个更大的格局下评估自己的行动。"

菲施霍夫（Fischhoff，1991）进一步观察发现，若研究者想要并期待看到某种现象，就可能过高估计其频次（据推断，这是由于与理论一致的数据比不一致的数据更为突出）。作为易得性启发式的结果，频次及（或）概率的一致可能被高估，由此研究者可能产生理论与数据之间具有相关（或者至少夸大的相关）的错觉。这种可能性与选择性知觉、偏差的同化作用以及面对怀疑证据仍坚持错误信念的研究是一致的（例如，Lord，Ross，& Lepper，1979；Ross，Lepper，& Hubbard，1975）。

也许研究者最严重的错误在于，他们容易出现证实偏差和自我实现的预言（Jenkins，1981；Rosenthal，1976）。罗森塔尔和福德（Rosenthal & Fode，1963）做了这类课题最早也是最生动的研究。罗森塔尔和福德告诉 12 名实验者，他们做迷宫实验的老鼠要么"聪明"，要么"愚笨"，而实际上这些标签都是随机分配的。给每名实验者 5 只老鼠进行实验，要求实验者记录这些老鼠在 50 个试次的走迷宫任务中的表现。

对所有 50 个试次的实验结果进行平均，罗森塔尔和福德发现，那些"聪明"老鼠比"愚笨"老鼠正确走完迷宫的次数高出 50%。因此，即使对结果的期望是随机引发的，实验者们也发现了他们期望发现的结果。

总结一下，决策和判断研究常遭受这样一种自相矛盾的困扰：如果研究结果有效（即存在偏差和错误），那么该结果在某种程度上也受到偏差和错误的影响。另一方面，如果研究结果无效（即不存在偏差和错误），那么该结果仍然有误。两种情况下偏差和错误都可能出现。这种自相矛盾的困境在某些方面与奥地利逻辑学家哥德尔之不完全性定理（Incompleteness Theorem）类似，他认为任何完全使用数学并具有形式化的逻辑系统，都必然有内在的不一致。

当然，与其他研究领域相比，决策研究中的偏差和错误所带来的破坏作用未必更大。关键在于，不管多么不情愿，决策研究者们在考虑普通人易犯错时必须把自己包括在内。本书在结尾处强调这些的目的在于进一步明确这一方向，让我们暂且以斯金纳（Skinner，1980）描述的方式结束本书：

> 我过去常常这样描述行为主义者对自己的态度：一位演讲者解释了人类行为，包括其他演讲者的行为，并离开了讲台。然后他从讲台一侧探出头来说："刚才的演讲同样适合我自己！"

"哇，这儿景色真棒！我又开始怀念做决策了。"

推 荐 读 物

如果你想阅读更多有关决策与判断方面的资料，以下这些图书是我强烈推荐的。

侧重管理和商业背景下的决策方面的一般综述类图书有：

- Russo，J. E.，& Schoemaker，P. J. H.（1989）. Decision traps：Ten barriers to brilliant decision making and how to overcome them. New York：Simon & Schuster.
- Bazerman，M. H.（1990）. Judgment in managerial decision making（2nd ed.）. New York：John Wiley & Sons.
- Hogarth，R.（1987）. Judgment and choice（2nd ed.）. New York：John Wiley & Sons.

如果你想了解不强调商业应用的非技术性综述图书，可以读一读：

- Dawes，R. M.（1988）. Rational choice in an uncertain world. San Diego：Harcourt Brace Jovanovich.
- Nisbett，R. E.，& Ross，L.（1980）. Human inference：Strategies and shortcomings of social judgment. Englewood Sliffs，NJ：Prentice-Hall.
- Gilovich，T.（1991）. How we know what ain't so. New York：Free Press.

如果想学习更高深的材料，请阅读剑桥大学出版社出版的三部杰出的文集，其中第一部被公认为是当代的经典：

- Kahneman，D.，Slovic，P.，& Tversky，A.（Eds.）.（1982）. Judgment under uncertainty：Heuristics and biases. Cambridge，England：Cambridge University Press.

- Arkes，H. R.，& Hammond，K. R.（Eds.）.（1986）. Judgment and decision making：An interdisciplinary reader. Cambridge，England：Cambridge University Press.

- Bell，D. E.，& Raiffa，H.，& Tversky，A.（Eds.）.（1988）. Decision making：Descriptive，normative，and prescriptive interactions. Cambridge，England：Cambridge University Press.

芝加哥大学也出版了一部非常好的演讲录，以纪念决策研究者希勒尔·艾因霍恩（Hillel Einhorn）：

- Hogarth，R. M.（Ed.）.（1990）. Insights in decision making：A tribute to Hillel J. Einhorn. Chicago：University of Chicago Press.

如果你想了解更多有关问题措辞效应的内容，请阅读：

- Schuman，H.，& Presser，S.（1981）. Questions and answers in attitude surveys：Experiments on question form，wording，and context. Orlando，FL：Academic Press.

- Hogarth，R.（Ed.）.（1982）. New directions for methodology of social and behavioral science：Question framing and response consistency. San Francisco：Jossey-Bass.

- Sudman，S.，& Bradburn，N. M.（1982）. Asking questions：A practical guide to questionnaire design. San Francisco：Jossey-Bass.

最后，如果你想了解更多有关社会心理学领域内的决策与判断，我推荐以下三部书：

- Aronson，E.（1991）. The social animal（6th rev. ed.）. San Francisco：W. H. Freeman and Company.

- Zimbardo，P. G.，& Leippe，M.（1991）. The psychology of attitude change and social influence. New York：McGraw-Hill.

- Cialdini，R. B.（1988）. Influence：Science and practice（2nd ed.）. Glenview，IL：Scott，Foresman.

参 考 文 献

Abramson, L. Y., Seligman, M. E. P., & Teasdale, J. D. (1978). Learned help-
  lessness in humans: Critique and reformulation. *Journal of Abnormal Psy-
  chology, 87*, 49–74.
Ajzen, I. (1977). Intuitive theories of events and the effects of base-rate infor-
  mation on prediction. *Journal of Personality and Social Psychology, 35*,
  303–314.
Ajzen, I., & Fishbein, M. (1977). Attitude-behavior relations: A theoretical
  analysis and review of empirical research. *Psychological Bulletin, 84*, 888-
  918.
Allais, P. M. (1953). The behavior of rational man in risk situations—A cri-
  tique of the axioms and postulates of the American School. *Econometrica,
  21*, 503–546.
Allison, S. T., & Messick, D. M. (1985). The group attribution error. *Journal
  of Experimental Social Psychology, 21*, 563–579.
Alloy, L. B., & Tabachnik, N. (1984). Assessment of covariation by humans
  and animals: The joint influence of prior expectations and current situa-
  tional information. *Psychological Review, 91*, 112–149.
Allport, G. W. (1954). The historical background of modern social psycholo-
  gy. In G. Lindzey (Ed.), *The handbook of social psychology* (Vol. 1). Read-
  ing, MA: Addison-Wesley.
Alvarez, L. W. (1965). A pseudo experience in parapsychology. *Science, 148*,
  1541.
American Psychological Association. (1989). Ethical principles of psycholo-
  gists. *American Psychologist, 45*, 390–395.
Amir, T. (1984). The Asch conformity effect: A study in Kuwait. *Social Behav-
  ior and Personality, 12*, 187–190.
Anderson, C. A. (1982). Inoculation and counterexplanation: Debiasing tech-
  niques in the perseverance of social theories. *Social Cognition, 1*, 126–139.
Anderson, C. A. (1983). Imagination and expectation: The effect of imagining
  behavioral scripts on personal intentions. *Journal of Personality and Social
  Psychology, 45*, 293–305.
Anderson, N. H. (1965). Primacy effects in personality impression formation
  using a generalized order effect paradigm. *Journal of Personality and
  Social Psychology, 2*, 1–9.
Argote, L., Seabright, M. A., & Dyer, L. (1986). Individual versus group use of
  base-rate and individuating information. *Organizational Behavior and
  Human Decision Processes, 38*, 65–75.

Arkes, H. R., & Blumer, C. (1985). The psychology of sunk cost. *Organizational Behavior and Human Decision Processes, 35,* 124–140.

Arkes, H. R., Christensen, C., Lai, C., & Blumer, C. (1987). Two methods of reducing overconfidence. *Organizational Behavior and Human Decision Processes, 39,* 133–144.

Arkes, H. R., & Harkness, A. R. (1983). Estimates of contingency between two dichotomous variables. *Journal of Experimental Psychology: General, 112,* 117–135.

Arkes, H. R., Wortmann, R. L., Saville, P. D., & Harkness, A. R. (1981). Hindsight bias among physicians weighing the likelihood of diagnoses. *Journal of Applied Psychology, 66,* 252–254.

Aronson, E. (1969). The theory of cognitive dissonance: A current perspective. In L. Berkowitz (Ed.), *Advances in experimental social psychology* (Vol. 4, pp. 1–34). New York: Academic Press.

Aronson, E. (1972). *The social animal.* San Francisco: W. H. Freeman and Company.

Aronson, E., & Mills, J. (1959). The effect of severity of initiation on liking for a group. *Journal of Abnormal and Social Psychology, 59,* 177–181.

Asch, S. E. (1946). Forming impressions of personality. *Journal of Abnormal and Social Psychology, 41,* 258–290.

Asch, S. E. (1951). Effects of group pressure upon the modification and distortion of judgment. In H. Guetzkow (Ed.), *Groups, leadership and men.* Pittsburgh: Carnegie Press.

Asch, S. E. (1955). Opinions and social pressure. *Scientific American,* pp. 31–35.

Asch, S. E. (1956). Studies of independence and conformity: A minority of one against a unanimous majority. *Psychological Monographs, 70* (9, Whole No. 416).

Ayton, P., Hunt, A. J., & Wright, G. (1989). Psychological conceptions of randomness. *Journal of Behavioral Decision Making, 2,* 221–238.

Bakan, P. (1960). Response tendencies in attempts to generate random binary series. *American Journal of Psychology, 73,* 127–131.

Bandura, A. (1982). Self-efficacy: Mechanism in human agency. *American Psychologist, 37,* 122–147.

Bandura, A. (1986). *Social foundations of thought and action: A social cognitive theory.* Englewood Cliffs, NJ: Prentice-Hall.

Barclay, S., & Beach, L. R. (1972). Combinatorial properties of personal probabilities. *Organizational Behavior and Human Performance, 8,* 176–183.

Bar-Hillel, M. (1973). On the subjective probability of compound events. *Organizational Behavior and Human Performance, 9,* 396–406.

Bar-Hillel, M. (1980). The base-rate fallacy in probability judgments. *Acta Psychologica, 44,* 211–233.

Bar-Hillel, M. (1990). Back to base rates. In R. M. Hogarth (Ed.), *Insights in decision making: A tribute to Hillel J. Einhorn.* Chicago: University of Chicago Press.

Batson, C. D. (1975). Attribution as a mediator of bias in helping. *Journal of Personality and Social Psychology, 32*, 455–466.

Batson, C. D., & Marz, B. (1979). Dispositional bias in trained therapists' diagnoses: Does it exist? *Journal of Applied Social Psychology, 9*, 476–489.

Baxter, T. L., & Goldberg, L. R. (1987). Perceived behavioral consistency underlying trait attributions to oneself and another: An extension of the actor-observer effect. *Personality and Social Psychology Bulletin, 13*, 437–447.

Bazerman, M. H., Giuliano, T., & Appelman, A. (1984). Escalation of commitment in individual and group decision making. *Organizational Behavior and Human Performance, 33*, 141–152.

Bedau, H. A., & Radelet, M. L. (1987). Miscarriages of justice in potentially capital cases. *Stanford Law Review, 40*, 21–179.

Bell, D. E. (1982). Regret in decision making under uncertainty. *Operations Research, 30*, 961–981.

Bell, D. E. (1985). Disappointment in decision making under uncertainty. *Operations Research, 33*, 1–27.

Bem, D. J. (1972). Self-perception theory. In L. Berkowitz (Ed.), *Advances in experimental social psychology* (Vol. 6). New York: Academic Press.

Ben Zur, H., & Breznitz, S. J. (1981). The effects of time pressure on risky choice behavior. *Acta Psychologica, 47*, 89–104.

Bernoulli, D. (1738/1954). Exposition of a new theory on the measurement of risk, translated by Louise Sommer. *Econometrica, 22*, 22–36.

Beyth-Marom, M. (1982). Perception of correlation reexamined. *Memory & Cognition, 10*, 511–519.

Bierbrauer, G. (1973). *Effect of set, perspective, and temporal factors in attribution.* Unpublished doctoral dissertation, Stanford University.

Bishop, G. F., Oldendick, R. W., Tuchfarber, A. J., & Bennett, S. E. (1980). Pseudo-opinions on public affairs. *Public Opinion Quarterly, 44*, 198–209.

Blascovich, J., Ginsburg, G. P., & Howe, R. C. (1975). Blackjack and the risky shift, II: Monetary stakes. *Journal of Experimental Social Psychology, 11*, 224–232.

Block, J. R., & Yuker, H. E. (1989). *Can you believe your eyes?* New York: Gardner Press.

Blodgett, R. (1983). Against all odds. *Games*, pp. 14–18.

Bond, C. F., Jr., & Titus, L. J. (1983). Social facilitation: A meta-analysis of 241 studies. *Psychological Bulletin, 94*, 265–292.

Borgida, E., & Nisbett, R. E. (1977). The differential impact of abstract vs. concrete information on decisions. *Journal of Applied Social Psychology, 7*, 258–271.

Borrelli, S., Lockerbie, B., & Niemi, R. G. (1987). Why the Democrat-Republican partisanship gap varies from poll to poll. *Public Opinion Quarterly, 51*, 115–119.

Bostic, R., Herrnstein, R. J., & Luce, R. D. (1990). The effect on the prefer-
ence-reversal phenomenon of using choice indifferences. *Journal of Eco-
nomic Behavior and Organization, 13,* 193–212.

Bourne, L. E., Jr., & Guy, D. E. (1968). Learning conceptual rules: II. The role
of positive and negative instances. *Journal of Experimental Psychology, 77,*
488–494.

Bransford, J. D., & Franks, J. J. (1971). The abstraction of linguistic ideas.
Cognitive Psychology, 2, 331–350.

Brickman, P., Coates, D., & Janoff-Bulman, R. (1978). Lottery winners and
accident victims: Is happiness relative? *Journal of Personality and Social
Psychology, 36,* 917–927.

Brockner, J., & Rubin, J. Z. (1985). *Entrapment in escalating conflicts: A social
psychological analysis.* New York: Springer-Verlag.

Brockner, J., Rubin, J. Z., & Lang, E. (1981). Face-saving and entrapment.
Journal of Experimental Social Psychology, 17, 68–79.

Brockner, J., Shaw, M. C., & Rubin, J. Z. (1979). Factors affecting withdrawal
from an escalating conflict: Quitting before it's too late. *Journal of Experi-
mental Social Psychology, 15,* 492–503.

Brophy, J. E. (1983). Research on the self-fulfilling prophecy and teacher
expectations. *Journal of Educational Psychology, 75,* 631–661.

Brown, E., Deffenbacher, K., & Sturgill, W. (1977). Memory for faces and the
circumstances of encounter. *Journal of Applied Psychology, 62,* 311–318.

Bruner, J. S., & Postman, L. J. (1949). On the perception of incongruity: A
paradigm. *Journal of Personality, 18,* 206–223.

Campbell, J. D., & Tesser, A. (1983). Motivational interpretations of hindsight
bias: An individual difference analysis. *Journal of Personality, 51,* 605–620.

Cantril, H. (1940). Experiments in the wording of questions. *Public Opinion
Quarterly, 4,* 330–332.

Carroll, J. S. (1978). The effect of imagining an event on expectations for the
event: An interpretation in terms of the availability heuristic. *Journal of
Experimental Social Psychology, 14,* 88–96.

Centor, R. M., Dalton, H. P., & Yates, J. F. (1984). *Are physicians' probability
estimates better or worse than regression model estimates?* Paper presented
at the Sixth Annual Meeting of the Society for Medical Decision Making,
Bethesda, MD.

Cervone, D., & Peake, P. K. (1986). Anchoring, efficacy, and action: The influ-
ence of judgmental heuristics on self-efficacy judgments. *Journal of Per-
sonality and Social Psychology, 50,* 492–501.

Chandler, T. A., Shama, D. D., Wolf, F. M., & Planchard, S. K. (1981). Multi-
attributional causality: A five cross-national samples study. *Journal of
Cross-Cultural Psychology, 12,* 207–221.

Chapman, L. J. (1967). Illusory correlation in observational report. *Journal of
Verbal Learning and Behavior, 6,* 151–155.

Chapman, L. J., & Chapman, J. P. (1967). Genesis of popular but erroneous psychodiagnostic observations. *Journal of Abnormal Psychology*, 72, 193–204.

Chapman, L. J., & Chapman, J. P. (1969). Illusory correlation as an obstacle to the use of valid psychodiagnostic signs. *Journal of Abnormal Psychology*, 74, 271–280.

Chapman, L. J., & Chapman, J. P. (1971). Test results are what you think they are. *Psychology Today*, pp. 18–22, 106–110.

Cheng, P. W., & Novick, L. R. (1990). A probabilistic contrast model of causal induction. *Journal of Personality and Social Psychology*, 58, 545–567.

Christensen, D., & Rosenthal, R. (1982). Gender and nonverbal decoding skill as determinants of interpersonal expectancy effects. *Journal of Personality and Social Psychology*, 42, 75–87.

Christensen-Szalanski, J. J. J., & Beach, L. R. (1984). The citation bias: Fad and fashion in the judgment and decision literature. *American Psychologist*, 39, 75–78.

Christensen-Szalanski, J. J. J., Beck, D. E., Christensen-Szalanski, C. M., & Koepsell, T. D. (1983). Effects of expertise and experience on risk judgments. *Journal of Applied Psychology*, 68, 278–284.

Christensen-Szalanski, J. J. J., & Bushyhead, J. B. (1981). Physicians' use of probabilistic information in a real clinical setting. *Journal of Experimental Psychology: Human Perception and Performance*, 7, 928–935.

Christensen-Szalanski, J. J. J., & Willham, C. F. (1991). The hindsight bias: A meta-analysis. *Organizational Behavior and Human Decision Processes*, 48, 147–168.

Clifford, B. R., & Scott, J. (1978). Individual and situational factors in eyewitness testimony. *Journal of Applied Psychology*, 63, 352–359.

Cohen, B. L., & Lee, I. (1979). A catalog of risks. *Health Physics*, 36, 707–722.

Cohen, J., Chesnick, E. I., & Haran, D. (1971). Evaluation of compound probabilities in sequential choice. *Nature*, 232, 414–416.

Combs, B., & Slovic, P. (1979). Newspaper coverage of causes of death. *Journalism Quarterly*, 56, 837–843, 849.

Converse, P. E., & Schuman, H. (1970). "Silent majorities" and the Vietnam war. *Scientific American*, pp. 17–25.

Coombs, C. H. (1975). Portfolio theory and the measurement of risk. In M. F. Kaplan & S. Schwartz (Eds.), *Human judgment and decision processes*. New York: Academic Press.

Cooper, W. H. (1981). Ubiquitous halo. *Psychological Bulletin*, 90, 218–244.

Coren, S., & Miller, J. (1974). Size contrast as a function of figural similarity. *Perception and Psychophysics*, 16, 355–357.

Corey, S. M. (1937). Professed attitudes and actual behavior. *Journal of Educational Psychology*, 28, 271–280.

Costanza, R. (1984). Review essay: The nuclear arms race and the theory of social traps. *Journal of Peace Research*, 21, 79–86.

Craig, K. D., & Prkachin, K. M. (1978). Social modeling influences on sensory decision theory and psychophysiological indexes of pain. *Journal of Personality and Social Psychology, 36,* 805–815.

Crandall, V. J., Solomon, D., & Kellaway, R. (1955). Expectancy statements and decision times as functions of objective probabilities and reinforcement values. *Journal of Personality, 24,* 192–203.

Crocker, J. (1981). Judgment of covariation by social perceivers. *Psychological Bulletin, 90,* 272–292.

Crocker, J. (1982). Biased questions in judgment of covariation studies. *Personality and Social Psychology Bulletin, 8,* 214–220.

Cross, J. G., & Guyer, M. J. (1980). *Social traps.* Ann Arbor: University of Michigan Press.

Darley, J. M., & Batson, C. D. (1973). "From Jerusalem to Jericho": A study of situational and dispositional variables in helping behavior. *Journal of Personality and Social Psychology, 27,* 100–108.

Darley, J. M., & Fazio, R. H. (1980). Expectancy confirmation processes arising in the social interaction sequence. *American Psychologist, 35,* 867–881.

Darley, J. M., & Latané, B. (1968). Bystander intervention in emergencies: Diffusion of responsibility. *Journal of Personality and Social Psychology, 8,* 377–383.

Davis, J. H. (1973). Group decision and social interaction: A theory of social decision schemes. *Psychological Review, 80,* 97–125.

Dawes, R. M. (1975). The mind, the model, and the task. In F. Restle, R. M. Shiffrin, N. J. Castellan, H. R. Lindman, & D. B. Pisoni (Eds.), *Cognitive theory* (Vol. 1). Hillsdale, NJ: Erlbaum.

Dawes, R. M. (1980). Social dilemmas. *Annual Review of Psychology, 31,* 169–193.

Dawes, R. M., Faust, D., & Meehl, P. E. (1989). Clinical versus actuarial judgment. *Science, 243,* 1668–1674.

Deci, E. L. (1975). *Intrinsic motivation.* New York: Plenum Press.

Deffenbacher, K. A. (1980). Eyewitness accuracy and confidence. *Law and Human Behavior, 4,* 243–260.

Diener, D., & Thompson, W. B. (1985). Recognizing randomness. *American Journal of Psychology, 98,* 433–447.

Dion, K., Berscheid, E., & Walster, E. (1972). What is beautiful is good. *Journal of Personality and Social Psychology, 24,* 285–290.

Doob, A. N., Carlsmith, J. M., Freedman, J. L., Landauer, T. K., & Tom, S., Jr. (1969). Effect of initial selling price on subsequent sales. *Journal of Personality and Social Psychology, 11,* 345–350.

Dubé-Rioux, L., & Russo, J. E. (1988). An availability bias in professional judgment. *Journal of Behavioral Decision Making, 1,* 223–237.

Duncan, B. L. (1976). Differential social perception and attribution of intergroup violence: Testing the lower limits of stereotyping blacks. *Journal of Personality and Social Psychology, 43,* 590–598.

Dunning, D., Griffin, D. W., Milojkovic, J. D., & Ross, L. (1990). The overconfidence effect in social prediction. *Journal of Personality and Social Psychology, 58,* 568–581.

Dunning, D., & Parpal, M. (1989). Mental addition versus subtraction in counterfactual reasoning: On assessing the impact of personal actions and life events. *Journal of Personality and Social Psychology, 57,* 5–15.

Duval, S., & Wicklund, S. A. (1973). Effects of objective self–awareness on attribution of causality. *Journal of Experimental Social Psychology, 9,* 17–31.

Ebbesen, E. B., & Konečni, V. J. (1975). Decision making and information integration in the courts: The setting of bail. *Journal of Personality and Social Psychology, 32,* 805–821.

Eddy, D. (1982). Probabilistic reasoning in clinical medicine: Problems and opportunities. In D. Kahneman, P. Slovic, & A. Tversky (Eds.), *Judgment under uncertainty: Heuristics and biases.* Cambridge, England: Cambridge University Press.

Edwards, W. (1968). Conservatism in human information processing. In B. Kleinmuntz (Ed.), *Formal representation of human judgment.* New York: John Wiley and Sons.

Einhorn, H. J., & Hogarth, R. M. (1981). Behavioral decision theory: Processes of judgment and choice. *Annual Review of Psychology, 32,* 53–88.

Einhorn, H. J., & Hogarth, R. J. (1986). Backward and forward thinking in decision making. *Selected Paper No. 62.* Chicago: Graduate School of Business, University of Chicago.

Ellsberg, D. (1961). Risk, ambiguity, and the Savage axioms. *Quarterly Journal of Economics, 75,* 643–669.

Esser, J. K., & Lindoerfer, J. S. (1989). Groupthink and the space shuttle Challenger accident: Toward a quantitative case analysis. *Journal of Behavioral Decision Making, 2,* 167–177.

Fama, E. F. (1965). Random walks in stock market prices. *Financial Analysts Journal, 21,* 55–60.

Feldman, J. M. (1986). A note on the statistical correction of halo error. *Journal of Applied Psychology, 71,* 173–176.

Feldman, R. S., & Prohaska, T. (1979). The student as Pygmalion: Effect of student expectation on the teacher. *Journal of Educational Psychology, 71,* 485–493.

Feldman, R. S., & Theiss, A. J. (1982). The teacher and the student as Pygmalions: Joint effects of teacher and student expectations. *Journal of Educational Psychology, 74,* 217–223.

Festinger, L. (1954). A theory of social comparison processes. *Human Relations, 7,* 117–140.

Festinger, L. (1957). *A theory of cognitive dissonance.* Evanston, IL: Row, Peterson.

Festinger, L., & Carlsmith, J. M. (1959). Cognitive consequences of forced compliance. *Journal of Abnormal and Social Psychology, 58,* 203–210.

Feynman, R. P. (1988). An outsider's inside view of the Challenger inquiry. *Physics Today,* 26–37.

Fiedler, K. (1988). The dependence of the conjunction fallacy on subtle linguistic factors. *Psychological Research, 50,* 123–129.

Fischhoff, B. (1977). Perceived informativeness of facts. *Journal of Experimental Psychology: Human Perception and Performance, 3,* 349–358.

Fischhoff, B. (1991). Value elicitation: Is there anything in there? *American Psychologist, 46,* 835–847.

Fischhoff, B., & Bar-Hillel, M. (1984). Diagnosticity and the base-rate effect. *Memory & Cognition, 12,* 402–410.

Fischhoff, B., & Beyth, R. (1975). "I knew it would happen": Remembered probabilities of once-future things. *Organizational Behavior and Human Performance, 13,* 1–16.

Fischhoff, B., & Beyth-Marom, R. (1983). Hypothesis evaluation from a Bayesian perspective. *Psychological Review, 90,* 239–260.

Fischhoff, B., Lichtenstein, S., Slovic, P., Derby, S. L., & Keeney, R. L. (1981). *Acceptable risk.* Cambridge, England: Cambridge University Press.

Fischhoff, B., & Slovic, P. (1980). A little learning . . . : Confidence in multi-cue judgment tasks. In R. Nickerson (Ed.), *Attention and performance, VIII.* Hillsdale, NJ: Erlbaum.

Fischhoff, B., Slovic, P., & Lichtenstein, S. (1977). Knowing with certainty: The appropriateness of extreme confidence. *Journal of Experimental Psychology: Human Perception and Performance, 3,* 552–564.

Fishburn, P. C. (1984). SSB utility theory and decision making under uncertainty. *Mathematical Social Sciences, 8,* 253–285.

Fiske, S. T., & Taylor, S. E. (1991). *Social cognition* (2nd ed.). New York: McGraw-Hill.

Fletcher, G. J. O., & Ward, W. (1988). Attribution theory and processes: A cross-cultural perspective. In M. H. Bond (Ed.), *The cross-cultural challenge to social psychology.* Newbury Park, CA: Sage Publications.

Försterling, F. (1989). Models of covariation and attribution: How do they relate to the analogy of analysis of variance? *Journal of Personality and Social Psychology, 57,* 615–625.

Frenkel, O. J., & Doob, A. N. (1976). Post-decision dissonance at the polling booth. *Canadian Journal of Behavioural Science, 8,* 347–350.

Frieze, I. H., Bar-Tal, D., & Carroll, J. S. (Eds.). (1979). *New approaches to social problems.* San Francisco: Jossey-Bass.

Galper, R. E. (1976). Turning observers into actors: Differential causal attributions as a function of "empathy." *Journal of Research in Personality, 10,* 328–335.

Gilovich, T., Vallone, R., & Tversky, A. (1985). The hot hand in basketball: On the misperception of random sequences. *Journal of Personality and Social Psychology, 17,* 295–314.

Gmelch, G. (1978). Baseball magic. *Human Nature,* pp. 32–39.

Goldberg, L. R. (1959). The effectiveness of clinicians' judgments: The diagnosis of organic brain damage from the Bender-Gestalt test. *Journal of Consulting Psychology, 23,* 25–33.

Golding, S. L., & Rorer, L. G. (1972). Illusory correlation and subjective judgment. *Journal of Personality and Social Psychology, 80,* 249–260.

Graham, T. W., & Kramer, B. M. (1986). The polls: ABM and Star Wars: Attitudes toward nuclear defense, 1945–1985. *Public Opinion Quarterly, 50,* 125–134.

Greenberg, J., Williams, K. D., & O'Brien, M. K. (1986). Considering the harshest verdict first: Biasing effects on mock juror verdicts. *Personality and Social Psychology Bulletin, 12,* 41–50.

Gregory, W. L., Cialdini, R. B., & Carpenter, K. B. (1982). Self-relevant scenarios as mediators of likelihood and compliance: Does imagining make it so? *Journal of Personality and Social Psychology, 43,* 89–99.

Grether, D. M., & Plott, C. R. (1979). Economic theory of choice and the preference reversal phenomenon. *American Economic Review, 69,* 623–638.

Griffin, D. W., Dunning, D., & Ross, L. (1990). The role of construal processes in overconfident predictions about the self and others. *Journal of Personality and Social Psychology, 59,* 1128–1139.

Griggs, R. A., & Cox, J. R. (1982). The elusive thematic-materials effect in Wason's selection task. *British Journal of Psychology, 73,* 407–420.

Gross, E. J. (1964). The effect of question sequence on measures of buying interest. *Journal of Advertising Research, 4,* 40–41.

Hagafors, R., & Brehmer, B. (1983). Does having to justify one's judgments change the nature of the judgment process? *Organizational Behavior and Human Performance, 31,* 223–232.

Hake, H. W., & Hyman, R. (1953). Perception of the statistical structure of a random series of binary symbols. *Journal of Experimental Psychology, 45,* 64–74.

Hamilton, D. L., & Rose, T. L. (1980). Illusory correlation and the maintenance of stereotypic beliefs. *Journal of Personality and Social Psychology, 39,* 832–845.

Hardin, G. (1968). The tragedy of the commons. *Science, 162,* 1243–1248.

Harris, R. J. (1973). Answering questions containing marked and unmarked adjectives and adverbs. *Journal of Experimental Psychology, 97,* 399–401.

Hartley, E. (1946). *Problems in prejudice.* New York: King's Crown Press.

Harvey, J. H., Town, J. P., & Yarkin, K. L. (1981). How fundamental is the "fundamental attribution error"? *Journal of Personality and Social Psychology, 40,* 346–349.

Hastie, R. (1986). Review essay: Experimental evidence on group accuracy. In B. Grofman and G. Owen (Eds.), *Information pooling and group decision making: Proceedings of the Second University of California, Irvine, Conference on Political Economy.* Greenwich, CT: Jai Press.

Hastorf, A. H., & Cantril, H. (1954). They saw a game: A case study. *Journal of Abnormal and Social Psychology, 49,* 129–134.

Hawkins, S. A., & Hastie, R. (1990). Hindsight: Biased judgments of past events after the outcomes are known. *Psychological Bulletin, 107,* 311–327.

Heider, F. (1958). *The psychology of interpersonal relations.* New York: Wiley.

Henchy, T., & Glass, D. C. (1968). Evaluation apprehension and the social facilitation of dominant and subordinate responses. *Journal of Personality and Social Psychology, 10,* 446–454.

Henslin, J. M. (1967). Craps and magic. *American Journal of Sociology, 73,* 316–330.

Hershey, J. C., & Schoemaker, P. J. H. (1980). Risk taking and problem context in the domain of losses: An expected utility analysis. *Journal of Risk and Insurance, 47,* 111–132.

Hewstone, M. R. C., & Jaspars, J. M. F. (1987). Covariation and causal attribution: A logical model for the intuitive analysis of variance. *Journal of Personality and Social Psychology, 53,* 663–672.

Hill, G. W. (1982). Group versus individual performance: Are $N + 1$ heads better than one? *Psychological Bulletin, 91,* 517–539.

Hilton, D. J., & Slugoski, B. R. (1986). Knowledge–based causal attribution: The abnormal conditions focus model. *Psychological Review, 93,* 75–88.

Hintzman, D. L. (1969). Apparent frequency as a function of frequency and the spacing of repetitions. *Journal of Experimental Psychology, 80,* 139–145.

Hippler, H., & Schwarz, N. (1986). Not forbidding isn't allowing: The cognitive basis of the forbid–allow asymmetry. *Public Opinion Quarterly, 50,* 87–96.

Hoch, S. J. (1984). Availability and interference in predictive judgment. *Journal of Experimental Psychology: Learning, Memory, and Cognition, 10,* 649–662.

Hoch, S. J. (1985). Counterfactual reasoning and accuracy in predicting personal events. *Journal of Experimental Psychology: Learning, Memory, and Cognition, 11,* 719–731.

Hofstadter, D. R. (1985). *Metamagical themas: Questing for the essence of mind and pattern.* New York: Basic Books.

Hogarth, R. M. (1975). Cognitive processes and the assessment of subjective probability distributions. *Journal of the American Statistical Association, 70,* 271–289.

Hogarth, R. (1987). *Judgement and choice* (2nd ed.). New York: John Wiley and Sons.

Hooke, R. (1983). *How to tell the liars from the statisticians.* New York: Marcel Dekker.

Hornstein, H. A., Fisch, E., & Holmes, M. (1968). Influence of a model's feeling about his behavior and his relevance as a comparison other on observers' helping behavior. *Journal of Personality and Social Psychology, 10,* 222–226.

Hunter, I. M. L. (1964). *Memory.* Middlesex, England: Penguin Books.

Ingham, A. G., Levinger, G., Graves, J., & Peckham, V. (1974). The Ringelmann effect: Studies of group size and group performance. *Journal of Experimental Social Psychology, 10,* 371–384.

Irwin, F. W. (1953). Stated expectations as functions of probability and desirability of outcomes. *Journal of Personality, 21,* 329–335.

Irwin, F. W., & Metzger, J. (1966). Effects of probabilistic independent outcomes upon predictions. *Psychonomic Science, 5,* 79–80.

Irwin, F. W., & Snodgrass, J. G. (1966). Effects of independent and dependent outcome values upon bets. *Journal of Experimental Psychology, 71,* 282–285.

Isen, A. M., Daubman, K. A., & Nowicki, G. P. (1987). Positive affect facilitates creative problem solving. *Journal of Personality and Social Psychology, 52,* 1122–1131.

Isen, A. M., & Geva, N. (1987). The influence of positive affect on acceptable level of risk: The person with a large canoe has a large worry. *Organizational Behavior and Human Decision Processes, 39,* 145–154.

Isen, A. M., & Patrick, R. (1983). The effect of positive feelings on risk taking: When the chips are down. *Organizational Behavior and Human Performance, 31,* 194–202.

Ives, G. (1970). *A history of penal methods: Criminals, witches, lunatics.* Montclair, NJ: Patterson Smith.

Janis, I. L. (1982). *Groupthink: Psychological studies of policy decisions and fiascoes* (2nd ed.). Boston: Houghton Mifflin.

Jenkins, H. M., & Ward, W. C. (1965). The judgment of contingency between responses and outcomes. *Psychological Monographs, 79* (Whole No. 594).

Jenkins, J. J. (1981). Can we have a fruitful cognitive psychology? In J. H. Flowers (Ed.), *Nebraska symposium on motivation, 1980.* Lincoln: University of Nebraska Press.

Jennings, D. L., Amabile, T. M., & Ross, L. (1982). Informal covariation assessment: Data-based versus theory based judgments. In D. Kahneman, P. Slovic, & A. Tversky (Eds.), *Judgment under uncertainty: Heuristics and biases.* Cambridge, England: Cambridge University Press.

Johnson, E. J., & Tversky, A. (1983). Affect, generalization, and the perception of risk. *Journal of Personality and Social Psychology, 45,* 20–31.

Jones, E. E. (1979). The rocky road from acts to dispositions. *American Psychologist, 34,* 107–117.

Jones, E. E., & Davis, K. E. (1965). From acts to dispositions: The attribution process in person perception. In L. Berkowitz (Ed.), *Advances in experimental social psychology* (Vol. 2, pp. 219–266). New York: Academic Press.

Jones, E. E., & Harris, V. A. (1967). The attribution of attitudes. *Journal of Experimental Social Psychology, 3,* 1–24.

Jones, E. E., & Nisbett, R. E. (1971). The actor and the observer: Divergent perceptions of the causes of behavior. In E. E. Jones et al. (Eds.), *Attribution: Perceiving the causes of behavior.* Morristown, NJ: General Learning Press.

Jones, E. E., Wood, G. C., & Quattrone, G. A. (1981). Perceived variability of personal characteristics in in-groups and out-groups: The role of knowledge and evaluation. *Personality and Social Psychology Bulletin, 7*, 523–528.

Jones, R. T. (1971). Tetrahydrocannabinol and the marijuana-induced social "high," or the effects of the mind on marijuana. *Annals of the New York Academy of Sciences, 191*, 155–165.

Jussim, L. (1986). Self-fulfilling prophecies: A theoretical and integrative review. *Psychological Review, 93*, 429–445.

Kahneman, D. (1991). Judgment and decision making: A personal view. *Psychological Science, 2*, 142–145.

Kahneman, D., Knetsch, J. L., & Thaler, R. H. (1990). Experimental tests of the endowment effect and the Coase theorem. *Journal of Political Economy, 98*, 1325–1348.

Kahneman, D., & Tversky, A. (1972). Subjective probability: A judgment of representativeness. *Cognitive Psychology, 3*, 430–454.

Kahneman, D., & Tversky, A. (1973). On the psychology of prediction. *Psychological Review, 80*, 237–251.

Kahneman, D., & Tversky, A. (1979). Prospect theory: An analysis of decision under risk. *Econometrica, 47*, 263–291.

Kammer, D. (1982). Differences in trait ascriptions to self and friend: Unconfounding intensity from variability. *Psychological Reports, 51*, 99–102.

Kantola, S. J., Syme, G. J., & Campbell, N. A. (1984). Cognitive dissonance and energy conservation. *Journal of Applied Psychology, 69*, 416–421.

Karmarkar, U. (1978). Subjectively weighted utility: A descriptive extension of the expected utility model. *Organizational Behavior and Human Performance, 21*, 61–72.

Kassin, S. M. (1979). Consensus information, prediction, and causal attribution: A review of the literature and issues. *Journal of Personality and Social Psychology, 37*, 1966–1981.

Kelley, H. H. (1950). The warm-cold variable in first impressions of persons. *Journal of Personality, 18*, 431–439.

Kelley, H. H. (1967). Attribution theory in social psychology. In D. Levine (Ed.), *Nebraska symposium on motivation, 1967*. Lincoln: University of Nebraska Press.

Kelley, H. H. (1973). The processes of causal attribution. *American Psychologist, 28*, 107–128.

Kelley, H. H., & Michela, J. L. (1980). Attribution theory and research. *Annual Review of Psychology, 31*, 457–501.

Keren, G. (1987). Facing uncertainty in the game of bridge: A calibration study. *Organizational Behavior and Human Decision Processes, 39*, 98–114.

Klayman, J., & Ha, Y. (1987). Confirmation, disconfirmation, and information in hypothesis testing. *Psychological Review, 94*, 211–228.

Kleinmuntz, D. N. (1985). Cognitive heuristics and feedback in a dynamic decision environment. *Management Science, 31,* 680–702.

Knetsch, J. L., & Sinden, J. A. (1984). Willingness to pay and compensation demanded: Experimental evidence of an unexpected disparity in measures of value. *Quarterly Journal of Economics, 99,* 507–521.

Knox, R. E., & Inkster, J. A. (1968). Postdecision dissonance at post time. *Journal of Personality and Social Psychology, 8,* 319–323.

Kogan, N., & Wallach, M. A. (1964). *Risk taking: A study in cognition and personality.* New York: Holt, Rinehart and Winston.

Koriat, A., Lichtenstein, S., & Fischhoff, B. (1980). Reasons for confidence. *Journal of Experimental Psychology: Human Learning and Memory, 6,* 107–118.

Kristiansen, C. M. (1983). Newspaper coverage of diseases and actual mortality statistics. *European Journal of Social Psychology, 13,* 193–194.

Lamal, P. A. (1979). College student common beliefs about psychology. *Teaching of Psychology,* pp. 155–158.

Landy, D., & Sigall, H. (1974). Beauty is talent: Task evaluation as a function of the performer's physical attractiveness. *Journal of Personality and Social Psychology, 29,* 299–304.

Langer, E. J. (1975). The illusion of control. *Journal of Personality and Social Psychology, 32,* 311–328.

Langer, E. J., & Rodin, J. (1976). The effects of choice and enhanced personal responsibility for the aged: A field experiment in an institutional setting. *Journal of Personality and Social Psychology, 34,* 191–198.

Langer, E. J., & Roth, J. (1975). Heads I win, tails it's chance: The illusion of control as a function of the sequence of outcomes in a purely chance task. *Journal of Personality and Social Psychology, 32,* 951–955.

LaPiere, R. T. (1934). Attitudes vs. actions. *Social Forces, 13,* 230–237.

Lasky, J. J., Hover, G. L., Smith, P. A., Bostian, D. W., Duffendack, S. C., & Nord, C. L. (1959). Post-hospital adjustment as predicted by psychiatric patients and by their staff. *Journal of Consulting Psychology, 23,* 213–218.

Latané, B., & Dabbs, J. M., Jr. (1975). Sex, group size and helping in three cities. *Sociometry, 38,* 180–194.

Latané, B., & Darley, J. M. (1969). Bystander "apathy." *American Scientist, 57,* 244–268.

Latané, B., & Darley, J. M. (1970). *The unresponsive bystander: Why doesn't he help?* Englewood Cliffs, NJ: Prentice-Hall.

Latané, B., & Nida, S. (1981). Ten years of research on group size and helping. *Psychological Bulletin, 89,* 308–324.

Latané, B., Williams, K., & Harkins, S. (1979). Many hands make light the work: The causes and consequences of social loafing. *Journal of Personality and Social Psychology, 37,* 822–832.

Latané, B., & Wolf, S. (1981). The social impact of majorities and minorities. *Psychological Review, 88,* 438–453.

Leary, M. R. (1981). The distorted nature of hindsight. *Journal of Social Psychology, 115,* 25–29.

Leary, M. R. (1982). Hindsight distortion and the 1980 presidential election. *Personality and Social Psychology Bulletin, 8,* 257–263.

Leddo, J., Abelson, R. P., & Gross, P. H. (1984). Conjunctive explanations: When two reasons are better than one. *Journal of Personality and Social Psychology, 47,* 933–943.

Lefcourt, H. M. (1982). *Locus of control: Current trends in theory and research.* Hillsdale, NJ: Erlbaum.

Leippe, M. R., Wells, G. L., & Ostrom, T. M. (1978). Crime seriousness as a determinant of accuracy in eyewitness identification. *Journal of Applied Psychology, 63,* 345–351.

Levi, A. S., & Pryor, J. B. (1987). Use of the availability heuristic in probability estimates of future events: The effects of imagining outcomes versus imagining reasons. *Organizational Behavior and Human Decision Processes, 40,* 219–234.

Lichtenstein, S., & Fischhoff, B. (1977). Do those who know more also know more about how much they know? *Organizational Behavior and Human Performance, 20,* 159–183.

Lichtenstein, S., & Fischhoff, B. (1980). Training for calibration. *Organizational Behavior and Human Performance, 26,* 149–171.

Lichtenstein, S., Fischhoff, B., & Phillips, L. D. (1982). Calibration of probabilities: The state of the art to 1980. In D. Kahneman, P. Slovic, & A. Tversky (Eds.), *Judgment under uncertainty: Heuristics and biases.* Cambridge, England: Cambridge University Press.

Lichtenstein, S., & Slovic, P. (1971). Reversals of preference between bids and choices in gambling decisions. *Journal of Experimental Psychology, 89,* 46–55.

Lichtenstein, S., & Slovic, P. (1973). Response-induced reversals of preference in gambling: An extended replication in Las Vegas. *Journal of Experimental Psychology, 101,* 16–20.

Loftus, E. F. (1975). Leading questions and the eyewitness report. *Cognitive Psychology, 7,* 560–572.

Loftus, E. F. (1979) *Eyewitness testimony.* Cambridge, MA: Harvard University Press.

Loftus, E. (1980). *Memory: Surprising new insights into how we remember and why we forget.* New York: Ardsley House.

Loftus, E. F., & Palmer, J. C. (1974). Reconstruction of automobile destruction: An example of the interaction between language and memory. *Journal of Verbal Learning and Verbal Behavior, 13,* 585–589.

Loomes, G., & Sugden, R. (1982). Regret theory: An alternative theory of rational choice under uncertainty. *Economic Journal, 92,* 805–824.

Loomes, G., & Sugden, R. (1983). A rationale for preference reversal. *American Economic Review, 73,* 428–432.

Loomes, G., & Sugden, R. (1987). Some implications of a more general form of regret theory. *Journal of Economic Theory, 41*, 270–287.

Lopes, L. L. (1981). Decision making in the short run. *Journal of Experimental Psychology: Human Learning and Memory, 7*, 377–385.

Lopes, L. L. (1982). Doing the impossible: A note on induction and the experience of randomness. *Journal of Experimental Psychology: Learning, Memory, and Cognition, 8*, 626–636.

Lopes, L. L. (1991). The rhetoric of irrationality. *Theory & Psychology, 1*, 65–82.

Lopes, L. L., & Oden, G. C. (1987). Distinguishing between random and non-random events. *Journal of Experimental Psychology: Learning, Memory, and Cognition, 13*, 392–400.

Lord, C. G., Lepper, M. R., & Preston, E. (1984). Considering the opposite: A corrective strategy for social judgment. *Journal of Personality and Social Psychology, 47*, 1231–1243.

Lord, C. G., Ross, L., & Lepper, M. R. (1979). Biased assimilation and attitude polarization: The effects of prior theories on subsequently considered evidence. *Journal of Personality and Social Psychology, 37*, 2098–2109.

Loy, J. W., & Andrews, D. S. (1981). They also saw a game: A replication of a case study. *Replications in Social Psychology, 1*, 45–49.

Luce, R. D. (1959). *Individual choice behavior.* New York: Wiley.

Luce, R. D. (1990). Rational versus plausible accounting equivalences in preference judgments. *Psychological Science, 1*, 225–234.

Luck, R. F., van den Bosch, R., & Garcia, R. (1977). Chemical insect control—A troubled pest management strategy. *BioScience*, 606–611.

Maass, A., & Clark, R. D., III. (1984). Hidden impact of minorities: Fifteen years of minority research. *Psychological Bulletin, 95*, 428–450.

Mackie, D. M., & Allison, S. T. (1987). Group attribution errors and the illusion of group attitude change. *Journal of Experimental Social Psychology, 23*, 460–480.

Maier, N. R. F., & Solem, A. R. (1952). The contribution of a discussion leader to the quality of group thinking: The effective use of minority opinions. *Human Relations, 5*, 277–288.

Malkiel, B. G. (1985). *A random walk down Wall Street* (4th ed.). New York: W. W. Norton & Co.

Malone, B. (1990). Double trouble: Lives of two Frank William Boumas bedeviled by strange coincidences. *Grand Rapids Press*, pp. B1–B2.

Marks, R. W. (1951). The effect of probability, desirability, and "privilege" on the stated expectations of children. *Journal of Personality, 19*, 332–351.

Matsuda, N. (1985). Strong, quasi-, and weak conformity among Japanese in the modified Asch procedure. *Journal of Cross Cultural Psychology, 16*, 83–97.

Mazur, A. (1981). Three Mile Island and the scientific community. In T. H. Moss & D. L. Sills (Eds.), The Three Mile Island nuclear accident: Lessons and implications. *Annals of the New York Academy of Sciences* (Vol. 365, pp. 216–221). New York: The New York Academy of Sciences.

McArthur, L. A. (1972). The how and what of why: Some determinants and consequences of causal attribution. *Journal of Personality and Social Psychology, 22,* 171–193.

McArthur, L. Z. (1980). Illusory causation and illusory correlation: Two epistemological accounts. *Personality and Social Psychology Bulletin, 6,* 507–519.

McArthur, L. Z., & Post, D. L. (1977). Figural emphasis and person perception. *Journal of Experimental Social Psychology, 13,* 520–535.

McMillen, D., Smith, S., & Wells-Parker, E. (1989). The effects of alcohol, expectancy, and sensation seeking on driving risk taking. *Addictive Behaviors, 14,* 477–483.

McNeil, B. J., Pauker, S. G., Sox, H. C., Jr., & Tversky, A. (1982). On the elicitation of preferences for alternative therapies. *New England Journal of Medicine, 306,* 1259–1262.

Merton, R. K. (1948). The self-fulfilling prophecy. *Antioch Review, 8,* 193–210.

Meyerowitz, B. E., & Chaiken, S. (1987). The effect of message framing on breast self-examination attitudes, intentions, and behavior. *Journal of Personality and Social Psychology, 52,* 500–510.

Michaels, J. W., Blommel, J. M., Brocato, R. M., Linkous, R. A., & Rowe, J. S. (1982). Social facilitation and inhibition in a natural setting. *Replications in Social Psychology, 2,* 21–24.

Milgram, S. (1963). Behavioral study of obedience. *Journal of Abnormal and Social Psychology, 67,* 371–378.

Miller, A. G., Gillen, B., Schenker, C., & Radlove, S. (1973). Perception of obedience to authority. *Proceedings of the 81st Annual Convention of the American Psychological Association, 8,* 127–128.

Miller, D. T. (1976). Ego involvement and attribution for success and failure. *Journal of Personality and Social Psychology, 34,* 901–906.

Miller, D. T., & Ross, M. (1975). Self-serving biases in the attribution of causality: Fact or fiction? *Psychological Bulletin, 82,* 213–225.

Miller, D. T., & Turnbull, W. (1986). Expectancies and interpersonal processes. *Annual Review of Psychology, 37,* 233–256.

Miller, J. G. (1984). Culture and the development of everyday social explanation. *Journal of Personality and Social Psychology, 46,* 961–978.

Miller, N., & Campbell, D. T. (1959). Recency and primacy in persuasion as a function of the timing of speeches and measurements. *Journal of Abnormal and Social Psychology, 59,* 1–9.

Mitchell, R. C. (1982). Public response to a major failure of a controversial technology. In D. L. Sills, C. P. Wolf, & V. B. Shelanski (Eds.), *Accident at Three Mile Island: The human dimensions* (pp. 21–38). Boulder, CO: Westview Press.

Moede, W. (1927). Die Richtlinien der Leistungs-Psychologie. *Industrielle Psychotechnik, 4,* 193–207.

Morier, D. M., & Borgida, E. (1984). The conjunction fallacy: A task specific phenomenon? *Personality and Social Psychology Bulletin, 10,* 243–252.

Moscovici, S., Lage, E., & Naffrechoux, M. (1969). Influence of a consistent minority on the responses of a majority in a color perception task. *Sociometry, 32,* 365–380.

Moscovici, S., & Zavalloni, M. (1969). The group as a polarizer of attitudes. *Journal of Personality and Social Psychology, 12,* 125–135.

Mullen, B., & Hu, L. (1989). Perceptions of ingroup and outgroup variability: A meta-analytic integration. *Basic and Applied Social Psychology, 10,* 233–252.

Mullen, B., & Johnson, C. (1990). Distinctiveness-based illusory correlations and stereotyping: A meta-analytic integration. *British Journal of Social Psychology, 29,* 11–28.

Mullen, B., & Riordan, C. A. (1988). Self-serving attributions for performance in naturalistic settings: A meta-analytic review. *Journal of Applied Social Psychology, 18,* 3–22.

Murphy, A. H., & Brown, B. G. (1984). A comparative evaluation of objective and subjective weather forecasts in the United States. *Journal of Forecasting, 3,* 369–393.

Murphy, A. H., & Winkler, R. L. (1984). Probability forecasting in meteorology. *Journal of the American Statistical Association, 79,* 489–500.

Myers, D. G. (1975). Discussion-induced attitude polarization. *Human Relations, 28,* 699–714.

Myers, D. G. (1982). Polarizing effects of social interaction. In H. Brandstatter, J. H. Davis, & G. Stocker-Kreichgauer (Eds.), *Group decision making.* London: Academic Press.

Myers, D. G. (1990). *Social psychology* (2nd ed.). McGraw-Hill: New York.

Myers, D. G., & Bishop, G. D. (1970). Discussion effects on racial attitudes. *Science, 169,* 778–779.

Myers, D. G., & Kaplan, M. F. (1976). Group-induced polarization in simulated juries. *Personality and Social Psychology Bulletin, 2,* 63–66.

Myers, D. G., & Lamm, H. (1976). The group polarization phenomenon. *Psychological Bulletin, 83,* 602–627.

Mynatt, C. R., Doherty, M. E., & Tweney, R. D. (1977). Confirmation bias in a simulated research environment: An experimental study of scientific inference. *Quarterly Journal of Experimental Psychology, 29,* 85–95.

Mynatt, C. R., Doherty, M. E., & Tweney, R. D. (1978). Consequences of confirmation and disconfirmation in a simulated research environment. *Quarterly Journal of Experimental Psychology, 30,* 395–406.

Nahinsky, I. D., & Slaymaker, F. L. (1970). Use of negative instances in conjunctive identification. *Journal of Experimental Psychology, 84,* 64–84.

Nathanson, S., Brockner, J., Brenner, D., Samuelson, C., Countryman, M., Lloyd, M., & Rubin, J. Z. (1982). Toward the reduction of entrapment. *Journal of Applied Social Psychology, 12,* 193–208.

Nemeth, C. (1986). Differential contributions of majority and minority influence. *Psychological Review, 93,* 1–10.

Nemeth, C., & Chiles, C. (1988). Modelling courage: The role of dissent in fostering independence. *European Journal of Social Psychology, 18,* 275–280.

Neuringer, A. (1986). Can people behave "randomly"?: The role of feedback. *Journal of Experimental Psychology: General, 115,* 62–75.

Nisbett, R. E., & Borgida, E. (1975). Attribution and the psychology of prediction. *Journal of Personality and Social Psychology, 32,* 932–943.

Nisbett, R. E., Borgida, E., Crandall, R., & Reed, H. (1976). Popular induction: Information is not always informative. In J. S. Carroll & J. W. Payne (Eds.), *Cognition and social behavior* (Vol. 2, pp. 227–236). Hillsdale, NJ: Lawrence Erlbaum Associates.

Nisbett, R. E., Caputo, C., Legant, P., & Marecek, J. (1973). Behavior as seen by the actor and as seen by the observer. *Journal of Personality and Social Psychology, 27,* 154–165.

Nisbett, R. E., & Ross, L. (1980). *Human inference: Strategies and shortcomings of social judgment.* Englewood Cliffs, NJ: Prentice–Hall.

Nisbett, R. E., & Schachter, S. (1966). Cognitive manipulation of pain. *Journal of Experimental Social Psychology, 2,* 227–236.

Northcraft, G. B., & Neale, M. A. (1987). Experts, amateurs, and real estate: An anchoring-and-adjustment perspective on property pricing decisions. *Organizational Behavior and Human Decision Processes, 39,* 84–97.

Orvis, B. R., Cunningham, J. D., & Kelley, H. H. (1975). A closer examination of causal inference: The roles of consensus, distinctiveness, and consistency information. *Journal of Personality and Social Psychology, 32,* 605–616.

Osberg, T. M., & Shrauger, J. S. (1986). Self-prediction: Exploring the parameters of accuracy. *Journal of Personality and Social Psychology, 51,* 1044–1057.

Oskamp, S. (1965). Overconfidence in case study judgments. *Journal of Consulting Psychology, 29,* 261–265.

Paese, P. W., & Sniezek, J. A. (1991). Influences on the appropriateness of confidence in judgment: Practice, effort, information, and decision-making. *Organizational Behavior and Human Decision Processes, 48,* 100–130.

Park, B., & Rothbart, M. (1982). Perception of out-group homogeneity and levels of social categorization: Memory for the subordinate attributes of in-group and out-group members. *Journal of Personality and Social Psychology, 42,* 1051–1068.

Paulos, J. A. (1988). *Innumeracy: Mathematical illiteracy and its consequences.* New York: Vintage Books.

Payne, J. W. (1973). Alternative approaches to decision making under risk: Moments versus risk dimensions. *Psychological Bulletin, 80,* 439–453.

Payne, J. W. (1982). Contingent decision behavior. *Psychological Bulletin, 92,* 382–402.

Pennington, D. C., Rutter, D. R., McKenna, K., & Morley, I. E. (1980). Estimating the outcome of a pregnancy test: Women's judgments in foresight and hindsight. *British Journal of Social and Clinical Psychology, 19*, 317–324.

Peterson, C. (1980). Recognition of noncontingency. *Journal of Personality and Social Psychology, 38*, 727–734.

Peterson, C., Semmel, A., von Baeyer, C., Abramson, L. Y., Metalsky, G. I., & Seligman, M. E. P. (1982). The Attributional Style Questionnaire. *Cognitive Therapy and Research, 6*, 287–300.

Pettigrew, T. F. (1979). The ultimate attribution error: Extending Allport's cognitive analysis of prejudice. *Personality and Social Psychology Bulletin, 5*, 461–476.

Phillips, L. D., & Edwards, W. (1966). Conservatism in a simple probability inference task. *Journal of Experimental Psychology, 72*, 346–354.

Pietromonaco, P. R., & Nisbett, R. E. (1982). Swimming upstream against the fundamental attribution error: Subjects' weak generalizations from the Darley and Batson study. *Social Behavior and Personality, 10*, 1–4.

Platt, J. (1973). Social traps. *American Psychologist, 28*, 641–651.

Plous, S. (1989). Thinking the unthinkable: The effects of anchoring on likelihood estimates of nuclear war. *Journal of Applied Social Psychology, 19*, 67–91.

Plous, S. (1989). Political illiteracy: A threat to international security. *Swords and Ploughshares*, pp. 9–10.

Plous, S. (1991). Biases in the assimilation of technological breakdowns: Do accidents make us safer? *Journal of Applied Social Psychology, 21*, 1058–1082.

Plous, S., & Zimbardo, P. G. (1984). The looking glass war. *Psychology Today*, pp. 48–59.

Plous, S., & Zimbardo, P. G. (1986). Attributional biases among clinicians: A comparison of psychoanalysts and behavior therapists. *Journal of Consulting and Clinical Psychology, 54*, 568–570.

Pool, R. (1988). The Allais Paradox. *Science, 242*, 512.

Prothro, J. W., & Grigg, C. M. (1960). Fundamental principles of democracy: Bases of agreement and disagreement. *Journal of Politics, 22*, 276–294.

Pruitt, D. G., & Hoge, R. D. (1965). Strength of the relationship between the value of an event and its subjective probability as a function of method of measurement. *Journal of Personality and Social Psychology, 69*, 483–489.

Pryor, J. B., & Kriss, N. (1977). The cognitive dynamics of salience in the attribution process. *Journal of Personality and Social Psychology, 35*, 49–55.

Quattrone, G. A. (1982). Overattribution and unit formation: When behavior engulfs the person. *Journal of Personality and Social Psychology, 42*, 593–607.

Quattrone, G. A., Lawrence, C. P., Warren, D. L., Souza-Silva, K., Finkel, S. E., & Andrus, D. E. (1984). *Explorations in anchoring: The effects of prior range, anchor extremity, and suggestive hints*. Unpublished manuscript, Stanford University, Stanford.

Quattrone, G. A., & Tversky, A. (1988). Contrasting rational and psychological analyses of political choice. *American Political Science Review, 82,* 719–736.

Reeder, G. D. (1982). Let's give the fundamental attribution error another chance. *Journal of Personality and Social Psychology, 43,* 341–344.

Regan, D. T., Straus, E., & Fazio, R. (1974). Liking and the attribution process. *Journal of Experimental Social Psychology, 10,* 385–397.

Regan, D. T., & Totten, J. (1975). Empathy and attribution: Turning observers into actors. *Journal of Personality and Social Psychology, 32,* 850–856.

Reichenbach, H. (1949). *The theory of probability*. Berkeley: University of California Press.

Reyes, R. M., Thompson, W. C., & Bower, G. H. (1980). Judgmental biases resulting from differing availabilities of arguments. *Journal of Personality and Social Psychology, 39,* 2–12.

Robbins, J. (1987). *Diet for a new America*. Walpole, NH: Stillpoint Publishing.

Rodin, J. (1986). Aging and health: Effects of the sense of control. *Science, 233,* 1271–1276.

Ronis, D. L., & Yates, J. F. (1987). Components of probability judgment accuracy: Individual consistency and effects of subject matter and assessment method. *Organizational Behavior and Human Decision Processes, 40,* 193–218.

Rosenhan, D. L., & Messick, S. (1966). Affect and expectation. *Journal of Personality and Social Psychology, 3,* 38–44.

Rosenthal, R. (1976). *Experimenter effects in behavioral research* (enlarged ed.). New York: Irvington.

Rosenthal, R. (1987). *Pygmalion* effects: Existence, magnitude, and social importance. *Educational Researcher*, pp. 37–41.

Rosenthal, R., & Fode, K. L. (1963). The effect of experimenter bias on the performance of the albino rat. *Behavioral Science, 8,* 183–189.

Rosenthal, R., & Jacobson, L. (1968). *Pygmalion in the classroom: Teacher expectation and pupils' intellectual development*. New York: Holt, Rinehart & Winston.

Ross, L. (1977). The intuitive psychologist and his shortcomings: Distortions in the attribution process. In L. Berkowitz (Ed.), *Advances in experimental social psychology* (Vol. 10). New York: Academic Press.

Ross, L., Lepper, M., & Hubbard, M. (1975). Perseverance in self perception and social perception: Biased attributional processes in the debriefing paradigm. *Journal of Personality and Social Psychology, 32,* 880–892.

Ross, L., Lepper, M., Strack, F., & Steinmetz, J. (1977). Social explanation and social expectation: Effects of real and hypothetical explanations on subjective likelihood. *Journal of Personality and Social Psychology, 37,* 817–829.

Ross, L., Rodin, J., & Zimbardo, P. G. (1969). Toward an attribution therapy: The reduction of fear through induced cognitive-emotional misattribution. *Journal of Personality and Social Psychology, 12,* 279–288.

Ross, M., & Sicoly, F. (1979). Egocentric biases in availability and attribution. *Journal of Personality and Social Psychology, 37,* 322–336.

Rothbart, M. (1970). Assessing the likelihood of a threatening event: English Canadians' evaluation of the Quebec separatist movement. *Journal of Personality and Social Psychology, 15,* 109–117.

Rothstein, H. G. (1986). The effects of time pressure on judgment in multiple cue probability learning. *Organizational Behavior and Human Decision Processes, 37,* 83–92.

Rubin, D. M. (1981). What the president's commission learned about the media. In T. H. Moss & D. L. Sills (Eds.), The Three Mile Island nuclear accident: Lessons and implications. *Annals of the New York Academy of Sciences* (Vol. 365, pp. 95–106). New York: The New York Academy of Sciences.

Rubin, J. Z., Brockner, J., Small-Weil, S., & Nathanson, S. (1980). Factors affecting entry into psychological traps. *Journal of Conflict Resolution, 24,* 405–426.

Ruble, D. N., & Feldman, N. S. (1976). Order of consensus, distinctiveness, and consistency information and causal attributions. *Journal of Personality and Social Psychology, 34,* 930–937.

Rugg, D. (1941). Experiments in wording questions: II. *Public Opinion Quarterly, 5,* 91–92.

Rusbult, C. E. (1980). Commitment and satisfaction in romantic associations: A test of the investment model. *Journal of Experimental Social Psychology, 16,* 172–186.

Russo, J. E. (1977). The value of unit price information. *Journal of Marketing Research, 14,* 193–201.

Russo, J. E., & Schoemaker, P. J. H. (1989). *Decision traps: Ten barriers to brilliant decision making and how to overcome them.* New York: Simon & Schuster.

Ryback, D. (1967). Confidence and accuracy as a function of experience in judgment-making in the absence of systematic feedback. *Perceptual and Motor Skills, 24,* 331–334.

Salovey, P., & Birnbaum, D. (1989). Influence of mood on health-relevant cognitions. *Journal of Personality and Social Psychology, 57,* 539–551.

Sande, G. N., Goethals, G. R., & Radloff, C. E. (1988). Perceiving one's own traits and others': The multifaceted self. *Journal of Personality and Social Psychology, 54,* 13–20.

Savage, L. J. (1954). *The foundations of statistics.* New York: Wiley.

Schelling, T. (1971). The ecology of micromotives. *Public Interest, 25,* 61–98.

Schelling, T. C. (1981). Economic reasoning and the ethics of policy. *Public Interest, 63,* 37–61.

Schkade, D. A., & Johnson, E. J. (1989). Cognitive processes in preference reversals. *Organizational Behavior and Human Decision Processes, 44,* 203–231.

Schlenker, B. R., & Miller, R. S. (1977). Egocentrism in groups: Self-serving biases or logical information processing? *Journal of Personality and Social Psychology, 35,* 755–764.

Schoemaker, P. J. H. (1982). The expected utility model: Its variants, purposes, evidence and limitations. *Journal of Economic Literature, 20,* 529–563.

Schum, D. (1990). Discussion. In R. M. Hogarth (Ed.), *Insights in decision making: A tribute to Hillel J. Einhorn.* Chicago: University of Chicago Press.

Schuman, H., & Presser, S. (1981). *Questions and answers in attitude surveys: Experiments on question form, wording, and context.* Orlando, FL: Academic Press.

Schuman, H., & Scott, J. (1987). Problems in the use of survey questions to measure public opinion. *Science, 236,* 957–959.

Schwarz, N., Hippler, H., Deutsch, B., & Strack, S. (1985). Response scales: Effects of category range on reported behavior and comparative judgments. *Public Opinion Quarterly, 49,* 388–395.

Seligman, M. E. P., Abramson, L. Y., Semmel, A., & von Baeyer, C. (1979). Depressive attributional style. *Journal of Abnormal Psychology, 88,* 242–247.

Selvin, S. (1975). A problem in probability. *American Statistician,* p. 67.

Shaklee, H., & Fischhoff, B. (1990). The psychology of contraceptive surprises: Cumulative risk and contraceptive effectiveness. *Journal of Applied Social Psychology, 20,* 385–403.

Shaklee, H., & Mims, M. (1982). Sources of error in judging event covariations: Effects of memory demands. *Journal of Experimental Psychology: Learning, Memory, and Cognition, 8,* 208–224.

Shaklee, H., & Tucker, D. (1980). A rule analysis of judgments of covariation between events. *Memory & Cognition, 8,* 459–467.

Shenkel, R. J., Snyder, C. R., Batson, C. D., & Clark, G. M. (1979). Effects of prior diagnostic information on clinicians' causal attributions of a client's problems. *Journal of Consulting and Clinical Psychology, 47,* 404–406.

Sherif, M., Taub, D., & Hovland, C. I. (1958). Assimilation and contrast effects of anchoring stimuli on judgments. *Journal of Experimental Psychology, 55,* 150–155.

Sherman, S. J., Cialdini, R. B., Schwartzman, D. F., & Reynolds, K. D. (1985). Imagining can heighten or lower the perceived likelihood of contracting a disease: The mediating effect of ease of imagery. *Personality and Social Psychology Bulletin, 11,* 118–127.

Sherman, S. J., & Gorkin, L. (1980). Attitude bolstering when behavior is inconsistent with central attitudes. *Journal of Experimental Social Psychology, 16,* 388–403.

Sherman, S. J., Zehner, K. S., Johnson, J., & Hirt, E. R. (1983). Social explanation: The role of timing, set and recall on subjective likelihood estimates. *Journal of Personality and Social Psychology, 44*, 1127–1143.

Shubik, M. (1971). The Dollar Auction game: A paradox in noncooperative behavior and escalation. *Journal of Conflict Resolution, 15*, 109–111.

Sieber, J. E. (1974). Effects of decision importance on ability to generate warranted subjective uncertainty. *Journal of Personality and Social Psychology, 30*, 688–694.

Simon, H. A. (1956). Rational choice and the structure of the environment. *Psychological Review, 63*, 129–138.

Skinner, B. F. (1980). *Notebooks.* Englewood Cliffs, NJ: Prentice-Hall.

Slovic, P. (1975). Choice between equally valued alternatives. *Journal of Experimental Psychology: Human Perception and Performance, 1*, 280–287.

Slovic, P. (1987). Perception of risk. *Science, 236*, 280–285.

Slovic, P., & Fischhoff, B. (1977). On the psychology of experimental surprises. *Journal of Experimental Psychology: Human Perception and Performance, 3*, 544–551.

Slovic, P., Fischhoff, B., & Lichtenstein, S. (1979). Rating the risks. *Environment*, pp. 14–20, 36–39.

Slovic, P., Fischhoff, B., & Lichtenstein, S. (1982a). Facts versus fears: Understanding perceived risk. In D. Kahneman, P. Slovic, & A. Tversky (Eds.), *Judgment under uncertainty: Heuristics and biases.* Cambridge, England: Cambridge University Press.

Slovic, P., Fischhoff, B., & Lichtenstein, S. (1982b). Response mode, framing, and information-processing effects in risk assessment. In R. M. Hogarth (Ed.), *New directions for methodology of social and behavioral science: Question framing and response consistency* (No. 11). San Francisco: Jossey-Bass.

Slovic, P., Griffin, D., & Tversky, A. (1990). Compatibility effects in judgment and choice. In R. M. Hogarth (Ed.), *Insights in decision making: A tribute to Hillel J. Einhorn.* Chicago: University of Chicago Press.

Slovic, P., & Lichtenstein, S. (1983). Preference reversals: A broader perspective. *American Economic Review, 73*, 596–605.

Smedslund, J. (1963). The concept of correlation in adults. *Scandinavian Journal of Psychology, 4*, 165–173.

Smith, J. F., & Kida, T. (1991). Heuristics and biases: Expertise and task realism in auditing. *Psychological Bulletin, 109*, 472–489.

Smith, T. W. (1984). Nonattitudes: A review and evaluation. In C. F. Turner & E. Martin (Eds.), *Surveying subjective phenomena* (Vol. 2). New York: Russell Sage Foundation.

Sniezek, J. A. (1989). An examination of group process in judgmental forecasting. *International Journal of Forecasting, 5*, 171–178.

Sniezek, J. A., & Henry, R. A. (1989). Accuracy and confidence in group judgment. *Organizational Behavior and Human Decision Processes, 43*, 1–28.

Sniezek, J. A., & Henry, R. A. (1990). Revision, weighting, and commitment in consensus group judgment. *Organizational Behavior and Human Decision Processes, 45,* 66–84.

Sniezek, J. A., Paese, P. W., & Switzer, F. S., III. (1990). The effect of choosing on confidence and choice. *Organizational Behavior and Human Decision Processes, 46,* 264–282.

Snyder, C. R. (1977). "A patient by any other name" revisited: Maladjustment or attributional locus of problem? *Journal of Consulting and Clinical Psychology, 45,* 101–103.

Snyder, M. (1984). When belief creates reality. In L. Berkowitz (Ed.), *Advances in experimental social psychology* (Vol. 18, pp. 247–305). New York: Academic Press.

Snyder, M. (1992). Motivational foundations of behavioral confirmation. In M. P. Zanna (Ed.), *Advances in experimental social psychology* (Vol. 25, pp. 67–114). New York: Academic Press.

Snyder, M., Campbell, B. H., & Preston, E. (1982). Testing hypotheses about human nature: Assessing the accuracy of social stereotypes. *Social Cognition, 1,* 256–272.

Snyder, M., & Cantor, N. (1979). Testing hypotheses about other people: The use of historical knowledge. *Journal of Experimental Social Psychology, 15,* 330–342.

Snyder, M., & Jones, E. E. (1974). Attitude attribution when behavior is constrained. *Journal of Experimental Social Psychology, 10,* 585–600.

Snyder, M., & Swann, W. B., Jr. (1978). Hypothesis-testing processes in social interaction. *Journal of Personality and Social Psychology, 36,* 1202–1212.

Snyder, M., Tanke, E. D., & Berscheid, E. (1977). Social perception and interpersonal behavior: On the self-fulfilling nature of social stereotypes. *Journal of Personality and Social Psychology, 35,* 656–666.

Snyder, M., & Uranowitz, S. W. (1978). Reconstructing the past: Some cognitive consequences of person perception. *Journal of Personality and Social Psychology, 36,* 941–950.

Starr, C. (1969). Social benefit versus technological risk. *Science, 165,* 1232–1238.

Staw, B. M. (1976). Knee-deep in the big muddy: A study of escalating commitment to a chosen course of action. *Organizational Behavior and Human Performance, 16,* 27–44.

Staw, B. M. (1981). The escalation of commitment to a course of action. *Academy of Management Review, 6,* 577–587.

Staw, B. M., & Ross, J. (1987). Behavior in escalation situations: Antecedents, prototypes, and solutions. *Research in Organizational Behavior, 9,* 39–78.

Staw, B. M., & Ross, J. (1987). Knowing when to pull the plug. *Harvard Business Review,* pp. 68–74.

Stone, E. R., & Yates, J. F. (1991). *Communications about low-probability risks: Effects of alternative displays.* Unpublished manuscript, University of Michigan, Ann Arbor.

Stoner, J. A. F. (1961). *A comparison of individual and group decisions involving risk.* Unpublished master's thesis, Massachusetts Institute of Technology.

Stoner, J. A. F. (1968). Risky and cautious shifts in group decisions: The influence of widely held values. *Journal of Experimental Social Psychology, 4*, 442–459.

Storms, M. D. (1973). Videotape and the attribution process: Reversing actors' and observers' points of view. *Journal of Personality and Social Psychology, 27*, 165–175.

Suls, J. M., & Miller, R. L. (Eds.). (1977). *Social comparison processes: Theoretical and empirical perspectives.* Washington, DC: Hemisphere Publishing Corporation.

Sweeney, P. D., Anderson, K., & Bailey, S. (1986). Attributional style in depression: A meta-analytic review. *Journal of Personality and Social Psychology, 50*, 974–991.

Synodinos, N. E. (1986). Hindsight distortion: "I knew-it-all along and I was sure about it." *Journal of Applied Social Psychology, 16*, 107–117.

Taylor, D. M., & Doria, J. R. (1981). Self-serving and group-serving bias in attribution. *Journal of Social Psychology, 113*, 201–211.

Taylor, D. M., & Jaggi, V. (1974). Ethnocentrism and causal attribution in a South Indian context. *Journal of Cross Cultural Psychology, 5*, 162–171.

Taylor, S. E., & Brown, J. D. (1988). Illusion and well-being: A social-psychological perspective on mental health. *Psychological Bulletin, 103*, 193–210.

Taylor, S. E., & Fiske, S. T. (1975). Point of view and perceptions of causality. *Journal of Personality and Social Psychology, 32*, 439–445.

Taylor, S. E., & Fiske, S. (1978). Salience, attention, and attribution: Top of the head phenomena. In L. Berkowitz (Ed.), *Advances in experimental social psychology* (Vol. 11, pp. 249–288). New York: Academic Press.

Taylor, S. E., Fiske, S. T., Close, M., Anderson, C., & Ruderman, A. (1977). *Solo status as a psychological variable: The power of being distinctive.* Unpublished manuscript, Harvard University, Cambridge, MA.

Taylor, S. E., & Koivumaki, J. H. (1976). The perception of self and others: Acquaintanceship, affect, and actor-observer differences. *Journal of Personality and Social Psychology, 33*, 403–408.

Taylor, S. E., & Thompson, S. C. (1982). Stalking the elusive "vividness" effect. *Psychological Review, 89*, 155–181.

Teger, A. I. (1980). *Too much invested to quit.* New York: Pergamon Press.

Tetlock, P. E. (1983). Accountability and complexity of thought. *Journal of Personality and Social Psychology, 45*, 74–83.

Tetlock, P. E. (1985a). Accountability: A social check on the fundamental attribution error. *Social Psychology Quarterly, 48*, 227–236.

Tetlock, P. E. (1985b). Accountability: The neglected social context of judgment and choice. *Research in Organizational Behavior, 7*, 297–332.

Tetlock, P. E., & Kim, J. I. (1987). Accountability and judgment processes in a personality prediction task. *Journal of Personality and Social Psychology, 52,* 700–709.

Tetlock, P. E., Skitka, L., & Boettger, R. (1989). Social and cognitive strategies for coping with accountability: Conformity, complexity, and bolstering. *Journal of Personality and Social Psychology, 57,* 632–640.

Thaler, R. (1980). Toward a positive theory of consumer choice. *Journal of Economic Behavior and Organization, 1,* 39–60.

Thaler, R. (1985). Mental accounting and consumer choice. *Marketing Science, 4,* 199–214.

Thomas, E. J., & Fink, C. F. (1961). Models of group problem solving. *Journal of Abnormal and Social Psychology, 63,* 53–63.

Thompson, S. C., & Kelley, H. H. (1981). Judgments of responsibility for activities in close relationships. *Journal of Personality and Social Psychology, 41,* 469–477.

Thorndike, E. L. (1920). A constant error in psychological ratings. *Journal of Applied Psychology, 4,* 25–29.

Thorngate, W. (1980). Efficient decision heuristics. *Behavioral Science, 25,* 219–225.

Tindale, R. S. (1989). Group vs individual information processing: The effects of outcome feedback on decision making. *Organizational Behavior and Human Decision Processes, 44,* 454–473.

Tindale, R. S., Sheffey, S., & Filkins, J. (1990). *Conjunction errors by individuals and groups.* Paper presented at the annual meeting of the Society for Judgment and Decision Making, New Orleans, LA.

Tversky, A. (1969). Intransitivity of preferences. *Psychological Review, 76,* 31–48.

Tversky, A. (1972). Elimination by aspects: A theory of choice. *Psychological Review, 79,* 281–299.

Tversky, A., & Kahneman, D. (1971). Belief in the law of small numbers. *Psychological Bulletin, 76,* 105–110.

Tversky, A., & Kahneman, D. (1973). Availability: A heuristic for judging frequency and probability. *Cognitive Psychology, 5,* 207–232.

Tversky, A., & Kahneman, D. (1974). Judgment under uncertainty: Heuristics and biases. *Science, 185,* 1124–1130.

Tversky, A., & Kahneman, D. (1981). The framing of decisions and the psychology of choice. *Science, 211,* 453–458.

Tversky, A., & Kahneman, D. (1982). Judgments of and by representativeness. In D. Kahneman, P. Slovic, & A. Tversky (Eds.), *Judgment under uncertainty: Heuristics and biases.* Cambridge, England: Cambridge University Press.

Tversky, A., & Kahneman, D. (1983). Extensional versus intuitive reasoning: The conjunction fallacy in probability judgment. *Psychological Review, 90,* 293–315.

Tversky, A., & Kahneman, D. (1986). Rational choice and the framing of deci-
sions. *Journal of Business, 59*, S251–S278.

Tversky, A., Sattath, S., & Slovic, P. (1988). Contingent weighting in judg-
ment and choice. *Psychological Review, 95*, 371–384.

Tversky, A., Slovic, P., & Kahneman, D. (1990). The causes of preference
reversal. *American Economic Review, 80*, 204–217.

U.S. Congress: House, Subcommittee of the Committee on Government
Operations. (1981, May 19–20). *Failures of the North American Aerospace
Defense Command's (NORAD) Attack Warning System*. 97th Congress, First
Session, Washington, DC: U.S. Government Printing Office.

Valins, S., & Nisbett, R. E. (1971). Attribution processes in the development
and treatment of emotional disorders. In E. E. Jones et al. (Eds.), *Attribu-
tion: Perceiving the causes of behavior*. Morristown, NJ: General Learning
Press.

Vallone, R. P., Griffin, D. W., Lin, S., & Ross, L. (1990). Overconfident predic-
tion of future actions and outcomes by self and others. *Journal of Personal-
ity and Social Psychology, 58*, 582–592.

Vallone, R. P., Ross, L., & Lepper, M. R. (1985). The hostile media phe-
nomenon: Biased perception and perceptions of media bias in coverage of
the Beirut massacre. *Journal of Personality and Social Psychology, 49*,
577–585.

Verplanken, B., & Pieters, R. G. M. (1988). Individual differences in reverse
hindsight bias: I never thought something like Chernobyl would happen,
did I? *Journal of Behavioral Decision Making, 1*, 131–147.

von Neumann, J., & Morgenstern, O. (1947). *Theory of games and economic
behavior*. Princeton, NJ: Princeton University Press.

Wagenaar, W. A. (1970a). Appreciation of conditional probabilities in binary
sequences. *Acta Psychologica, 34*, 348–356.

Wagenaar, W. A. (1970b). Subjective randomness and the capacity to gener-
ate information. *Acta Psychologica, 33*, 233–242.

Wagenaar, W. A. (1972). Generation of random sequences by human sub-
jects: A critical survey of the literature. *Psychological Bulletin, 77*, 65–72.

Wallsten, T. S. (1981). Physician and medical student bias in evaluating diag-
nostic information. *Medical Decision Making, 1*, 145–164.

Walster, E. (1967). Second-guessing important events. *Human Relations, 20*,
239–249.

Ward, W. C., & Jenkins, H. M. (1965). The display of information and the
judgment of contingency. *Canadian Journal of Psychology, 19*, 231–241.

Warwick, D. P. (1975). Social scientists ought to stop lying. *Psychology
Today*, pp. 38, 40, 105, 106.

Wason, P. C. (1960). On the failure to eliminate hypotheses in a conceptual
task. *Quarterly Journal of Experimental Psychology, 12*, 129–140.

Wason, P. C., & Johnson-Laird, P. N. (1972). *Psychology of reasoning: Struc-
ture and content*. Cambridge, MA: Harvard University Press.

Watson, D. (1982). The actor and the observer: How are their perceptions of
causality divergent? *Psychological Bulletin, 92*, 682–700.

Weaver, W. (1982). *Lady luck: The theory of probability.* New York: Dover Publications.

Weinberg, A. M. (1981). Three Mile Island in perspective: Keynote address. In T. H. Moss & D. L. Sills (Eds.), The Three Mile Island nuclear accident: Lessons and implications. *Annals of the New York Academy of Sciences* (Vol. 365, pp. 1–12). New York: The New York Academy of Sciences.

Weinstein, N. D. (1980). Unrealistic optimism about future life events. *Journal of Personality and Social Psychology, 39,* 806–820.

Weirich, P. (1984). The St. Petersburg gamble and risk. *Theory and Decision, 17,* 193–202.

Weldon, E., & Gargano, G. M. (1985). Cognitive effort in additive task groups: The effects of shared responsibility on the quality of multiattribute judgments. *Organizational Behavior and Human Decision Processes, 36,* 348–361.

Weldon, E., & Gargano, G. M. (1988). Cognitive loafing: The effects of accountability and shared responsibility on cognitive effort. *Personality and Social Psychology Bulletin, 14,* 159–171.

Wells, G. L., & Harvey, J. H. (1977). Do people use consensus information in making causal attributions? *Journal of Personality and Social Psychology, 35,* 279–293.

White, P. A., & Younger, D. P. (1988). Differences in the ascription of transient internal states to self and other. *Journal of Experimental Social Psychology, 24,* 292–309.

Wicker, A. W. (1969). Attitudes versus actions: The relationship of verbal and overt behavioral responses to attitude objects. *Journal of Social Issues, 25,* 41–78.

Wicker, A. W. (1971). An examination of the "other variables" explanation of attitude-behavior inconsistency. *Journal of Personality and Social Psychology, 19,* 18–30.

Wilson, D. K., Kaplan, R. M., & Schneiderman, L. J. (1987). Framing of decisions and selections of alternatives in health care. *Social Behaviour, 2,* 51–59.

Wilson, G. T., & Abrams, D. (1977). Effects of alcohol on social anxiety and physiological arousal: Cognitive versus pharmacological processes. *Cognitive Research and Therapy, 1,* 195–210.

Wilson, R. (1979). Analyzing the daily risks of life. *Technology Review,* pp. 41–46.

Word, C. O., Zanna, M. P., & Cooper, J. (1974). The nonverbal mediation of self-fulfilling prophecies in interracial interaction. *Journal of Experimental Social Psychology, 10,* 109–120.

Wortman, C. B. (1975). Some determinants of perceived control. *Journal of Personality and Social Psychology, 31,* 282–294.

Wright, G. N., Phillips, L. D., Whalley, P. C., Choo, G. T., Ng, K., & Tan, I. (1978). Cultural differences in probabilistic thinking. *Journal of Cross Cultural Psychology, 9,* 285–299.

Wright, J. C. (1962). Consistency and complexity of response sequences as a function of schedules of noncontingent reward. *Journal of Experimental Psychology, 63*, 601–609.

Wright, P. (1974). The harassed decision maker: Time pressures, distractions, and the use of evidence. *Journal of Applied Psychology, 59*, 555–561.

Wright, W. F., & Anderson, U. (1989). Effects of situation familiarity and financial incentives on use of the anchoring and adjustment heuristic for probability assessment. *Organizational Behavior and Human Decision Processes, 44*, 68–82.

Wright, W. F., & Bower, G. H. (1992). Mood effects on subjective probability assessment. *Organizational Behavior and Human Decision Processes, 52*, 276–291.

Wyer, R. S., Jr. (1976). An investigation of the relations among probability estimates. *Organizational Behavior and Human Performance, 15*, 1–18.

Yates, J. F. (1990). *Judgment and decision making.* Englewood Cliffs, NJ: Prentice Hall.

Yates, J. F., Zhu, Y., Ronis, D. L., Wang, D., Shinotsuka, H., & Toda, M. (1989). Probability judgment accuracy: China, Japan, and the United States. *Organizational Behavior and Human Decision Processes, 43*, 145–171.

Zajonc, R. B. (1965). Social facilitation. *Science, 149*, 269–274.